国家出版基金项目
NATIONAL PUBLICATION FOUNDATION

欧亚历史文化文库

总策划 张余胜

兰州大学出版社

祆教史考论与述评

丛书主编　余太山

张小贵　著

图书在版编目（CIP）数据

祆教史考论与述评 / 张小贵著. —兰州：兰州大
学出版社,2013.5
（欧亚历史文化文库/余太山主编）
ISBN 978-7-311-04106-9

Ⅰ.①祆… Ⅱ.①张… Ⅲ.①祆教—宗教史—研究
Ⅳ.①B983

中国版本图书馆 CIP 数据核字（2013）第 098824 号

总　策　划　张余胜

书　　　名　祆教史考论与述评
丛书主编　余太山
作　　　者　张小贵　著
出版发行　兰州大学出版社　（地址：兰州市天水南路 222 号　730000）
电　　　话　0931－8912613（总编办公室）　　0931－8617156（营销中心）
　　　　　　0931－8914298（读者服务部）
网　　　址　http://www.onbook.com.cn
电子信箱　press@lzu.edu.cn
印　　　刷　兰州人民印刷厂
开　　　本　700 mm×1000 mm　1/16
印　　　张　17.25（插页 6）
字　　　数　240 千
版　　　次　2013 年 5 月第 1 版
印　　　次　2013 年 5 月第 1 次印刷
书　　　号　ISBN 978-7-311-04106-9
定　　　价　55.00 元

（图书若有破损、缺页、掉页可随时与本社联系）
淘宝网邮购地址：http://lzup.taobao.com

图1-1　希腊-巴克特里亚国王帕拉图（Plato，公元前155?）银币。正面为束头带国王面右头像。背面为太阳神赫利俄斯（Helios）乘四驾马车正面像。引自李铁生《古中亚币——前伊斯兰王朝》，北京出版社2008年版，第65-66页。

图1-2　胡韦色迦（Huvishka，伊存，155 187年）铜币。正面为国王盘腿正面坐像。背面为太阳神米罗（MIIPO）站像。引自李铁生《古中亚币——前伊斯兰王朝》，第181页。

图1-3　片治肯特Ⅶ/Ⅱ号房遗址出土密特拉神像木板画。引自A. M. Belenizki, *Mittelasien Kunst der Sogden*, Leipzig, 1980, pp.189-190.

图1-4　粟特苏对沙那地区Shahristan宫殿遗址发现的壁画密特拉神像。引自F. Grenet, The Second of Three Encounters between Zoroastrianism and Hinduism: Plastic Influences in Bactria and Sogdiana (2nd-8th c. A. D.), *Journal of the Asiatic Society of Bombay*. James Darmesteter (1849-1894) Commemoration Volume, Bombay 1994, p.45, f.12.

图1-6　敦煌莫高窟第285窟西壁南龛上部形象。引自敦煌文物研究所编《中国石窟·敦煌莫高窟》第1卷，北京文物出版社·东京株氏会社平凡社1981年版，第215页图116。

图1-5　巴米扬大佛佛龛背景壁画中的密特拉神像。引自姜伯勤《中国祆教艺术史研究》，三联书店2004年版，第205页图13-2。

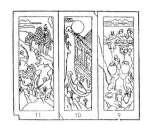

图1-7　天水隋唐石棺床左右侧壁屏风。引自天水市博物馆编《天水市发现隋唐屏风石棺床墓》，载《考古》1992年第1期，第48-49页，图版七，2；图三，1。

图1-8　隋虞弘墓石椁前壁椁门左侧（以石椁自身方位为准）画面。引自山西省考古研究所、太原市文物考古研究所、太原市晋源区文物旅游局《太原隋虞弘墓》，北京文物出版社2005年版，第98-100页图136、138。

图1-9　隋虞弘墓石椁前壁椁门
右侧画面。引自山西省考古研究所、
太原市文物考古研究所、太原市晋源
区文物旅游局《太原隋虞弘墓》，第
116页图156，第114页图154。

图1-10　西安碑林博物馆收藏释
迦降伏外道像。引自陕西省博物馆编
《陕西省博物馆藏石刻选集》，北京
文物出版社1957年版，第39页图37。

图2-1　日本Miho美术馆藏石棺床B图，或以为
对此图中无人乘马的崇拜与中亚曹国得悉神信仰有
关。引自姜伯勤《中国祆教艺术史研究》，三联书店
2004年版，第87页图6-11。

图3-1 安伽墓门额。引自陕西省考古研究所编《西安北周安伽墓》，文物出版社2003年版，图版一四。

图3-2 虞弘墓石椁椁座前壁浮雕下栏第3幅图。引自《太原隋虞弘墓》，第135页图182。

图3-3 史君墓石椁南侧祭司与火坛图。引自荣新江、张志清《从撒马尔干到长安——粟特人在中国的文化遗迹》，北京图书馆出版社2004年版，第64页图版4。

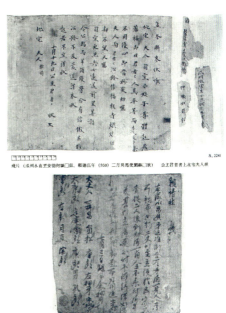

图3-4　Mulla-kurgan所出盛骨瓮。引自G. A. Pugachenkova, "The From and Style of Sogdian Ossuaries", *BAI*, new series, 8 (*The Archaeology and Art of Central Asia. Studies from the Former Soviet Union*), 1996, p.236.

图3-6　S.2241《公主君者者状上北宅夫人》。引自中国社会科学院历史研究所、中国敦煌吐鲁番学会敦煌古文献编辑委员会、英国国家图书馆、伦敦大学亚非学院编《英藏敦煌文献（汉文佛经以外部分）》（4），四川人民出版社1991年版，第53页。

图3-5　Krasnorechensk墓地出土盛骨瓮前壁图像。引自 G. A. Pugachenkova, "The From and Style of Sogdian Ossuarie", p.241.

a) Tower of Silence at Navsari

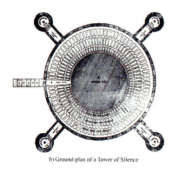

b) Ground-plan of a Tower of Silence

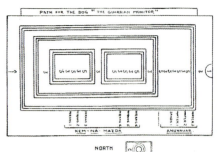

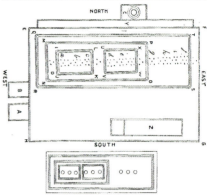

图4-1 "九夜之净"净礼场地示意图。引自Sven S. Hartman, *Parsism: The Religion of Zoroaster*, E. J. Brill, 1980.

图4-2 达克玛（安息塔）结构平面图：A 男尸位置，F 地下排水沟，B 女尸位置，G 地下井，C 童尸位置，H 地下排水沟过滤层　D 通道，I 塔门，E 中央深井，J 登上塔门之石阶，引自Sven S. Hartman, *Parsism: The Religion of Zoroaster*.

图4-3　建于1829年的澳门巴斯墓地大门。引自陈泽成《澳门白头坟场（琐罗亚斯德教墓地）的保护》，载《文化杂志》中文版第47期，澳门特别行政区文化局2003年版，第138-146页。

图4-4　澳门巴斯墓地上层石棺。引
自陈泽成《澳门白头坟场（琐罗亚斯德教
墓地）的保护》。

图4-5　澳门巴斯墓地下层石棺。引自
陈泽成《澳门白头坟场（琐罗亚斯德教墓
地）的保护》。

图4-6　澳门巴斯墓地墓椁顶平石头上所刻古吉拉特文与英文双语铭文。引自陈泽
成《澳门白头坟场（琐罗亚斯德教墓地）的保护》。

图4-7　现存广州黄埔长洲岛的巴斯人墓地石棺。引自郭德焱《清代广州的巴斯商人》，中华书局2005年版。

大门　　　　　　　围墙

水井　　　　　　　火庙

墓园中文说明："此园内系巴士国人所建安葬本国之人，他人不得侵葬。建立于本国纪一千二百二十二年，耶稣一千八百五十二年。特启。"

图4-8　建于1852年的香港巴斯墓园。引自郭德焱《清代广州的巴斯商人》。

图4-9　中古（伊斯兰化以前）伊朗的琐罗亚斯德教墓葬，乃在山崖开凿洞窟或壁龛，以供收纳骨架之用。这种小洞穴式达克玛属萨珊晚期直到伊斯兰化早期。引自Dietrich Huff, "Archaeological Evidence of Zoroastrian Funerary Practices", in Michael Stausberg ed., *Zoroastrian Rituals in Context*, Brill, 2004, p.596.

图5-1　哈弗左鲁时，伊朗现存琐罗亚斯德教村落祭司D.胡达特在"祭司屋"主持维斯帕拉特，其戴白帽及白色口罩。引自Mary Boyce, *A Persian Stronghold of Zoroastrianism*, Oxford University Press, 1977.

图5-2　琐罗亚斯德教祭司举行净礼时的情景，祭司戴白帽及白色口罩。引自Sven S. Hartman, *Parsism: The Religion of Zoroaster*.

图5-3　伦敦皇家亚洲学会收藏的香港巴斯人的照片，摄于1860—1862年。从照片来看，3位巴斯人所戴的帽子显然并非白色。引自中国国家图书馆、大英图书馆编《1860—1930：英国藏中国历史照片》，国家图书馆出版社2008年版，第101页。

图5-4　一名老妇在为琐罗亚斯德教仪式做准备，其并未戴白帽。引自Michael Stausberg ed., *Zoroastrian Rituals in Context*.

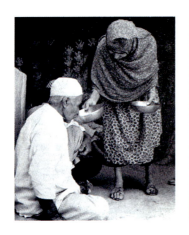

图5-5　在举行净礼期间，一名老妇皮鲁孜·丁亚尔给祭司哈吉·胡达巴赫什一杯水。老妇并未戴白帽。引自 Mary Boyce, *A Persian Stronghold of Zoroastrianism*.

图5-6　当代琐罗亚斯德教徒群体像，其戴帽子有各种颜色，并不局限于白色。引自Michael Stausberg, *Die Religion Zarathushtras.Geschichte-Gegenwart-Rituale*. Stuttgart, 2002,2004.

出版说明

　　随着 20 世纪以来联系地、整体地看待世界和事物的系统科学理念的深入人心，人文社会学科也出现了整合的趋势，熔东北亚、北亚、中亚和中、东欧历史文化研究于一炉的内陆欧亚学于是应运而生。时至今日，内陆欧亚学研究取得的成果已成为人类不可多得的宝贵财富。

　　当下，日益高涨的全球化和区域化呼声，既要求世界范围内的广泛合作，也强调区域内的协调发展。我国作为内陆欧亚的大国之一，加之 20 世纪末欧亚大陆桥再度开通，深入开展内陆欧亚历史文化的研究已是责无旁贷；而为改革开放的深入和中国特色社会主义建设创造有利周边环境的需要，亦使得内陆欧亚历史文化研究的现实意义更为突出和迫切。因此，将针对古代活动于内陆欧亚这一广泛区域的诸民族的历史文化研究成果呈现给广大的读者，不仅是实现当今该地区各国共赢的历史基础，也是这一地区各族人民共同进步与发展的需求。

　　甘肃作为古代西北丝绸之路的必经之地与重要组

成部分,历史上曾经是草原文明与农耕文明交汇的锋面,是多民族历史文化交融的历史舞台,世界几大文明(希腊—罗马文明、阿拉伯—波斯文明、印度文明和中华文明)在此交汇、碰撞,域内多民族文化在此融合。同时,甘肃也是现代欧亚大陆桥的必经之地与重要组成部分,是现代内陆欧亚商贸流通、文化交流的主要通道。

基于上述考虑,甘肃省新闻出版局将这套《欧亚历史文化文库》确定为2009—2012年重点出版项目,依此展开甘版图书的品牌建设,确实是既有眼光,亦有气魄的。

丛书主编余太山先生出于对自己耕耘了大半辈子的学科的热爱与执著,联络、组织这个领域国内外的知名专家和学者,把他们的研究成果呈现给了各位读者,其兢兢业业、如临如履的工作态度,令人感动。谨在此表示我们的谢意。

出版《欧亚历史文化文库》这样一套书,对于我们这样一个立足学术与教育出版的出版社来说,既是机遇,也是挑战。我们本着重点图书重点做的原则,严格于每一个环节和过程,力争不负作者、对得起读者。

我们更希望通过这套丛书的出版,使我们的学术出版在这个领域里与学界的发展相偕相伴,这是我们的理想,是我们的不懈追求。当然,我们最根本的目的,是向读者提交一份出色的答卷。

我们期待着读者的回声。

总序

　　本文库所称"欧亚"(Eurasia)是指内陆欧亚,这是一个地理概念。其范围大致东起黑龙江、松花江流域,西抵多瑙河、伏尔加河流域,具体而言除中欧和东欧外,主要包括我国东三省、内蒙古自治区、新疆维吾尔自治区,以及蒙古高原、西伯利亚、哈萨克斯坦、乌兹别克斯坦、吉尔吉斯斯坦、土库曼斯坦、塔吉克斯坦、阿富汗斯坦、巴基斯坦和西北印度。其核心地带即所谓欧亚草原(Eurasian Steppes)。

　　内陆欧亚历史文化研究的对象主要是历史上活动于欧亚草原及其周邻地区(我国甘肃、宁夏、青海、西藏,以及小亚、伊朗、阿拉伯、印度、日本、朝鲜乃至西欧、北非等地)的诸民族本身,及其与世界其他地区在经济、政治、文化各方面的交流和交涉。由于内陆欧亚自然地理环境的特殊性,其历史文化呈现出鲜明的特色。

　　内陆欧亚历史文化研究是世界历史文化研究中不可或缺的组成部分,东亚、西亚、南亚以及欧洲、美洲历史文化上的许多疑难问题,都必须通过加强内陆欧亚历史文化的研究,特别是将内陆欧亚历史文化视做一个整体加以研究,才能获得确解。

中国作为内陆欧亚的大国,其历史进程从一开始就和内陆欧亚有千丝万缕的联系。我们只要注意到历代王朝的创建者中有一半以上有内陆欧亚渊源就不难理解这一点了。可以说,今后中国史研究要有大的突破,在很大程度上有待于内陆欧亚史研究的进展。

古代内陆欧亚对于古代中外关系史的发展具有不同寻常的意义。古代中国与位于它东北、西北和北方,乃至西北次大陆的国家和地区的关系,无疑是古代中外关系史最主要的篇章,而只有通过研究内陆欧亚史,才能真正把握之。

内陆欧亚历史文化研究既饶有学术趣味,也是加深睦邻关系,为改革开放和建设有中国特色的社会主义创造有利周边环境的需要,因而亦具有重要的现实政治意义。由此可见,我国深入开展内陆欧亚历史文化的研究责无旁贷。

为了联合全国内陆欧亚学的研究力量,更好地建设和发展内陆欧亚学这一新学科,繁荣社会主义文化,适应打造学术精品的战略要求,在深思熟虑和广泛征求意见后,我们决定编辑出版这套《欧亚历史文化文库》。

本文库所收大别为三类:一,研究专著;二,译著;三,知识性丛书。其中,研究专著旨在收辑有关诸课题的各种研究成果;译著旨在介绍国外学术界高质量的研究专著;知识性丛书收辑有关的通俗读物。不言而喻,这三类著作对于一个学科的发展都是不可或缺的。

构建和发展中国的内陆欧亚学,任重道远。衷心希望全国各族学者共同努力,一起推进内陆欧亚研究的发展。愿本文库有蓬勃的生命力,拥有越来越多的作者和读者。

最后,甘肃省新闻出版局支持这一文库编辑出版,确实需要眼光和魄力,特此致敬、致谢。

余太山

2010 年 6 月 30 日

前 言

　　祆教源于波斯的琐罗亚斯德教，但不等于后者。祆教是已知世界上最古老的成体系的宗教之一，其发端于印伊雅利安人还未分离的中亚草原，兴盛于从阿契美尼到萨珊王朝的古波斯帝国。成为古波斯帝国的国教后，其更经由中亚地区传入中国，在唐宋时期一度流行。中亚地区自古是波斯、拜占庭、印度与中国文明的交汇之地，伊斯兰化之前，不仅佛教、印度教、基督教、摩尼教、祆教等几大宗教都在不同程度上流行，而且当地的宗教信仰也是五花八门；因此，当地的祆教信仰不可避免会受到多种文明、多种宗教的影响。在东传的过程中，祆教与其他文明交互影响，成了中古时期文化交流史的奇观，遂成为中外文化交流的典型个案。

　　以粟特人为主要信仰载体的祆教进入中国后，又受到中国传统文明的洗礼，逐步华化。考察中亚祆教在唐宋中国的华化，对于研究异质文明之融入中华传统文明，要比其他两个夷教，即景教和摩尼教，更具典型的意义。

本书谈不上对祆教入华史进行系统研究,只是将若干曾单独发表的文章修订、整合诠次而成。文章大体按祆教东传、华化的思路编排,仅反映笔者现阶段的认识而已。上编有2篇有关清代入华巴斯人的文章,唯希望为中古入华祆教史的研究提供可资参照的印度巴斯版。下编包括4篇述评性的文字,则表明自己研习祆教史的学缘,并希望成为鞭策自己继续努力的动力。

目 录

上编　考论

1　古波斯"烧铁灼舌"考

汉文史籍所记载古波斯的神判方式,见于两《唐书》。《旧唐书》卷198《西戎》记波斯国:

> 其叛逆之罪,就火祆烧铁灼其舌,疮白者为理直,疮黑者为有罪。[1]

《新唐书》卷221《西域》则载其:

> 叛者铁灼其舌,疮白为直,黑为曲。[2]

两段记载叙事相同,《新唐书》虽"事增于前,文省于旧",往往能删去《旧唐书》的芜词而补其未备,但也难免因笔削而改变文义,[3]因此同一纪事,新书较旧书略简。

按,"疮"字,字书的解释为:"(古文)创。《广韵》《集韵》《韵会》初良切。《正韵》初庄切。并音疮。《玉篇》:疮,痍也。《集韵》:痍也。《韵会》:疡也,痍也。《释名》:疮,戕也。毁体使伤也。《张衡·西京赋》:所恶成疮痏。注:创痏谓瘢痕。《南史·宋武帝纪》:虎魄疗金疮。又《集韵》碳霜切。义同。"[4]也就是说,疮乃为"戕毁身体所留下的瘢痕"。照常理推测,用烧红的铁来灼舌,定会使舌头立刻起疮,表明这一神判生效的实时性,用"烧铁灼舌",结果立见分晓。不过揣两书文

---

[1]《旧唐书》卷198《西戎》,中华书局,1975年,页5312。
[2]《新唐书》卷221《西域》,中华书局,1975年,页6258。
[3]赵翼著,王树民校正《廿二史札记》,中华书局,1984年,页342、373－374。
[4]《康熙字典》(标点整理本),上海辞书出版社,2007年,页732－733。

3

意,其中并无过多的细节描述,也表明这一神判法的实施乃为第三方观察或从传闻所得。

从上引两书记载可知,受烧铁灼舌之刑者为叛逆之罪。因此,要解读这一神判的内涵,首先得了解在波斯"叛逆之罪"何所指。

1.1 释波斯"叛逆之罪"

"叛逆之罪",就其字面意思来理解,显然包括背叛君主、国家之罪。这一点已被古波斯文献所证实。有关古波斯的法律状况,可参阅波斯语 *History of Tabaristān*(《塔巴里斯坦历史》)中所保存的一份萨珊时期文献 *Letter of Tansar*(《坦萨尔书信》)。坦萨尔(Tansar)是萨珊波斯帝国初期琐罗亚斯德教大祭司,该书信记载了帝国初期,坦萨尔站在开国君主阿达希尔(Ardašīr,公元224—240年)的立场,以问答的形式响应地方领主对新帝国统治政策的质询。其中伊朗北部的一位领主古什纳斯普(Gušnasp)尖锐地指出,阿达希尔新政过于强硬,有违前朝帕提亚王朝的政策。为了回应古什纳斯普的质疑,特别是其对阿达希尔铁血政策的责难,坦萨尔指出,国王专门区分了三种罪行:"一种是反对神,一种是反叛国王,另一种是人们之间互相侵犯。反对神的罪过称为叛教,反对国王的罪过包括叛乱、叛逆。"[1]反叛国王之罪,具体包括对国王本人利益及政权利益的侵害,属于死罪,这种死罪被称为 margarzān。如根据 *Kār Nāmag ī Ardašīr*(《阿达希尔事迹》)记载,刺杀国王即触犯了此罪。[2] *Syriac Acts of Martyrs*(《叙利亚殉道记》)记载,士兵逃离战场也科以同罪。[3] 这种情况似可解释为对国家的背叛。因此《唐书》所记载的叛逆之罪,自应该包括坦萨尔所举出的反叛国王

---

[1]Mary Boyce transl. , *The Letter of Tansar*, Roma: Istituto Italiano Per Il Medio Estremo Oriente, 1968, p. 42.

[2]E. K. Antiā transl. , *Kārnāmak-i Artakhshīr Pāpakān*, Fort: Fort Printing Press, 1900, pp. 35 – 36.

[3]O. Braun, *Ausgewählte Akten Persischer Märtyrer, Miteinem Anhang: ostsyrisches Mänchsleben*, Kempten, München, 1915, p. 43.

（当然包括国家）之罪。

不过，根据古波斯的法律传统，以及汉文献所记波斯"叛逆之罪"的神判色彩，"叛逆之罪"似乎还应包括对神的背叛，即背叛当时的国教琐罗亚斯德教（zoroastrianism）。前引《坦萨尔书信》就记载了叛教者的情况。根据书信记载，国王在对待叛教问题上要比前朝宽容。在前朝，叛教是死罪。而从阿达希尔统治开始，叛教者首先被判入狱一年，其间琐罗亚斯德教的智者会前来探视他们，晓以大义，消除其对本教的疑虑。如果这些入狱者有所忏悔，就会被释放；但若他们仍然执意不悔，则会被判死罪。[1]《叙利亚殉道记》记载，在宫廷就存在叛教者改宗基督教的事例。[2]

此外，需要注意的是，叛教者若改宗他教，即成为异教徒。对那些并非改宗他教，而仅仅是疏于遵守教规者，又如何视之呢？琐罗亚斯德教的宗教文书也记载了诸多有违教规的行为。如将水泼在不干净的地方，所犯之罪称为 Yāt[3]，没有戴圣带（kustī），而走出超过三步，每一步就是一 framān[4]，第四步就是极大的罪过 tanāpuhl，[5]不研习圣经

---

〔1〕Mary Boyce transl. , *The Letter of Tansar*, p. 42.

〔2〕O. Braun, *Ausgewählte Akten Persischer Märtyrer*, p. 70.

〔3〕J. C. Tavadia, *Šāyest-nē-šāyest*, *A Pahlavi Text on Religious Customs*, 2. 51, Hamburg：Friederichsen, de Gruyter & CO m. b. H. ,1930,p. 19,50；E. W. West transl. , *Pahlavi Texts*, Part Ⅰ, F. Max Müller ed. , *Sacred Books of the East*（SBE）, Vol. Ⅴ, Oxford University Press, 1880, Reprinted by Motilal Banarsidass, 1965, 1970, 1977, p. 258.

〔4〕framān 表示罪过的程度，一般认为是最轻的罪过，犯者将受到体罚。见 A. Perikhanian, *The Book of a Thousand Judgements* （A Sasanian Law-Book）, translated from Russian by Nina Garsoïan, Costa Mesa, California and New York, Mazda Publishers in association with Bibliotheca Persica, （Persian Heritage Series 39）, 1997, p. 259, 359. 中古帕拉维文书《许不许》中将其量化，认为一 framān 值三 drahms 与四 dāngs，见 F. M. Kotwal, *The Supplementary Texts to the Šāyest nē-šāyest* （*Šnš*）, KØbenhavn：Kommissioner. Munksgaard, 1969, pp. 22 - 23, 96, 115. 而《波斯语书信集》中则认为一 framān 等于四 stirs，每 stir 等于四 Jujan，见 B. N. Dhabhar transl. , *The Persian Rivayats of Hormazyar Framarz*, Bombay, 1932, pp. 288 - 289.

〔5〕J. C. Tavadia, *Šāyest-nē-šāyest*, 4. 10, p. 22, 89；*SBE*, Vol. Ⅴ, p. 288. 这是一种致命的罪过，必须经过严厉的鞭打或巨额罚款方可豁免，否则犯者可能被逐出教会，见 H. S. Nyberg, *A Manual of Pahlavi*, Part Ⅱ, Otto Harrassowitz · Wiesbaden, 1974, p. 191.

者是 arduš。[1] 另外，将火带入离尸体三步之内，[2] 将火带入不干净的房屋或在那里点火，[3] 无事而进入一间不干净的房屋，[4] 未经犬视（sagdīd）而擅移尸体，[5] 杀死狗或其他的野生动物，[6] 等等，则是犯了极大的罪过 tanāpuhl。由于对这些罪过未见有明确的惩戒措施，可能只是局限于灵魂上的谴责。这些行为虽然构不成叛教之罪，但从认识层面来看，也可能被认为不够绝对忠诚，从而犯了"叛逆之罪"，要求教徒反省。值得注意的是，该等罪过往往仅见载于宗教文书。

不过，正如上文所指出，"烧铁灼舌"是一种立见效果的神判法，其似乎并不应用于前文所列举的种种波斯"叛教"之罪。因为对于诸种"叛教"之罪，往往要留有足够的时间让犯者反省，而立见效果的"烧铁灼舌"法看来并不适用。也就是说，该种判决法所针对的罪犯应是统治者的政敌，而非异教徒。这也可从诸如《坦萨尔书信》之类文献记载中得到证实。虽然该等文献也述及叛教之罪，但于有违教规的罪过却未提及，这表明于当政者而言，重要的是保持琐罗亚斯德教作为主导的意识形态，而并非具体的宗教事务。也就是说，坦萨尔关于犯罪的分类是政治现实主义的体现，其中宗教是重要的，但不是唯一的。[7]

尽管"烧铁灼舌"所针对的主要是世俗政权统治过程中的"叛逆"之罪，但从其起源来看，不可避免地带有浓厚的宗教神学根源。

---

［1］F. M. Kotwal & Ph. Kreyenbroek. , *The Hērbedestān and Nērangestān*, Vol. Ⅰ. *Hērbedestān*, 17.1 ,Studia Iranica,Cahier 10 ,Paris, Association Pour l' Avancement des Études Iraniennes,1992 ,pp. 74 – 75. 这种罪可能是通过爆炸使他人受到伤害，根据《辟邪经》第 4 章第 7 节记载，这种罪犯了 5 次就成为 tanāpuhl，见 *Šnš* ,p.125.

［2］J. C. Tavadia, *Šāyest-nē-šāyest*,2.40 ,p.19 ,46 ;*SBE* ,Vol. Ⅴ ,p.256.

［3］J. C. Tavadia, *Šāyest-nē-šāyest*,2.50 ,p.19 ,50 ;*SBE* ,Vol. Ⅴ ,p.258.

［4］J. C. Tavadia, *Šāyest-nē-šāyest*,2.53 ,p.19 ,50 ;*SBE* ,Vol. Ⅴ ,p.259.

［5］J. C. Tavadia, *Šāyest-nē-šāyest*,2.69 ,p.19 ,55 ;*SBE* ,Vol. Ⅴ ,p.263.

［6］M. Macuch, "On the Treatment of Animals in Zoroastrian Law", A. van Tongerloo ed. , Silk Road Studies Ⅷ. *Iranica Selecta*;*Studies in honour of Professor Wojciech Skalmowski on the occasion of his seventieth birthday*,Turnhout, Brepols Publishers n. v. ,2003 ,p.187.

［7］János Jany, "Criminal Justice in Sasanian Persia", *Iranica Antique*, Vol. ⅩⅬⅡ ,2007 ,p.360.

1.2 "烧铁灼舌"的神学根源

"其叛逆之罪,就火袄烧铁灼其舌,疮白者为理直,疮黑者为有罪",所谈明显是一种神判的方式。类似情况,亦流行于古代印度。如《魏书·西域传》记载乌苌国"人有争诉,服之以药,曲者发狂,直者无恙。为法不杀,犯死罪唯徙于灵山"[1]。《洛阳伽蓝记》卷5作"假有死罪,不立杀刑,唯徙空山,任其饮啄。事涉疑似,以药服之,清浊则验。随事轻重,当时即决"[2]。《新唐书·西域传》载乌茶(乌苌)国"国无杀刑,抵死者放之穷山。罪有疑,饮以药,视溲清浊而决轻重"[3]。《大唐西域记》卷2载印度刑法,有4条裁决对证法,其四曰:"毒则以一羖羊,剖其右髀,随被讼人所食之分,杂诸毒药置右髀中,实则毒发而死,虚则毒歇而苏。"[4]有关古印度流行的"服药以断曲直"的"神判"法,《摩奴法论》有更为详细的记述:"在没有证人的案件中,法官不能彻底了解真理在诉讼两造中哪一造时……可使婆罗门以其真诚宣誓;刹帝利以其马、象与武器;吠舍以其牝牛、谷物与金钱;首陀罗以各种罪恶宣誓。或者,根据情况的严重性,可使他要考验的人以手持火,或叫他潜入水中,或使他分别接触其每一个儿子和妻子的头部。火不烧其人的人,水不使其漂在水面的人,灾祸不迅即突然袭击的人,应该被认为是宣誓真诚的人。过去跋多婆(Vatsa)仙曾被其异母弟妄控,他指控仙者是首陀罗妇女的儿子,仙者宣誓说这是假的,于是他穿过火内,以证所誓不虚,火作为一切人有罪与无辜的考验者,由于他宣誓真诚,对他毫发未伤。"[5]无论是用火灼舌,还是服药以断曲直,抑或以水火判真伪,都带有明显的神化色彩,表明古代印度和伊朗都曾流行神判法,其应

---

[1]《魏书》卷102《西域》,中华书局,1974年,页2280。

[2] 周祖谟《洛阳伽蓝记校释》卷5,科学出版社,1958年,页102－103。

[3]《新唐书》卷221《西域》,页6240。

[4] 季羡林等《大唐西域记校注》,中华书局,2000年,页203。

[5][法] 迭郎善译,马香雪转译《摩奴法典》,商务印书馆,1982年12月第1版,1996年第4次印刷,页179－180。另据蒋忠新译《摩奴法论》,中国社会科学出版社,1986年,页147－148(No.109－116)。

·欧·亚·历·史·文·化·文·库·

起源于印伊人还未分离之时,是古代印伊先民在政治体制不健全、文明程度不高的情况下,借助神迹来维护自身利益、社会秩序的一种方式。不过其具体操作方式有所不同,这表明随着印伊人大迁徙,为因应各自不同的时空环境,这种神判法也有所改变,形成了各自的特色。"就火祆烧铁灼其舌",当为古波斯尚火传统的体现。

古波斯以烧铁灼舌断曲直,表明在这一判决过程中,火的作用非常突出。这显然与古波斯的宗教文化环境相符合。根据学者的研究,古伊朗先民为适应中亚和伊朗高原干旱的环境,用火进行审判,而且这一行为亦与密特拉神(Mithra)联系在一起。此方面最早的证据是有关卡亚尼安(Kayanian)王子斯亚瓦山(Syāvaršan)的故事。王子被继母诬告曾企图诱惑她,因此需发誓证明自己的清白。按照传统,考验以如下方式进行:燃起两处大火,使之紧靠在一起,中间仅留狭窄的通道,待到火势最猛烈时,王子要设法穿过大火。斯亚瓦山策马狂奔,逐渐消失于火焰与浓烟之中;但是因为他是无辜的,他与他的坐骑毫发未伤,重新出现在人们面前。其原因是"蒙神恩庇,火势如同风一样",并未对他们造成任何伤害。[1] 毫无疑问,对于古代伊朗人来说,此处的神就是密特拉,他守卫诚信与真理,洞察人心,惩罚弄虚作假者。[2]

另外一种用火进行神判的方式是将金属加热至熔点,然后浇到受审者的胸部。若他是邪恶的,就会燃烧并死亡。[3] 这一神判方式实与"火祆烧铁灼其舌,疮白者为理直,疮黑者为有罪"有异曲同工之处。其神学根源为琐罗亚斯德教有关末日审判的信条。根据该教传说,在末日审判中,琐罗亚斯德预见到一条金属溶液汇聚的小溪流经大地,邪恶者将被消灭;然而善人将得到宽恕,对于他们来讲,可怕的溪流就像牛奶一样温和。这被看做是琐罗亚斯德严格的原始教义。根据中世纪创作的 *Bundahishn*(《创世纪》)记载,最终的复活总是先于阿里曼和

---

[1]A. G. Warner and E. Warner transl. , *Shāhnāma of Firdausī*, Vol. II , London, Kegan Paul, Trench,Trübner & CO. Ltd,1906,pp. 220 – 221.

[2]Mary Boyce,"On Mithra,Lord of Fire", Hommages et Opera Minora, *Monumentum H. S. Nyberg*,Leiden: E. J. Brill,1975,p.72.

[3]*Šnš*,15.17,pp. 62 – 63;*SBE*,Vol. V ,p.376.

恶魔们的覆灭。负责肉体复活的英雄是救世主 Sōshyans,他是琐罗亚斯德的最后一位遗腹子,他在有限时间的最后三千年苏醒,重生复活。他的功能是将人的身体从其被溶解的元素中抬起,使之重新与灵魂结合。同时,等待重生者必须忍受三日金属溶液的考验,下地狱者必须经受这一最终惩罚,方能被召唤出来共享祝福,这是人类所必经的命运。这一严酷的考验不会给已经获救者带来不适,因为对于他们来说,熔化的金属好似温和的牛奶;但是下地狱者一定要经历完全严格的现实考验。[1] 直到沙普尔二世(Sharpur Ⅱ,公元 309—379 年)统治时,高级祭司马拉斯潘丹(Ādurbād ī Mahraspandān)为了反对异教徒的主张,证实本教真理,仍然实行这种神判方式。[2]

火与判断善恶、真假紧密联系在一起,还体现在琐罗亚斯德教的起誓过程中。如波斯语习语"宣誓"(sōgand khordan)一词,其字面意思即为"喝硫黄",表明这一习俗起源古老,流播甚广。波斯语琐罗亚斯德教 rivāyats(《书信集》)中描述了这种风俗。起誓在 Mihr 日(Dar-i Mihr)庄严举行。首先,祭司将一定量的硫黄溶于水中,放少许金属,以及各种香草,所用的器皿是 parahaoma 祭祀仪式所专用的;然后,准备好一个火盆。起初的仪式(yašt ī drōn)是献给法官拉什奴(Rašnu)的。火是正义的体现,因此在琐罗亚斯德教徒的神判过程中起着重要作用。而且作为神的助手,以其公正无误的特性出现在对每个灵魂进行审判的时刻。[3] 在宣誓的过程中之所以使用硫黄,乃源于其似火的本性,世界各地的人们也总是易于将其与雷电及地狱的惩罚联系在一起。[4] 据 Denkard(《宗教行事》)第 7 篇第 5 章记载,琐罗亚斯德教徒用火进行神判的方式,计有 33 种之多。其中最厉害的一种,是将被告扔到盛满铜汤的容器里,或将金属溶液浇到其胸部,被告如无辜,神自

---

[1]R. C. Zaehner, *The Teachings of the Magi*, *A Compendium of Zoroastrian Beliefs*, London: George Allen & Unwin Ltd,1956, p. 142.

[2]*Šnš*,15. 16, pp. 62 – 63;*SBE*, Vol. Ⅴ, p. 376.

[3]B. N. Dhabhar transl. , *The Persian Rivayats of Hormazyar Framarz*, pp. 39 – 51.

[4]Mary Boyce, "On Mithra, Lord of Fire", p. 72.

欧·亚·历·史·文·化·文·库·

会拯救他,否则就被灭亡。[1] 最为温和的一种神判法,是要被告在火前发重誓,然后饮下含有硫黄的饮料,而根据其表情难受的程度来判断其有罪与否。这种方式保持到 19 世纪。[2] 帕拉维文经典称通奸是最大的犯罪,比盗窃和抢劫之罪更大。犯通奸之罪者,要受到严厉的惩罚:男的扔到铜汤锅里,女的用铁梳划胸脯。[3] 由此看来,汉文献有关波斯"烧铁灼舌"的神判法的记载虽过于简单,无法窥见古波斯律法的全貌,但其所反映的宗教内涵却无疑符合琐罗亚斯德教文献的记载。

根据学者们的研究,在古波斯琐罗亚斯德教经典中,负责审判的是密特拉神。这自与古波斯有关密特拉神的宗教信条有关。有关密特拉一词的含义,研究古印度 Veda(《吠陀经》)的学者们认为梵语名词 mitra 之意为"朋友"而非"契约"。在《吠陀》中,契约行为的观念并不突出。[4] 波斯语 mihr 意为"loving kindness,friendship",与梵语 mitra "朋友"之意有关,因此也有学者认为神 Mitra 在雅利安时代就已经出现,是"朋友"观念的人格化,而非契约观念的人格化。[5] 不过,更广为学界所接受的观点是,密特拉一词的原始含义为"契约"。早在 1907 年,法国学者莫雷(Meillet)就指出,《阿维斯陀经》中常见的 mithra 一词确实有"协议、契约、盟约"之意,在古代"契约主要是一种宗教行为,伴有规定的仪式和固定的格式;其所采用的表述并非只是针对个人的行为,而是用一种具有神秘力量的套语,足以阻吓企图违约的人。印度—伊朗的 Mitra 既体现契约的精神,又具有维护契约的力量"[6]。当

[1]M. Mole, *La legende de Zoroastre selon les textes pehlevis*, Paris: Librairie C. Klincksieck, 1967, pp. 62 – 65.

[2]J. B. Tavernier, *Collections of Travels through Turkey into Persia, and the East-Indies*, Vol. Ⅰ, London, 1784, p. 98.

[3]E. W. West transl., *Pahlavi Texts*, Part Ⅱ, *The Dādistān-i Dīnīk and The Epistles of Mānūskīhar*, in F. Max Müller ed. SBE, Vol. XⅧ, Oxford University Press, 1882; repr. Motilal Banarsidass, 1965, 1970, 1977, Chap. LXⅫ, 5, LXXⅧ, 3.

[4]P. Thieme, *Mitra and Aryaman*, Transactions of the Connecticut Academy of Arts and Sciences, Vol. 41, New Haven Connecticut, 1957, p. 38 n. 25. Gonda, *The Vedic god Mitra*, Leiden: E. J. Brill, 1972, pp. 114 – 115.

[5]E. Herzfeld, *Zoroaster and his World*, Ⅱ, Princeton: Princeton University Press, 1947, p. 483.

[6]A. Meillet, "Le dieu indo-iranien Mitra", *Journal Asiatique*, 1907, p. 156.

然,在古波斯的神判过程中,除了主审的密特拉神之外,在不同场合还会出现其他有关的神祇。据琐罗亚斯德教的传说,人死后,灵魂离开肉体,必须经过"裁判桥"(Činvat),由专神负责检视其一生的善恶功过,如果行善多于作恶,灵魂就被判进入天堂,反之则堕入地狱。司其职者即密特拉、斯劳莎(Sraoša,原意为"戒律")、拉什奴(Rašnu,原意为"法官"),密特拉居中。[1] 这一信仰无疑是原始密特拉信仰的进一步发展。

伊朗的密特拉作为契约之神,自然与违反契约者(mithrō. druj)相对立。[2] 在《阿维斯陀经》中,密特拉引导人们进入"正义之途"(ašahe paiti pantąm),[3]赐予他们"拥有正义(ašavasta-)"。[4] 他不知疲倦地守卫着正义者(ašavan),[5]并击退那些进攻他们的邪恶之徒。[6] 为了知道谁是正义者,密特拉必须监察人们的行为,看看谁遵守了契约,谁又违反了契约。有关他的颂诗中规定了这些契约的范围,包括朋友、公民之间的协议,贸易伙伴之间的合约,以及夫妻间的婚约,甚至城邦之间的条约。[7] 正是因为任务如此繁重,密特拉必须时刻处于戒备状态。也正因为如此,此神也开始与太阳联系起来,就好像太阳一样,从早至晚不断地监视人们的行动。[8] 将密特拉与太阳联系起来可能起源于其与火的联系。古印度和伊朗文献表明,由于密特拉象征契约,人们在远古时期就在火面前向其祈祷。古典作家和亚美尼亚史籍也记载道,波斯很早就流行在火或太阳前向密特拉祈祷的风俗。[9] "烧铁

---

〔1〕G. Kreyenbroek,*Sraoša in the Zoroastrian Tradition*,Leiden:E. J. Brill,1985,pp. 164 – 183.

〔2〕Yt. 10. 2,82. Ilya Gershevitch,*The Avestan Hymn to Mithra*,Cambridge University Press,1959,pp. 74 – 75,112 – 113.

〔3〕Yt. 10. 86,Ilya Gershevitch,*The Avestan Hymn to Mithra*,pp. 114 – 115.

〔4〕Yt. 10. 33,65,Ilya Gershevitch,*The Avestan Hymn to Mithra*,pp. 88 – 89,102 – 105.

〔5〕Yt. 10. 45,120,Ilya Gershevitch,*The Avestan Hymn to Mithra*,pp. 96 – 97,132 – 133.

〔6〕Yt. 10. 76,Ilya Gershevitch,*The Avestan Hymn to Mithra*,pp. 108 – 109.

〔7〕Yt. 10. 116 – 117,Ilya Gershevitch,*The Avestan Hymn to Mithra*,pp. 130 – 133.

〔8〕A. Meillet,"Le dieu indo-iranien Mitra",pp. 150 – 154;Ilya Gershevitch,*The Avestan Hymn to Mithra*,pp. 35 – 40.

〔9〕F. Cumont,*Textes et Monuments Figurés Relatifs aux Mystères de Mithra*,Brussells:H. Lamertin,Libraire-Éditeur,1899,Ⅰ,p. 229 n. 2.

灼舌"的神判法可以理解为以火对违反契约者进行惩罚,明显与古波斯有关密特拉司契约的信仰密切相关。这一点或许就是古波斯神判以火为主导,而由密特拉神司其职的神学根源。

1.3 古波斯的政教关系

有关古波斯的法律传统,两唐书皆有记载。《旧唐书》卷 198 记载波斯"断狱不为文书约束,口决于庭"[1],《新唐书》卷 221 记载其"断罪不为文书,决于廷"[2]。根据《坦萨尔书信》记载,萨珊波斯帝国的开国君主阿达希尔曾颁布刑法,但详细情况却并未言明。现在所知有关波斯的刑法,主要存在于琐罗亚斯德教文献中,而且其内容也多与宗教有关。[3] 这或可说明古波斯"断狱不为文书约束"的法制特征。

《周书·异域》记载:"(波斯国)大官有摸胡坛,掌国内狱讼","其刑法:重罪悬诸竿上,射而杀之;次则系狱,新王立乃释之;轻罪则劓、刖若髡,或翦半须,及系排于项上,以为耻辱;犯强盗者,禁之终身;奸贵人妻者,男子流,妇人割其耳鼻"[4]。一般认为,摸胡坛,即 mak-ku(mag-gu)-dan,为波斯司法部门的官吏。其中"摸胡"译自中古波斯语 magu,而"坛"可与 herbeδān(法官)和 mobeδān(波斯僧之首)等的词尾堪同。magu 明显源于 magu-pat 一词,该词义为祭司长,为琐罗亚斯德教祭司首领。其中古伊朗语形式为:西北方言写作 mōgpat,阿拉美语借词为 mogpet;西南方言为 mōvpat,阿拉美语借词为 movpet,叙利亚语借词为 mwpt',mwhpt',mwhbt';新波斯语为 mōbad。[5] 若这一考证得实的

〔1〕《旧唐书》卷 198《西戎》,页 5312。

〔2〕《新唐书》卷 221《西域》,页 6258。

〔3〕János Jany,"Criminal Justice in Sasanian Persia",p. 349.

〔4〕《周书》卷 50《异域》,中华书局,1971 年,页 919 – 920。

〔5〕H. S. Nyberg,*A Manual of Pahlavi*,Part Ⅱ,p. 122. 有关考证可参阅〔美〕劳费尔著,林筠因译《中国伊朗编》,商务印书馆,1964 年 1 月第 1 版,2001 年 3 月第 2 次印刷,页 361。另见佐藤圭四郎《北魏时代における东西交涉》,载《东西文化交流史》,雄山阁,1975 年,页 378 – 393;崛谦德《公历第六世纪の波斯》,载《史学杂志》,19 – 1,1908 年,页 40 – 53;R. A. Miller,*Accounts of Western Nations in the History of the Northern Chou Dynasty*,Berkeley and Los Angeles:University of California Press,1959,pp. 38 – 40.

话,汉文史籍的记载表明,掌管古波斯律法的是宗教神职人员,说明古波斯政教结合的社会特色。

根据史书记载,萨珊波斯的诸王被称作"众王之王"(shahanshah),是王家荣光(khwarnah,阿维斯陀语 khvarenah,古波斯语 farnah,新波斯语 farr)的承担者,换言之,他们体现了王朝与整个国族的繁荣昌盛。萨珊君主被认为是琐罗亚斯德教及其最高创造神阿胡拉·马兹达(Ahura Mazda)在人世间的代表。他们作为伊朗和整个尘世的君主,是神所指定的保护者,宗教和世俗的权威。在尘世,他们就如同至高神阿胡拉·马兹达一样,是物质世界和精神世界的双重主宰。[1] 随着萨珊帝国的建立,琐罗亚斯德教成为新帝国的国教。在大祭司坦萨尔(Tansar)和卡德尔(Kardēr)的领导之下,强大的琐罗亚斯德教教会组织逐渐形成。由于波斯政权的庇佑,琐罗亚斯德教的宗教律法开始推行。琐罗亚斯德教的刑法并不局限于本教信众,其同时也是国王和祭司阶层用来限制非本教社团的强有力手段。[2]

琐罗亚斯德教的刑法既是宗教社团的戒律,亦是整个帝国世俗社会的法规,保护着政权组织和宗教社团的共同利益,由本教的各级僧侣执行。在具体诉讼过程中,国王代表政府,在遇有重大政治性的审判时,其负责整个审判过程,直至最终批示,而不必宗教僧侣们帮助。宗教僧侣们作为法律顾问和法官,参与审判过程的每个环节。而且,祭司阶层,或者至少是他们的上层,往往充当着"立法委员"的角色,因为就是他们规定了什么是违法、什么是犯罪。[3] 反映萨珊波斯时期法律执行情况的文献主要有(*Hazār Dādestān*)《千条判决书》,共包括数百例

〔1〕J. K. Choksy,"Sacral Kingship in Sasanian Iran",*Bulletin of the Asia Institute*,New Series,Vol. 2,Detroit,1988,pp. 35 – 52.

〔2〕János Jany,"Criminal Justice in Sasanian Persia",pp. 348 – 349.

〔3〕János Jany,"Criminal Justice in Sasanian Persia",p. 349.

案件,主要为私人诉讼。[1] 另外,琐罗亚斯德教的宗教文献 *Šāyist-nē-šāyist*(《许不许》)[2]、*Nērangestān*(《仪轨指南》)[3]、*Hērbedestān*(《教法研习》)[4],记载了相当多对违反宗教戒律行为的处罚,也有助于我们认识波斯的律法。

不过,虽然宗教律法在整个社会中占据非常重要的地位,宗教神职人员甚至还掌管国内狱讼,但并不表示在古波斯教权就凌驾于王权之上了。正如阿达希尔一世所说:"须知宗教与王权乃双生兄弟,两者不可缺一,宗教是王权的基础,王权保护着宗教,缺少了其中之一,基础就毁坏,或者是保护者就消失。"[5]宗教乃为政治服务,这也是为什么古波斯的神判乃为惩罚"叛逆之罪"而设。

(原刊《西域研究》2011 年第 1 期)

---

〔1〕关于《千条判决书》书名应为 *Hazār Dādestān* 而非 *Mādigān ī Hazār Dādestān*,可参阅 M. Macuch,"On Middle Persian Legal Terminology",in C. G. Cereti and M. Maggi eds.,*Middle Iranian Lexicography*,*Proceedings of the Conference held in Rome*,9－11 *April* 2001,Orientalia Romana 8,Roma:Istituto Italiano Per l' Africa e l' Oriente,2005,p. 376 n. 2. 该书的英译可参阅 S. J. Bulsara transl.,*The Laws of the Ancient Persians*,Bombay:Hoshang T. Anklesarta,1937;A. Perikhanian,*The Book of a Thousand Judgements*(*A Sasanian Law-Book*). 德译参阅 M. Macuch,*Das sasanidisches Rechtsbuch Mātakdān I Hazār Dātistān*(Teil Ⅱ),Wiesbaden:Franz Steiner Verlag,1981;*Rechtskasuistik und Gerichtspraxis zu Beginn des siebenten Jahrhunderts in Iran*. Die Rechtssanmlung des Farrohmard i Wahrāmān,Wiesbaden,1993.

〔2〕J. C. Tavadia,*Šāyest-nē-šāyest*;F. M. Kotwal,*The Supplementary Texts to the Šāyest-nē-šāyest*.

〔3〕F. M. Kotwal,Kreyenbroek. Ph.,*The Hērbedestān and Nērangestān*,Vol. Ⅱ,*Nērangestān*,Fragard 1,Studia Iranica,Cahier 16,Paris:Association Pour l' Avancement des Études Iraniennes,1995;Vol. Ⅲ,*Nērangestān*,Fragard 2,Studia Iranica,Cahier 30,Paris:Association Pour l' Avancement des Études Iraniennes,2003;Vol. Ⅳ,*Nērangestān*,Fragard 3,Studia Iranica,Cahier 38,Paris:Association Pour l' Avancement des Études Iraniennes,2009.

〔4〕F. M. Kotwal,Kreyenbroek. Ph.,*The Hērbedestān and Nērangestān*,Vol. Ⅰ,*Hērbedestān*. H. Humbach,J. Elfenbein,*Ērbedestān. An Avesta-Pahlavi Text*,München,1990.

〔5〕M. Grignaschi transl.,"Testament of Ardašīr",*JA*,Vol. 254,1966,p. 70 and n. 10. James R. Russell,"Kartīr and Mānī:A Shamanistic Model of their Conflict",*Papers in Honor of Professor Ehsan Yarshater*(Ac. Ir. 30),Leiden:E. J. Brill,1990,p. 181.

2 祆神密特拉源流及其形象考

大约在公元前 3000 年左右,印度—伊朗语各族中的一支就已南下到达伊朗高原,其中一部分进入了在今叙利亚北部,由胡里特人建立的米旦尼(Mitanni)王国。密特拉(Mithra)一名最早即见于米旦尼与赫梯国王 Šuppiluliumaš 所订立的盟约。该盟约提到了 5 位神,分别是 Mitra,Varuna,Indra 与两位 Nāsatyas。[1] 在印伊部落分支印度雅利安人最早创作的《梨俱吠陀》中,也提到了这 5 位神。[2] 由是可见,密特拉信仰应早于印伊人部落分离迁徙。

随着雅利安人的迁徙,密特拉崇拜也分别传入了古代印度和伊朗地区。有关古代伊朗密特拉崇拜的文字记载,主要见于琐罗亚斯德教经典 *Avesta*(《阿维斯陀经》)中的 *Mihr Yašt*(《密特拉颂》)。该颂诗约成书于公元前 5 世纪下半叶,记录了有关这位伊朗神的特征、习俗、享祭器具、属神及仪式等内容。[3] 另外,《阿维斯陀经》的一些其他章节也提到了密特拉,足见该神在古波斯琐罗亚斯德教中享有重要地位。中古时期,波斯琐罗亚斯德教经中亚传入中国,以祆教名之,一度流行。本章拟在前人研究基础上,勾勒祆神密特拉形象在不同时空下演变的轨迹,并就中亚、中国有关考古发现略作申说。

2.1 波斯琐罗亚斯德教中的密特拉

波斯琐罗亚斯德教,是已知人类文明史上最古老的一个宗教。据

---

〔1〕徐文堪《从一件婆罗谜字帛书谈我国古代的印欧语和印欧人》,原刊李铮等编《季羡林教授八十华诞纪念论文集》,江西人民出版社,1991 年;此据其著《吐火罗人起源研究》(季羡林主编《东方文化集成·中亚文化编》),昆仑出版社,2005 年,页 6－7。

〔2〕P. Thieme,"The 'Aryan' Gods of the Mitanni Treaties", *JAOS*, Vol. 80, No. 4, 1960, pp. 301－317.

〔3〕Ilya Gershevitch, *The Avestan Hymn to Mithra*, Cambridge University Press, 1959.

学界对该教圣诗 *Gāthā*（《伽萨》）日益深入的研究，从其所使用的语言及所描述的内容看，越来越倾向于将教主琐罗亚斯德的生卒年代推至公元前 1000 年之前[1]。到了阿契美尼（Achaemenian）王朝时期（约公元前 550—前 330 年），该教已作为国教，在波斯帝国境内风靡流行。有关此时密特拉崇拜的情况，最早见于阿尔塔薛西斯二世（Artaxerxes Ⅱ，公元前 405—前 359 年）统治时。据哈玛丹（Hamadān）B 区发现的阿尔塔薛西斯二世铭文记载，他曾单独向密特拉祈祷（Mitra mām pātuv）[2]。复据 *Khorda Avesta*（《小阿维斯陀经》，即《阿维斯陀经》的选译本或普及本，由短小祈祷文组成，供僧侣及信众吟诵），密特拉在琐罗亚斯德教中占有重要的地位：在该教的祭祀仪式 yašt 和 niyāyišn 中，都有专门为其而设的仪式；在日常的 yasna 仪式中，其也不断地被颂念；在其他的 yašts 中，他的名字也时常被念及[3]。这些资料都反映了阿契美尼王朝时期密特拉地位之崇。

　　据英国权威学者研究，公元 3、4 世纪的摩尼教文书也记载了有关密特拉崇拜的情况。虽然该等文书成于萨珊王朝，却反映了帕提亚时期（Parthian，公元前 247—公元 224 年）对密特拉的礼拜。而且，文书中所记载的礼拜仪式明显源于更古老的《密特拉颂》[4]。这种情况表明，从阿契美尼时期到帕提亚时期，密特拉信仰在古波斯地区曾一脉传承。考古发现也证明了这一点，如尼萨（Nisa）发现的陶片上刻有众

---

〔1〕T. Burrow, "The Proto-Indoaryans", *Journal of the Royal Asiatic Society*, 1973, No. 2, p. 139. Mary Boyce, *A History of Zoroastrianism*, Vol. Ⅰ, Leiden, 1975, p. 190; *Zoroastrians: Their Religious Beliefs and Practices*, London, etc., Routledge and Kegan Paul, 1979, 1984（with 2 pp. insertion "Additions and corrections"）, 1998（3ʳᵈ revised reprint）, 2001, p. 78. Gh. Gnoli, *Zoroaster's Time and Homeland. A Study on the Origins of Mazdeism and Related Problems*, Istituto Universitario Orientale. Seminario di Studi Asiatici, Series Minor 7; Naples, 1980.

〔2〕M. Molé, *Culte, mythe et cosmologie dans l'Iran ancien*, Paris, 1963, p. 33.

〔3〕5 篇《尼亚耶斯》（*Niyayeš*）是祭司和平信徒共同定期念诵的祷文。用来祭祀太阳和密特拉（一起念诵，每天 3 次），月亮（每月 3 次），水和火。内容包括《伽萨》和《亚什特》的一部分以及后来创作的成分。见 J. Darmesteter transl., *The Zend-Avesta*, Part Ⅱ, *The Sīrōzahs, Yasts and Nyāyis*, in F. Max Müller ed., *Sacred Books of the East Series*（*SBE*）, Vol. ⅩⅩⅢ, First Published by the Oxford University Press, 1884, repr. Delhi, Motilal Banarsidass, 1965, 1969, 1975, 1981, pp. 349 - 361.

〔4〕Mary Boyce, "On Mithra in the Manichaean pantheon", in W. B. Henning and E. Yarshater eds., *A locust's leg: studies in honour of S. H. Taqizadeh*, London, 1962, pp. 44 - 54.

多带有密特拉字样的人名,表明当地居民确实是琐罗亚斯德教徒。[1]

到了萨珊王朝时期,尽管阿达希尔一世进行改革,使琐罗亚斯德教团一改原先松散、杂合之状态,"萨珊人重新严整之前统治者实行的综合主义"[2],然而,从建国之日起,其他神祇如密特拉仍然得到历代君主祭祀。基督教的叙利亚文资料,也证实了密特拉(时称 Mihr,密赫尔)在萨珊时期琐罗亚斯德教中的重要地位。[3] 许多考古发现属于此时的印章都刻有含密特拉字样的人名,而这些人名中不乏琐罗亚斯德教祭司者。[4]

根据中古波斯的帕拉维语文书 *Greater Bundahišn*(《创世纪》)记载,"密赫尔由众神之中最伟大的奥尔马兹达创造(Mihr... frāz dād ōhrmazd xʷarrahōmandtom az mēnōgān yazdān)",他的"责任是公正地为世界审判(xʷēškārīh wizīr ī gēhān pad rāstīh kardan)"。[5] 在 *Dādistān ī dēnīg*(《宗教判决书》)中,大祭司马奴什切尔(Manuščihr)强调:密赫尔的特殊职责是监察整个世界上的人类,去记录他们在这里的行为;而在未来世,由造物主奥尔马兹达负责审判,然后进行最后的记录。[6] 这段文献记载,时间为公元 9 世纪,与《密特拉颂》第 92 节极为相似。在《密特拉颂》中,密特拉被认为是"生物界所有生物的世俗与宗教的审判者(dāmōhu ahūm ratūmča gaēθanąm)"[7]。这表明,即使到了萨珊时期,琐罗亚斯德教中有关密特拉的教义仍不乏承继阿契美尼时期的有关成分。

不过,根据帕拉维文献的记录,萨珊时期密特拉在教中的地位似

〔1〕M. Sznycer,"Nouveaux ostraca de Nisa",*Semitica*, Ⅻ,1962,pp.105－126.

〔2〕R. C. Zaehner,*The dawn and twilight of Zoroastrianism*,London,1961,p.179.

〔3〕A. Christensen,*L'Iran sous les Sassanides*,Copenhagen,1936,pp.150－152.

〔4〕A. D. H. Bivar,*Catalogue of the western Asiatic seals in the BM. Stamp seals*,Ⅱ. *The Sassanian dynasty*,London,1969,p.45,46,53,62,66,68,70,126.

〔5〕T. D. Anklesaria ed.,*Greater Bundahišn*,Bombay,1908,p.172.11－12,p.172.1. B. T. Anklesaria transl.,*Zand-ākāsīh*,Bombay,1956,pp.222－223:70.

〔6〕E. W. West transl.,*Pahlavi Texts*,Part Ⅱ,*The Dadistān-i Dīnīk and The Epistles of Manûskîhar*,in F. Max Müller ed. *SBE*,Vol. ⅩⅧ,Oxford University Press,1882;repr. Delhi,Motilal Banarsidass,1965,1970,1977,p.33.

〔7〕Ilya Gershevitch,*The Avestan Hymn to Mithra*,pp.118－119 with commentary,pp.240－242.

乎不如前朝那么重要了。如给每月 30 日命名的神名之中,密赫尔地位并不显赫,不但身居阿胡拉马兹达的六大属神阿马拉斯潘德(Amahraspand,意为"慷慨的永生不朽者")之后,而且其至比 Xwar 与 Gōš 等诸小神地位更为低微。[1] 但是密赫尔在年历之中的位置又似乎说明了其地位仅次于上神奥尔马兹达。如奥尔马兹达为首日之主,占据了每前半月之首;而密赫尔作为第 16 日之主,乃为后半月诸神之首。[2] 同样,密赫尔作为第 7 月之主,又位居下半年诸神之首。[3] 萨珊时期的理论著作也证明了密赫尔的重要。在 *Mēnōg ī Xrad* 中记载,每日要对 Khoršēd 和密赫尔进行 3 次礼拜(har rōž se bār padīra Xaršēd u Mihir ……ēstād namāž u stāišn kunešn)。[4] 中古帕拉维文《宗教行事》(*Dēnkard*)中所引录的 *Sūdkar Nask* 记载:"每天晚上向密赫尔祈祷,一次是为毁灭和减少整个世界的愤怒,第二次是为消灭和减少懒散(abar Mihr hamāg gēhān harw šab ēšn ēwag, ud bušāsp II jār〔y'wl〕, pad wināsīdan ud kāhīdan)。"[5] 这一记载可溯源于《密特拉颂》第 97 节。[6]

证明萨珊时期密赫尔地位显赫的另一重要事实是,每年上至国王下至普通百姓,举国庆祝其古老节日密赫拉甘(Mihragan)。该节日与新年(诺鲁孜,Nō Rūz)为一年中最重要的两个节日,其被称为祖母绿,而新年则被称为红宝石。"这两天优于所有其他日子,就像这两种珠

---

〔1〕E. W. West transl. , *Pahlavi Texts* , Part Ⅰ, *The Bundahis , Bahman Yast , and Shāyast Lā-Shāyast* , in F. Max Müller ed. , *SBE* , Vol. Ⅴ, Oxford University Press,1880 ; repr. Delhi, Motilal Banarsidass,1965 ,1970 ,1977, pp. 401 – 406.

〔2〕Mary Boyce, "On Mithra's part in Zoroastrianism", *Bulletin of the School of Oriental and African Studies* (BSOAS), Vol. 32, Part Ⅰ, 1969, p. 24 n. 71.

〔3〕E. J. Bickerman, "The 'Zoroastrian' calendar", *Archiv Orientální* , ⅩⅩⅩⅤ, 1967, pp. 197 – 207.

〔4〕E. W. West transl. , Pahlavi Texts, Part Ⅲ, *The Dadistān-i Dînîk and The Epistles of Manûskîhar* , in F. Max Müller ed. SBE , Vol. ⅩⅩⅣ, Oxford University Press,1885 ; repr. Delhi, Motilal Banarsidass,1965, pp. 95 – 96.

〔5〕E. W. West transl. , *Pahlavi Texts* , Part Ⅳ, *Contents of the Nasks* , in F. Max Müller ed. , SBE, Vol. ⅩⅩⅩⅦ, Oxford University Press,1892 ; repr. Delhi, Motilal Banarsidass, 1965, 1969, 1977, p. 219.

〔6〕Yt. 10. 97. Ilya Gershevitch, *The Avestan Hymn to Mithra* , pp. 120 – 121.

宝优于所有其他珠宝一样。"[1]在这一天的黎明时分,便有王宫中的一位勇士,高声呼喊道:"啊,天神们,快快降临这个世界吧! 把恶魔和作恶者从这个世界驱除吧!"[2]这一风俗也与《密特拉颂》中所记密特拉负责驱走恶魔和作恶者相符。[3]

据《密特拉颂》,密特拉司昼夜轮转及四季更替之职,因此,在宗教的传播过程中,其与太阳和火的关系日益密切。不过《阿维斯陀经》中有专门祭祀太阳的祈祷文,即《诸神颂》第6部 Khoršēd Yašt(《太阳颂》)[4],表明此时太阳和密特拉还未等同。类似的情况在《密特拉颂》的其他章节也有反映,如第13节有云:"他是第一位到达哈拉神山(Hara Mountains)的天神,先于永恒不朽的、策马疾驰的太阳。他首先登上了金碧辉煌的山顶,鸟瞰伊朗人所居住的大地。"[5]不过该经中也有部分内容将两者混淆。而到了萨珊时期,密特拉时或等同于太阳,太阳被直称为"密赫尔"。[6]这一情况或有助于理解密特拉常与希腊罗马艺术中的太阳神形似的原因。

2.2 古波斯的密特拉形象

根据《密特拉颂》的描述,密特拉代表正义,专门严厉惩罚那些无信仰者。[7]基于此,密特拉变成了一位战神,为正直的伊朗人反对敌人而战。[8]因此,有关密特拉形象的描述都提及了身为一名战士应具有的装备,同希腊罗马神话中的日神一样,他驾驭着战车,拉车的白马饰银饰金,马车并未在地上投下阴影。[9]他像一名战士,手执巨大的

〔1〕Al-Bīrūnī, *The Chronology of Ancient Nations*, transl. & ed. by E. Sachau, London, 1879, p. 208.

〔2〕Al-Bīrūnī, *The Chronology of Ancient Nations*, p. 208.

〔3〕Yt. 10.7.26. Ilya Gershevitch, *The Avestan Hymn to Mithra*, pp. 86 – 87.

〔4〕Yt. 6. J. Darmesteter transl., *The Zend-Avesta*, Part Ⅱ, *SBE*, Vol. ⅩⅩⅢ, pp. 85 – 87.

〔5〕Yt. 10.4. 13. Ilya Gershevitch, *The Avestan Hymn to Mithra*, pp. 78 – 79.

〔6〕Ilya Gershevitch, *The Avestan Hymn to Mithra*, pp. 40 – 41.

〔7〕Yt. 10.8.29. Ilya Gershevitch, *The Avestan Hymn to Mithra*, pp. 86 – 87.

〔8〕Yt. 10.1.4, 2.8 – 9, 3.10 – 11. Ilya Gershevitch, *The Avestan Hymn to Mithra*, pp. 74 – 79.

〔9〕Yt. 10.17.68. Ilya Gershevitch, *The Avestan Hymn to Mithra*, pp. 104 – 105.

青铜令牌[1]，有时则拿着矛、弓箭、匕首和投石[2]。有关密特拉骑乘马拉战车的文字记载，可见于《密特拉颂》诸章节：

> 我们所崇拜的草原之主密特拉……他乘驾巨轮的神车，携马兹达创造的灵光和阿胡拉赐予的胜利，以迅雷不及掩耳之势，从（东部）大陆阿雷扎希国（Arəzahī）驶向我们赫阿尼拉萨国（Xᵛaniraθa）。（第 17 章第 67 节）[3]

> 由崇高而善良的阿什（Aši）驾驭密特拉的马车，马兹达教为这一神圣之旅开辟道路……（第 68 节）[4]

> 我们所崇拜的草原之主密特拉，他手执银矛，身披金甲，扬鞭策马，驱车飞驰。他英勇威武，骁勇善战。（第 28 章第 112 节）

> 随着（密特拉的）鞭声响起，战马嘶鸣，利箭离弦，那些奉行血祭的恶灵们，立遭打击，永堕地狱。（第 113 节）[5]

> 密特拉永怀生命，驾着金光灿烂、华丽无比的马车翩然下凡，从容自得。（第 31 章第 124 节）

> （密特拉的）战车由四匹雪白神马拉着，它们是天国的神驹，前蹄镶金，后蹄嵌银，精致的辔头有金属钩，牢牢地套在前轭上。（第 125 节）

> 在密特拉的右侧，立着魁梧、公正、至圣的拉什奴；他的左侧，则是乐善好施、正直诚实的女神奇斯塔（Razištā Čistā），她一身素装，白璧无瑕，堪称马兹达宗教的典范。（第 126 节）[6]

密特拉身具战士的特征，可追溯至原始印欧时代，可是到梨俱吠陀最终形成时，这一特征已经消失。在梨俱吠陀中，密特拉和伐罗拿并

---

〔1〕Yt. 10. 96. 132, Ilya Gershevitch, *The Avestan Hymn to Mithra*, pp. 120 – 121, 138 – 139.

〔2〕Yt. 10. 102. 129 – 131. Ilya Gershevitch, *The Avestan Hymn to Mithra*, pp. 122 – 123, 136 – 139.

〔3〕Arəzahī 即世界东方，Xᵛaniraθa 即世界中心，见 W. B. Henning, *Sogdica*, James G. Forlong Fund, Vol. XXI, London, 1940, pp. 29 – 30, in *W. B. Henning Selected Papers*, Vol. II, Leiden: E. J. Brill, 1977, pp. 28 – 29.

〔4〕Yt. 10. 17. 67 – 68. Ilya Gershevitch, *The Avestan Hymn to Mithra*, pp. 104 – 105.

〔5〕Yt. 10. 28. 112 – 113. Ilya Gershevitch, *The Avestan Hymn to Mithra*, pp. 128 – 131.

〔6〕Yt. 10. 31. 124 – 126. Ilya Gershevitch, *The Avestan Hymn to Mithra*, pp. 134 – 137.

没有为自己而战斗,作战的任务是由因陀罗(Indra)来执行的。[1] 虽然有学者认为密特拉所具备的战神特征与琐罗亚斯德本人的教义并不相符,然而《伽萨》圣诗的内容却暗示先知并不反对任何人为了正义拿起武器,相反,密特拉作为善良正义之神,与琐罗亚斯德的信条高度一致。[2] 因此可以说,古伊朗的密特拉具备战士的特征,驾驭着马车,乃继承自印伊时代的传统,并随琐罗亚斯德教的形成和发展而得以保留并演进;而古印度的密特拉则渐渐失去战士的特征。

密特拉神形象之定型,始于萨珊波斯帝国兴起之时。如开国君主阿达希尔位于纳克希—拉贾布峡谷的浮雕,显示阿达希尔站在奥尔马兹达(阿胡拉马兹达)面前,由神为他加冕,主神奥尔马兹达被刻画成穿袍戴冠,表明作为国教的琐罗亚斯德教诸神逐渐形象化。就像霍米兹德一世(Hormizd Ⅰ,公元272—273年)的钱币上和纳尔斯(Narse,公元293—303年)、阿达希尔二世(Ardašīr Ⅱ,公元379—383年)的浮雕上所刻画的那样,密特拉神的王冠上增加了一道光圈,而阿娜希塔的衣着像至尊的王后。[3] 在Tāq-i Rustān的雕刻上,阿达希尔二世正从奥尔马兹达手中接过王冠,他身后站着一位头戴光轮的人物,明显就是密赫尔(Mihr)。[4] 不过,这一图像明显与《阿维斯陀经》中记载的密特拉驾马驭车的形象不符,表明到了萨珊王朝时期,琐罗亚斯德教将众神人格化并形之图像,皆出现在世俗王权神授的场景中,显然乃出于维护统治的意图。这倒与其时琐罗亚斯德教不尚偶像崇拜的传统相一致。一般认为早期波斯境内琐罗亚斯德教尚流行偶像崇拜,从公元前4世纪开始逐渐接受庙火仪式。[5] 这一仪式的确立乃为反对

〔1〕P. Thieme,"The concept of Mitra in Aryan belief",J. R. Hinnells ed.,*Mithraic Studies* Ⅰ,Manchester University Press,1975,p. 30.

〔2〕Mary Boyce,"On Mithra's part in Zoroastrianism",*BSOAS*,Vol. 32,Part Ⅰ,1969,p. 17.

〔3〕B. A. Litvinsky,Zhang Guang-da & R. S. Samghabadi(eds.),*History of Civilizations of Central Asia*,Vol. Ⅲ,Paris:UNESCO Publishing,1996,p. 63. 参阅 B. A. 李特文斯基主编,马小鹤译《中亚文明史》第3卷,中国对外翻译出版公司,2003年,页42。

〔4〕Mary Boyce,"On Mithra's part in Zoroastrianism",p. 22.

〔5〕K. Schippmann,*Die iranischen Feuerheiligtümer*,Berlin – New York,1971,pp. 478 – 479.

圣像崇拜,并逐渐发展成为该教的正统仪式。[1] 到帕提亚晚期,真正意义上的破坏圣像运动逐渐开展起来,随着希腊化影响的减退,反对圣像崇拜、支持火坛的情绪日益高涨。至萨珊王朝时,破坏圣像运动赢得完全胜利。[2]《密特拉颂》形成于公元前5世纪左右,其时波斯境内尚流行圣像崇拜,因此文献记载密特拉驾驶马拉战车的形象往往带有虚构的神话色彩,但其被形诸图像是有可能的。而到了萨珊波斯时期,世俗王权神授场景中出现的诸神像(包括密特拉神像)显然并非出于正统琐罗亚斯德教徒祭拜圣像的目的而创作,因此其与该教经典中的描述无法对号入座,就不难理解了。

另外需要指出的是,即使在琐罗亚斯德教经典中,密特拉也不是唯一驾驶马拉战车的神。水神苏拉(Arədvī Sūrā)就是一个例子。《阿维斯陀经》的《诸神颂》中,献给苏拉的诗篇长而古老。在诗中,这位女神被描绘成一位漂亮而丰满的少女,身披毛皮大衣。[3] 她驾驶着由四匹马——风、雨、云和雪——拉着的战车。[4] 她被当做丰饶女神祭祀。[5] 她也拥有丰富的物资,包括战车、马匹、武器和常用物品等[6],战士们也向她祈祷以取得战争的胜利[7]。与之相似的是幸运女神阿什(Aši),她也是拥有战车的女神。[8] 不过,与密特拉不同的是,这些神为女性形象。

2.3　中亚考古发现所见的密特拉

正如普鲁塔克所说的,"由于亚历山大(的东征),巴克特里亚和高加

〔1〕Mary Boyce,"On the Zoroastrian Temple Cult of Fire",*JAOS*,95.3,1975,pp.455-456.

〔2〕Mary Boyce,"Iconoclasm among the Zoroastrians",*Christianity*,*Judaism and Other Greco-Roman Cults*:*Studies presented to Morton Smith at Sixty*,ed. by J. Neusner,Vol. 4,Leiden,1975,pp. 104-105.

〔3〕Yt.5.129. J. Darmesteter transl.,The Zend-Avesta,Part Ⅱ,*SBE*,Vol. XXⅢ,p.83.

〔4〕Yt.5.120. J. Darmesteter transl.,*The Zend-Avesta*,Part Ⅱ,*SBE*,Vol. XXⅢ,p.81

〔5〕Yt.5.2. J. Darmesteter transl.,*The Zend-Avesta*,Part Ⅱ,*SBE*,Vol. XXⅢ,p.54.

〔6〕Yt.5.130. J. Darmesteter transl.,*The Zend-Avesta*,Part Ⅱ,*SBE*,Vol. XXⅢ,pp.83-84.

〔7〕Yt.5.34. J. Darmesteter transl.,*The Zend-Avesta*,Part Ⅱ,*SBE*,Vol. XXⅢ,pp.61-62.

〔8〕Mary Boyce,*A History of Zoroastrianism*,Vol. Ⅰ,p.72.

索(兴都库什)地区的人们学会了礼敬希腊神"[1]。继任欧克拉提德(Eucratides,约公元前170/165—公元前159年在位)的巴克特里亚国王帕拉图(Plato,公元前155—? 年)的钱币上,就刻有希腊太阳神阿波罗 - 赫利俄斯(Apollo - Helios)的神像。他头顶神光,驾驭由四马并列拉着的双轮战车,与希腊神像一致。按,赫利俄斯(Helios,希腊文Ηλιος)系希腊神话中的太阳神。传说他每日乘着四马金车(这金车为神匠赫菲斯托斯所造)从奥克阿诺斯(大洋)的岸边起程来到天空。其头冠闪闪发光,长袍熠熠生辉,他在天空中巡行,把生命之光洒向大地,给大地以光明、温暖和生命。他的座驾,"全是黄金制作的,镶嵌着各色发光的宝石"[2]。在后世神话中,他与阿波罗被逐渐混为一体;然而在表现太阳神这一特征方面,其整个构造逐渐与印度的日天(Surya)及伊朗的密特拉相同:神站在马车的前方,手把车轭指挥,马则两边齐齐分开[3]。在这位国王的其他钱币上,则刻有站立着的阿波罗的形象。他手执令牌,身着短衣,外披长袍。尔后贵霜钱币上年轻的密特拉也呈现这一形象[4]。

随着希腊化王国的消亡,中亚地区的原始信仰逐渐复兴。兴都库什山南部的希腊化王国(后来称为印度—希腊王国),在阿拉霍西亚(Arachosia)和迦毕试(Kapisa,喀布尔地区)持续到公元前70年左右,而在犍陀罗和塔克西拉又持续到公元前50年左右。也就是在这些地区,希腊神像逐渐让位于伊朗的密特拉神[5]。从此地的最后两位国王 Amyntas 和 Hermaeus(公元前95—前70年)开始,伊朗本土的密特拉图像中的骑士帽(tiara)也出现在"宙斯"的头上。这种帽的特点是帽尖向前弯曲,后边盖住后颈,旁边遮住脸颊。钱币的正面画神的半身像,长满胡须,头顶光环。这也成为密特拉最早的肖像[6]。

---

〔1〕Mary Boyce & F. Grenet, *A History of Zoroastrianism*, Vol. Ⅲ, Leiden 1991, p. 160.

〔2〕H. A. 库恩著,秋枫、佩芳译《古希腊的传说和神话》,三联书店,2002 年 1 月第 1 版,2002年 8 月第 2 次印刷,页 63、65。

〔3〕Mary Boyce & F. Grenet, *A History of Zoroastrianism*, Vol. Ⅲ, p. 162.

〔4〕Mary Boyce & F. Grenet, *A History of Zoroastrianism*, Vol. Ⅲ, pp. 162 – 163.

〔5〕Mary Boyce & F. Grenet, *A History of Zoroastrianism*, Vol. Ⅲ, p. 156.

〔6〕Mary Boyce & F. Grenet, *A History of Zoroastrianism*, Vol. Ⅲ, p. 163.

从塞语"urmaysde"(太阳)与"śśandrāmata"(女神之名)等语言学的证据来看,早期塞人与贵霜人并不祭拜密特拉,而是崇拜阿胡拉马兹达与斯彭塔阿美提希。[1] 贵霜人在入侵巴克特里亚本土以前,可能已经在粟特地区了解到密特拉神,因为有个伊朗贵族名为"Sisi-miθra"(意为"献身于密特拉"),证明亚历山大时期乌浒河北曾崇拜密特拉。塞人与贵霜人征服乌浒河南的希腊—巴克特里亚领地后,逐渐受到了希腊的宗教生活、宗教建筑、宗教性雕刻以及宗教观念与宗教崇拜的影响。如传为第一位贵霜翕侯萨那布(Sanab)时期的苏尔汗河谷之卡尔查延的贵霜庄园雕刻装饰中,希腊胜利女神尼刻(Nike)与一位头饰辐射光晕的有胡须神(比定为宙斯)以及希腊化的密特拉处于同一画面上。一般认为,此头饰辐射光晕的宙斯是希腊雕塑家所创造的兼能表达希腊—巴克特里亚宗教观与贵霜宗教观的阿胡拉马兹达的形象。希腊式的密特拉则代表了希腊与伊朗宗教融合的另一类型。见于卡尔查延戴着弗利吉亚帽(尖端下垂的圆锥形帽)的密特拉像,与西方密特拉(希腊—罗马式密特拉)相似,这是雕塑家们将希腊—伊朗融合文化使用到贵霜型密特拉身上的结果。[2]

胡韦色迦(Huviska,公元前31年即位)钱币的第二阶段揭示了某些令人注目的新趋势,密特拉的地位逐渐上升。如密特拉的巴克特里亚语名称为"Ahu budano"(意为"万物的最高君主",源自古伊朗语 Ahu būtānām),其相应的阿维斯陀语为 ahu ratušča gaēθanam(意为"生物的最高主宰")。密特拉的画像与题铭一起出现在钱币上。[3] 例如,贵霜钱币所雕刻的太阳神画像,就经常伴有希腊神话中太阳车的驭手赫利俄斯(Helios)和密特拉的名字。[4]

由上所述可以看出,贵霜时期考古发现所见密特拉形象,带有明显的希腊罗马文化特征,是希腊文化与伊朗文化融合的产物。也就是说,

---

〔1〕雅诺什·哈尔马塔主编,徐文堪、芮传明翻译《中亚文明史》第2卷,中国对外翻译出版公司,2002年,页246。

〔2〕雅诺什·哈尔马塔主编,徐文堪、芮传明翻译《中亚文明史》第2卷,页247-248。

〔3〕雅诺什·哈尔马塔主编,徐文堪、芮传明翻译《中亚文明史》第2卷,页256-257。

〔4〕A. M. Belenizki, *Mittelasien Kunst der Sogden*, Leipzig, 1980, p.190.

属于伊朗琐罗亚斯德教系统的密特拉形象走出经典,形诸图像,受希腊化的影响很深。到了5—8世纪的粟特地区,随着希腊化早已减弱,其考古发现的密特拉形象则更能反映波斯琐罗亚斯德教的文化内涵,当然其造型艺术仍然摆脱不了希腊化的影响。早年苏联中亚考古专家别列尼兹基(A. M. Belenizki)就曾指出,粟特片治肯特一号遗址5号屋与六号遗址26号屋的图像头戴光轮,乃为日神,并根据七号遗址的2号屋战士形象,而推断此日神当为《阿维斯陀经》中的密特拉。根据贵霜钱币的图像数据来看,这一形象明显受希腊—巴克特里亚艺术的影响。[1] 俄罗斯中亚考古专家马尔沙克教授(B. Marshak)指出,六号遗址3号屋的壁画图像表现了琐罗亚斯德教中善神与善人参与斗争恶灵的故事,很可能反映的正是最终启示的战争场面。其中第3幅图表现的是骑在狮子上的娜娜(Nana)与坐在有翼神马所拉战车上的日神会面的场景。[2] 尽管马尔沙克教授并未指出这位日神究竟为谁,但联想到粟特本土奉行琐罗亚斯德教的记载,可推知其应为本土化了的密特拉神。法国中亚考古专家葛乐耐教授(F. Grenet)也曾举出粟特地区发现的密特拉神像,如苏对沙那(Sutrushana,唐朝史籍中的东曹国)地区的沙赫里斯坦(Shahristan)宫殿遗址发现的壁画上的密特拉神像,即端坐在双头马上;上引片治肯特七号遗址2号屋出土一块木板画,所绘密特拉神也坐在双头马上。这两件作品都是公元8世纪制作的。这些图像与阿富汗 Dokhtar-I Noshirwan 遗址发现的神像类似,根据神像两边底部残存的马腿,推知是坐在双头马上的密特拉神像。葛乐耐指出,这些粟特袄教系统中的密特拉神像,其原型是希腊化的太阳神的车乘。和这些粟特图像最接近的一幅早期作品,是阿富汗巴米扬石窟38米高大佛洞后壁的密特拉神像。巴米扬38米大佛佛龛背景绘画中,中部板块一图上有一辆四马驾驭的马车,车上左右各站立一有头光、有头盔、有两翅的天人,手执盾牌。上面日轮中为密特拉神,左右上角各有一戴尖帽的天使,左右下角各有一有头光的

〔1〕A. M. Belenizki, *Mittelasien Kunst der Sogden*, pp. 189 – 190.

〔2〕B. Marshak, *Legends, Tales, and Fables in the Art of Sogdiana*, New York: Bibliotheca Persica Press, 2002, pp. 118 – 119.

hvarenah 神鸟,人头鸟身,戴粟特式帽。[1] 这说明到了 8 世纪,粟特地区仍流行密特拉崇拜,而且这些密特拉神的形象与阿契美尼时期即编成的琐罗亚斯德教圣经《密特拉颂》中的描述大多吻合。这种情况不难理解,因为以花拉子模和粟特为中心的中亚地区,早就流行琐罗亚斯德教。[2] 不过考古发现与文献记载早已证明粟特地区祆教盛行圣像崇拜,与萨珊波斯正统琐罗亚斯德教反对圣像崇拜不同。究其原因,一方面,亚历山大东征所带来的希腊化影响,并没有在粟特地区彻底消除;另一方面,彼时粟特地区已非波斯管辖,因此波斯的破坏偶像运动并没有影响到粟特地区。[3] 此外,与粟特地区独特的地理环境所形成的复杂信仰体系亦不无关系。

从地理位置来看,粟特诸城邦扼中西交通大道的要冲,是中国、印度、波斯和拜占庭多种文明汇聚之区,当地的宗教信仰不可避免会受到多种文明、多种宗教的影响。比如,尽管贵霜—萨珊时期,琐罗亚斯德教的宗教组织强化了自己的力量,"它能够驱逐摩尼教,把基督教控制在幼发拉底河,佛教控制在赫尔曼德河(Helmand)一线"[4],但整个阿富汗和中亚地区皆可见佛教的影响,其在加兹尼(Ghazni)、喀布尔、巴米扬(Bamiyan)、巴里黑和特尔梅兹的中心继续与犍陀罗、中部和东部突厥斯坦的中心保持接触。佛教在实践、意识形态观念和仪式方面都发生了巨大变化,刻画描绘佛像的做法得以流行。[5] 洪巴赫(H. Humbach)探讨了粟特万神殿的印度因素。例如在粟特文佛教和摩尼

---

〔1〕F. Grenet, "The Second of Three Encounters between Zoroastrianism and Hinduism: Plastic Influences in Bactria and Sogdiana (2ⁿᵈ – 8ᵗʰ c. A. D.)", *Journal of the Asiatic Society of Bombay. James Darmesteter* (1849 – 1894) *Commemoration Volume*, ed. by V. M. Kulkarni and Devangana Desai, Bombay, 1994, p. 45.

〔2〕Mary Boyce, *A History of Zoroastrianism*, Vol. I, pp. 274 – 276; *Zoroastrians: Their Religious Beliefs and Practices*, pp. 39 – 40. J. P. Moulton, *Early Zoroastrianism*, London: Constable & Company Ltd., 1926, pp. 85 – 88.

〔3〕Mary Boyce, "On the Zoroastrian Temple Cult of Fire", pp. 462 – 463.

〔4〕B. A. Litvinsky, Zhang Guang-da & R. S. Samghabadi eds., *History of Civilizations of Central Asia*, Vol. Ⅲ, p. 110. 参阅 B. A. 李特文斯基主编,马小鹤译《中亚文明史》第 3 卷,页 85。

〔5〕B. A. Litvinsky, Zhang Guang-da & R. S. Samghabadi eds., *History of Civilizations of Central Asia*, Vol. Ⅲ, p. 110. 参阅 B. A. 李特文斯基主编,马小鹤译《中亚文明史》第 3 卷,页 86。

教文献中,察宛(Zrvān)被描绘成梵天(Brahma)的形象,阿摩(Adbag,大神,奥尔马兹达)被描绘成因陀罗(Indra,释迦),维希帕尔卡尔(Veshparkar,伐由)被描绘成摩诃提婆(Mahadeva,湿婆)[1]。这些神祇虽然已不属于琐罗亚斯德教的万神殿,却生动地表现了琐罗亚斯德教与佛教、印度教等不同宗教相互混杂的情况[2]。同时,起源于美索不达米亚的娜娜女神也与粟特祆教相结合[3]。在古老的印伊宗教中,驾驶马拉战车的神祇不止密特拉。例如,《吠陀》中描述的伐罗拿是除因陀罗之外,梨俱吠陀中最伟大的神。他身披金色斗篷,穿着闪耀的长袍;他的座驾经常被提及,像太阳一样闪耀,被套好的骏马拉着[4]。中亚考古发现的密特拉图像是否含有吠陀中伐罗拿的因素,需要进一步考索。

2.4 中国考古发现别解

就笔者所见,在中国本土的考古发现中,至少有4例图像被比定为祆神密特拉。

其一为敦煌莫高窟第285窟西壁南龛上部形象。根据《中国石窟·敦煌莫高窟》的描述,该石窟"西壁南龛上部,南侧最上有一圆轮,表现驾马车之日神。圆轮以北六椭圆形内为跏坐菩萨,其下画供养天女一排。南端一天女扬手引三凤神车,车上力士持人面盾,奋力驱进。忍冬、火焰纹龛眉两侧,皆为诸天神王"[5]。贺世哲先生在《敦煌莫高窟第285窟西壁内容考释》一文中,指出莫高窟第285窟西壁上,"在左

〔1〕H. Humbach, "Vayu, Šiva und der Spiritus Vivens im ostiranischen Synkretismus", *Acta Ir.* 4, *Monumentum H. S. Nyberg*, Vol. Ⅰ, Leiden, 1975, p. 404.

〔2〕B. A. Litvinsky, Zhang Guang-da & R. S. Samghabadi eds. *History of Civilizations of Central Asia*, Vol. Ⅲ, Paris: UNESCO Publishing, 1996, p. 253. 参阅B. A. 李特文斯基主编,马小鹤译《中亚文明史》第3卷,页214 – 216。

〔3〕F. Grenet & B. I. Marshak, "Le mythe de Nana dans l'art de la Sogdiane", *Arts Asiatiques* 53, 1998, pp. 5 – 18, 49.

〔4〕Ilya Gershevitch, *The Avestan Hymn to Mithra*, pp. 4 – 6.

〔5〕敦煌文物研究所编《中国石窟·敦煌莫高窟》第1卷,文物出版社,东京株氏会社平凡社,1981年12月,页215,图116。

(南)上角与窟顶连接处,画一蓝色上方条,条内南端画一白色日轮,轮内画一侧面车轮,车轮左右各画二马驭车。马仅画头而无尾,相背奔驰。车厢内画一人,有头光,高髻,着圆领上衣,双手合十,似菩萨像,此即密教中的日天。唐以后的密教经文中又题'日光菩萨'"〔1〕。姜伯勤先生则根据该神驾马车的记载,而断定其为祆教中的密特拉神像。〔2〕近日张元林先生撰文,广泛征引印度本土及中亚考古发现的太阳神形象,在肯定本窟图像为日天图像的同时,亦认为应来源于祆教的密特拉神。不过他不同意姜伯勤先生关于嚈哒人将这一以祆神密特拉为蓝本的日天形象带入本窟的观点,而主张由粟特人传入。〔3〕张先生所论极为详瞻。不过,其所持论的一个重要根据是同窟西壁中央大龛与北侧小龛壁面所绘摩醯首罗天与日天具有同样的艺术背景,即其为祆教风神 Weshparkar。这里,笔者同意日本学者佐佐木律子的考证,佐佐木氏将此摩醯首罗天头冠中出现的一身人物形象断识为风神,但并未将这一形象与摩醯首罗作为祆教风神的角色联系起来,而是将它的来源依然归类于印度教的湿婆。〔4〕按,摩醯首罗与祆神并不能等同,汉文有关"摩醯首罗即祆神"的记载乃错误的比定,对此笔者已撰文讨论,不赘。〔5〕

根据《吠陀》记载,印度本土的太阳神苏利耶亦驾马驭车:"你以光明普照生民大地,充满诸天太空,俯视一切万物。七匹马为你引车,使人目眩的苏利耶啊。"〔6〕文献记载的这一苏利耶形象也广泛存在于印

---

〔1〕贺世哲《敦煌莫高窟第285窟西壁内容考释》,见《1987年敦煌石窟研究国际学术讨论会文集·石窟考古编》,辽宁美术出版社,1990年,页357。

〔2〕姜伯勤《敦煌285窟所见嚈哒人的密特拉神崇拜》,载其著《中国祆教艺术史研究》,三联书店,2004年,页203–216。

〔3〕张元林《论莫高窟第285窟日天图像的粟特艺术源流》,载《敦煌学辑刊》2007年第3期,页161–168。

〔4〕佐佐木律子《莫高窟第285窟西壁内容试释》,见《艺术史》第142册,1997年。转引自张元林《论莫高窟第285窟日天图像的粟特艺术源流》,页166。

〔5〕参阅拙文《摩醯首罗与唐宋祆神》,提交"东西方研究国际学术研讨会"论文,香港大学中文学院,2007年10月5–7日,经修订收入单周尧主编《东西方研究》,上海古籍出版社,2011年,页60–67;见拙著《中古华化祆教考述》,文物出版社,2010年,页77–98。

〔6〕贺世哲《敦煌莫高窟第285窟西壁内容考释》,页323。

度教的雕刻中。如雕刻于公元前1世纪左右的菩提伽耶围柱上的太阳神苏利耶,他站在驷马二轮战车上,四匹马左右各二,前蹄腾空,相背而驰。苏利耶立于战车中央,左右各有一女神,皆向外拉弓射箭。[1] 因此,这幅出现在佛教石窟壁画中的驾马驭车神像被定义为"日天"似更有说服力。按,日天,"梵名 Āditya。音译作阿泥底耶。又作日天子、日神。在印度,将'创造力'神格化,称为日天。后为太阳神(梵 Sūrya,音译苏利耶)之别称。传入密教后,成为十二天之一。即大日如来为利益众生之故,住于佛日三昧,随缘出现于世,破诸暗时,菩提心自然开显,犹如太阳光照众生,故称为日天。在现图胎藏界曼荼罗外金刚部院作天人形,二手皆持莲花,乘赤五马车。有誓耶(梵 Jayā)、微誓耶(梵 Vijaya)二妃"[2]。唐玄奘《大唐西域记》卷5记羯若鞠阇国(今恒河与卡里河合流处)曲女城,"石精舍南不远,有日天祠"。今人注曰:"日天:即太阳神。原名梵文 Sūrya,巴利文 Suriya,音译作苏利耶、素利也或修利,意译为日天子、日神、宝光天子或宝意天子。据云,日天驾金色马车周行天上。"[3] 一般认为,日天子为"观世音菩萨之变化身,住于太阳中,太阳为彼之宫殿也"[4]。《佛说立世阿毗昙论》卷5《日月行品》第十九曰:"日宫者……是宫殿,说名修野。是日天子于其中住,亦名修野。"[5]《秘藏记》末曰"日天赤肉色。左右手持莲华,并乘四马车轮"[6]。285窟西壁位于圆轮内的神像,正与文献所描述的日天子居于太阳中相符。其实,类似的图像在我国新疆等地考古艺术中常见。如基利什—森木塞姆地区一个大型石窟寺左侧回廊顶部的装饰画,最前边(部分已损坏)是太阳神坐在四匹马拉的马车上(车轮为横向位

〔1〕张元林《论莫高窟第285窟日天图像的粟特艺术源流》,页163。并参阅 Shanti Lal Nagar, *Sūrya and Sun Cult*,New Delhi,1995,p.133 及所附图版。

〔2〕参阅星云大师监修,慈怡主编《佛光大辞典》,北京书目文献出版社据台湾佛光山出版社1989年6月第5版影印,第2册,页1444下。

〔3〕季羡林等《大唐西域记校注》,中华书局,2004年,页445–446。

〔4〕丁福保编纂《佛学大辞典》,文物出版社,1984年,2002年9月第3次印刷,页341:1–2。

〔5〕[陈]真谛译《佛说立世阿毗昙论》,见《日本大正新修大藏经》(以下简称《大正藏》)卷32,台北,佛陀教育基金会,1990年,页195b。

〔6〕丁福保编纂《佛学大辞典》,页341:1–2。

置），绘于 8 世纪；克孜尔石窟所发现的太阳神，坐在车上，没有马拉；
得自库木吐拉的图像，太阳神坐在双马所拉的两轮马车上；敦煌莫高
窟第 120 窟壁画上，太阳神坐在双马所拉单轮马车上。20 世纪初曾先
后领导德国探险队在我国新疆地区进行第二、三、四次探险工作的勒
克科指出，这些图像为希腊神话中的太阳神图像[1]。考虑到这些图像
多创作于 8 世纪前后，且在佛教石窟中，图像又多位于圆轮之中，倒不
如从佛教的日天形象中索解。

其二为天水市发现隋唐屏风石棺床墓所见图像。根据《天水市发
现隋唐屏风石棺床墓》一文所披露：

> 屏风 1，高 87、宽 38 厘米。位于石床右侧第一合。此图以山
> 涧浮桥，林谷村野为背景，上首山崖上站一身背背篓的男子，似为
> 农夫。浮桥边一骑马男子仰首面向山上农人，似在询问什么。下
> 首山林之侧一方形单层古塔建筑，砖石基座，踏步台阶，塔身像亭
> 子，顶上有覆钵宝珠刹。塔内一挺胸凸腹，身着紧身衣的男子坐在
> 束腰圆凳上，手执牛角杯正在饮酒，脚下跪一小侍[2]。

姜伯勤教授认为图中覆钵建筑当象征天堂，这幅图像表现了密特
拉神于离别之桥接引义人前往天国[3]。就文献记载和古代波斯、中亚
的考古发现来看，密特拉主要骑乘四马所拉战车或乘坐双头马，但很
难说这一形象是否发生在末日审判的时刻。在萨珊波斯时期的琐罗
亚斯德教文献《许不许》中，密特拉被誉为"最公正者"（Mihr
dādwartar），[4] 这与《密特拉颂》中记载的相一致（akō vahištasča...
mašyākaēibyō）。[5] 他每天记录人们的罪恶，在裁判桥上对他们进行公

〔1〕〔德〕阿尔伯特·冯·勒克科著，赵崇民、巫新华译《中亚艺术与文化史图鉴》，中国人民
大学出版社，2005 年，页 44 - 45，页 185 - 187 图 220、222、223、224。原著为 Albert von Le Coq，
Bilderatlas zur Kunst und Kulturgeschichte Mittelasiens，Berlin，1925。

〔2〕天水市博物馆《天水市发现隋唐屏风石棺床墓》，载《考古》1992 年第 1 期，页 48 - 49，图
版七，2；图三，1。

〔3〕姜伯勤《中国祆教艺术史研究》，页 163 - 164。

〔4〕E. W. West transl.，*Pahlavi Texts*，Part Ⅰ，*SBE*，Vol. Ⅴ，p. 405.

〔5〕Yt.，10. 29. Ilya Gershevitch，*The Avestan Hymn to Mithra*，pp. 86 - 87.

正的审判。那些错误起誓,或者行为错误的人,将得到严厉的惩罚。[1]
Vendīdād(《辟邪经》)记载道:"当人们死去,其人生结束,恶魔就会入
侵;到第三晚结束时,随着新的一天黎明到来,神密特拉会拿起强力的
武器,到达万福山,其时太阳正在升起。"[2]据琐罗亚斯德教的传说,人
死后,灵魂离开肉体,必须经过"裁判桥"(Činvat),由专神负责检视其
一生的善恶功过,如果行善多于行恶,灵魂则被判进入天堂,反之则堕
入地狱。司其职者即密特拉、斯劳莎(Sraoša,原意为"戒律")、拉什奴
(Rašnu,原意为"法官"),密特拉居中。[3]《密特拉颂》第 25 章第 100
节有类似的记载:"阿什的朋友,善神斯劳莎在密特拉的右侧飞翔,高
大魁梧的拉什奴则坐在他的左边。四周簇拥着水和植物以及善者的
众灵体。"[4]另外,在灵魂通过"裁判桥"时,往往有奥尔马兹达专门饲
养的灵狗"黄耳朵"(Zarrīngōš)守卫在侧,它通过吠叫来吓跑附在正直
人灵魂上的恶魔,也帮助密特拉制止那些妄图残害入狱灵魂的恶魔,
并阻止生前曾残害过狗的人经过"裁判桥"。[5] 而观诸上引天水隋唐
屏风石棺床雕像所描绘的图像,既未见所谓"灵狗"守卫在桥侧,也未
见以密特拉居中的三尊神审判灵魂,整幅画面更像是描述游客山间问
路的场景。因此单凭骑马仰面向上而断定为密特拉接引义人升天,显
然缺乏足够的说服力。

其三,1999 年 7 月山西太原发掘的隋虞弘墓石椁图像。根据学者
的研究,其中有两幅图像与密特拉有关。一为石椁前壁椁门左侧(以
石椁自身方位为准)画面,据考古报告《太原隋虞弘墓》记载:"上部画

〔1〕E. W. West transl. , *Pahlavi Texts*, Part Ⅲ, *SBE*, Vol. ⅩⅩⅣ, p. 33.

〔2〕*Vendīdād*, 19. 28, J. Darmesteter transl. , *The Zend-Avesta*, Part Ⅰ, *The Vendīdād*, in F. Max
Müller ed. *SBE*, Vol. Ⅳ, Oxford University Press, 1887; repr. Delhi, Motilal Banarsidass, 1965, 1969,
1974, 1980, p. 212. 中古帕拉维语文书《宗教行事》(*Dēnkard*)中也有类似记载,无论是个人死亡审
判,还是世界末日终审中,密特拉都负责消灭邪恶之灵,见 *Dēnkard*, Ⅸ, 39. 9, E. W. West transl. ,
Pahlavi Texts, Part Ⅳ, *SBE*, Vol. ⅩⅩⅩⅦ, pp. 277 - 278.

〔3〕G. Kreyenbroek, *Sraoša in the Zoroastrian Tradition*, Leiden: E. J. Brill, 1985, pp. 164 - 183.

〔4〕Yt. 10. 25. 100. Ilya Gershevitch, *The Avestan Hymn to Mithra*, pp. 122 - 123.

〔5〕Manockji R. Unvala ed. , *Dārāb Hormazyār's Rivāyat*, 2 vols. , British India Press, Bombay
1922, Vol. Ⅰ, pp. 256 - 257; B. N. Dhabhar, *The Persian Rivayats of Hormazyar Framarz and others*, *their
version with introduction and notes*, K. R. Cama Oriental Institute, Bombay, 1932, pp. 259 - 260.

面右下方,浮雕一人牵一骏马……马高大健硕,占了画面中心的显要位置。马首向右垂下,鬃毛光滑整齐,前腿挺立,后腿弯曲,鞍鞯俱全。其络头带、攀胸带、鞦带等为金色,马额上佩一当卢。头下络头带上饰有红缨,鞦带上饰桃形缨饰,鞯和障泥为花色金边。马背上搭一物,似为鞍袱。最引人注意的特征一是不见马镫,二是马尾中部用丝带扎成蝴蝶花结,花结下的马尾分为两叉。"[1] 已故的俄罗斯著名粟特考古专家马尔沙克教授认为,此马是敬献给密特拉神的,马下有二犬,暗示画像石的丧葬主题,此图像象征以密特拉神为主审人员的"最后审判"。[2] 这一观点也得到了学者的赞同。[3]

二为樘前壁樘门右侧画面,据考古报告记载:"上部图案下方两角雕绘着少许花草,中间雕一人骑一马,皆面朝左,马身体肥大,左侧两腿抬起,正在前行。……马上坐一中年男子,头戴满是饰物的王冠,王冠前高后低,前顶上为一圆环形饰,上有象征新月和太阳的饰物。最醒目的是,此人有很大的头光,显示出他的特殊身份。在冠后还飘着两条前窄后宽的飘带,带端缀有三颗圆珠。"[4] 姜伯勤教授认为,此有头光、戴日月冠的人物为天神密特拉。理由是此图与前引马尔沙克教授所说的献给密特拉神的马相对。[5]

以上学者们对虞弘墓石樘相关图像的研究,将其中人物定性为密

〔1〕山西省考古研究所、太原市文物考古研究所、太原市晋源区文物旅游局《太原隋虞弘墓》,文物出版社,2005 年,页 98 – 100,图 136、138。图版又见山西省考古研究所、太原市文物考古研究所、太原市晋源区文物旅游局《太原隋代虞弘墓清理简报》,载《文物》2001 年第 1 期,页35,图一五。

〔2〕B. Marshak, "La thématique sogdienne dans l'art de la Chine de la deuxième moitié du Ⅵᵉ siècle", *Comptes Rendus de l'Académie des Inscriptions et Belles-Lettres*, Paris, 01 – 03/2001, pp. 227 – 264.

〔3〕姜伯勤《隋检校萨宝虞弘墓画像石的再探讨》,见《艺术史研究》第 4 辑,中山大学出版社,2002 年;修订作《隋检校萨宝虞弘墓祆教画像的再探讨》,见其著《中国祆教艺术史研究》,页148 – 149。P. Riboud, "Le cheval sans cavalier dans l'art funéraire sogdien en Chine: à la recherche des sources d'un theme composite", *Arts Asiatiques*, 58, 2003, p. 159.

〔4〕山西省考古研究所、太原市文物考古研究所、太原市晋源区文物旅游局《太原隋虞弘墓》,页 114 图 154,页 116 图 156。《太原隋代虞弘墓清理简报》,页 39 图二三,页 43 图二八。

〔5〕姜伯勤《隋检校萨宝虞弘墓石樘画像石图像程序试探》,载巫鸿主编《汉唐之间文化艺术的互动与交融》,文物出版社,2001 年,页 29 – 47;其著《中国祆教艺术史研究》,页 129。

特拉神的最重要根据是与马相关。不过从前引文献记载及考古发现所见的密特拉形象来看,其与马发生联系时主要表现为骑乘驸马或双马所拉战车,而非单独骑马。况且,在伊朗神话中,马常作为水神的象征。[1] 例如在琐罗亚斯德教神话中,雨星之神 Tištrya 为从 Vourukaša 海获得雨水,常幻化成漂亮的白马,长着金色的耳朵与鼻口,与变成丑陋的黑色秃马的恶魔 Apaoša 决斗。[2] 也正是基于此点,学者们将日本美秀美术馆(Miho Museum)所藏中国北朝时期的一组石棺画像石石板上对马的崇拜判断为与 Tištrya 有关。[3] 该石棺床 11 块石板上描绘了浓郁的异族风情。编号 B 的石板(长 60.9cm,宽 26.8cm,厚 5.7cm),上面有两个王族打扮的胡人骑马由左向右行,中间是一顶大的伞,有一匹佩戴鞍鞯的马立在中间,无人乘骑,后面有 4 个人物,马前还有一胡人跪在地上,举杯对着马嘴,做供养状。[4] 因此,若根据图像与马有关,则将虞弘墓石椁图像骑马人物判断为 Tištrya 似亦无不可。[5]

其四,西安碑林博物馆收藏有一件造像碑,其中所画坐马人像倒似与密特拉有关。根据陕西省博物馆编《陕西省博物馆藏石刻选集》的描述,该碑高 72cm,宽 42cm,厚 20cm,正面刻释迦牟尼佛立像,面部浑圆,五官端庄……左上角环内有一人像,坐一双头马背托之圆毯上,双手上举,执飞舞飘带;右下角圆环内亦有一人像,坐双鹅背托之圆毯上,双手上举,执飞舞飘带。释迦牟尼两脚赤裸,立于莲花跌坐上。莲座下为凸起的石台,台正面右侧有凹刻题记三行,文曰:"释迦牟尼佛

〔1〕J. Markwart, *Wehrot und Arang*, *Untersuchungen zur mythischen und geschichtlichen Landeskunde von Ostiran*, Leiden, 1938, p. 88.

〔2〕Yt. 8.18 – 21. J. Darmesteter transl., *The Zend-Avesta*, Part Ⅱ, *SBE*, Vol. ⅩⅩⅢ, pp. 98 – 99.

〔3〕B. I. Marshak, "La Thématique Sogdienne dans l'art de la Chine de la deuxième moitié du VIe siècle", pp. 227 – 264. Pénélope Riboud, "Le cheval sans cavalier dans l'art funéraire sogdien en Chine: à la recherché des sources d'un thème composite", pp. 148 – 161.

〔4〕荣新江《Miho 美术馆粟特石棺屏风的图像及其组合》,载《艺术史研究》第 4 辑,页 207。

〔5〕有关 Tištrya 即汉文所记"得悉神"的考证,可参阅拙文《曹国"得悉神"考》,提交"丝路胡人暨唐代中外文化交流学术讨论会"论文,西安,2008 年 10 月 11 日 – 12 日,见本书第 3 章。

·欧·亚·历·史·文·化·文·库·

降伏外道时。"一般认为,此造像年代为唐朝(618—907 年)。[1] 索伯(Alexander C. Soper)教授在《敦煌的瑞像图》一文中考证两个光轮中的神像,上面的可能是日天,骑在拉着双轮马拉战车的暴烈成性的双头马上;下面的光轮中,用两个像天鹅的鸟来表示所骑乘的神像是月亮(梵文 Chandra)。因此造像碑上所绘图像是"指日月瑞像",而石刻铭文"释迦牟尼佛降伏外道时"与之不符。[2] 荣新江先生并不同意索伯教授的考证,其综合佛教图像研究与中亚考古发现的成果,指出此造像中左上角环内坐双头马背上的人像即为 7、8 世纪流行于唐朝的祆教(波斯、粟特的琐罗亚斯德教)神像密特拉,因此铭文内容"释迦牟尼佛降伏外道时"与图像内容一致。[3] 按,在佛典中有各种外道的记载。如《杂阿含经》卷 43 和《中阿含经》卷 57,记录了释迦牟尼时代的中印度 6 种外道,称作"外道六师"[4];《涅槃经》卷 10 有"一切外学九十五种皆趣恶道"[5];《华严经》卷 26 有"九十六种外道"[6]。这些佛典中的外道,主要是以印度的婆罗门为原型的。上文我们曾指出,《吠陀》中的伐罗拿具有和密特拉相似的外部特征,因此在辨别西安石刻的原型时,也要考虑其是否受伐罗拿形象的影响。另外,根据唐代密教经典《尊胜佛顶真言修瑜伽轨仪》卷下《大灌顶曼荼罗品》第八记载:"又南门西面日天子并后。乘五马车。两手把开莲华坐圆轮。七曜各其本色。手执本印。在日左右围绕。门东面月天子并后。乘五鹅车。

〔1〕陕西省博物馆编《陕西省博物馆藏石刻选集》,文物出版社,1957 年,页 39 图 37;西安碑林博物馆编《西安碑林博物馆》,陕西人民出版社,2000 年,页 133。

〔2〕A. C. Soper,"Representations of Famous Images at Tun-Huang",Artibus Asiae,XXVII.4,1964 – 1965,pp. 351,362 – 363;参阅张广达、荣新江《敦煌"瑞像记"、瑞像图及其反映的于阗》,原载《敦煌吐鲁番文献研究》第 3 辑;此据同作者《于阗史丛考》,上海书店,1993 年,页 238,中国人民大学出版社,2008 年,页 191。

〔3〕荣新江《〈释迦降伏外道像〉中的祆神密斯拉和祖尔万》,其著《中古中国与外来文明》,三联书店,2001 年,页 326 – 342;英文本见"Zoroastrian Deities on a Buddhist Sculpture from Xi'an",载古正美主编《唐代佛教与佛教艺术》,台湾觉风佛教艺术文化基金会,2006 年,页 253 – 261。

〔4〕〔宋〕天竺三藏求那跋陀罗译《杂阿含经》,见《大正藏》卷 2,页 317b;〔东晋〕罽宾三藏瞿昙僧伽提婆译《中阿含经》,见《大正藏》卷 1,页 782a。

〔5〕〔北凉〕天竺三藏昙无谶译《涅槃经》,见《大正藏》卷 12,页 426c、668a。

〔6〕〔唐〕于阗三藏实叉难陀译《大方广佛华严经》,见《大正藏》卷 10,页 140b、142c。

手执风幢上伏兔。坐白月轮中。"[1]这里,日天子与月天子分坐马车与鹅车,尽管所乘动物数量各为五,与图像所示不同,但这是否表明图像受密教观念影响? 不过荣先生也列举了佛教图像中常见的外道形象,与西安石刻所见外道形象并不一致,并细致对比了粟特祆教美术中祆教神祇的形象,因此非常具有说服力。假如其说可以成立,则为我们提供了中土所见密特拉形象的珍贵例证。

太阳神驾车驭马的形象广泛存在于古代伊朗、希腊、印度艺术中,而中亚考古发现的密特拉形象明显可见伊朗文明与希腊艺术结合的痕迹。古代中亚宗教环境复杂,祆教信仰更是杂糅多种文化而成。因此在解读中国有关考古发现的图像时,要充分考虑到琐罗亚斯德教、佛教、摩尼教和印度教等宗教的融合,不能毫无条件地将其归属祆教。[2]

(原刊罗丰主编《丝绸之路上的考古、宗教与历史》,北京文物出版社,2011 年)

---

〔1〕〔唐〕善无畏《尊胜佛顶真言修瑜伽轨仪》,见《大正藏》卷 19,页 379b。

〔2〕F. Grenet, "Religious Diversity among Sogdian Merchants in Sixth-Century China: Zoroastrianism, Buddhism, Manichaeism and Hinduism", *Comparative Studies of South Asia, Africa and the Middle East*, 27, no. 2, 2007, pp. 463 – 478.

3　曹国"得悉神"考

得悉神崇拜为中古粟特地区曹国的民间信仰,见于《隋书·西域传》"曹国"条记载:

> 国中有得悉神,自西海以东诸国并敬事之。其神有金人焉,金破罗阔丈有五尺,高下相称。每日以驼五头、马十匹、羊一百口祭之,常有千人食之不尽。[1]

《北史·西域传》有相同记载,当取自《隋书·西域传》。[2] 关于此神祠的位置,《新唐书·康国传》"西曹国"条有更详细的记录:

> 西曹者,隋时曹也,南接史及波览,治瑟底痕城。东北越于底城有得悉神祠,国人事之。有金器具,款其左曰:"汉时天子所赐。"[3]

根据这两段记载,得悉神不仅为曹国所崇拜,且"西海以东诸国并敬事之",可见得悉神信仰在古代中亚地区具有普遍性。

3.1　曹国地处祆教流行区域

按,曹国,乃昭武九姓中之小国,长期隶属康国管辖。《隋书·西域传》载:"曹国,都那密水南数里,旧是康居之地也。国无主,康国王令子乌建领之。都城方三里。胜兵千馀人。……东南去康国百里,西去何国百五十里,东去瓜州六千六百里。大业中,遣使贡方物。"[4] 有关康国与其他粟特小国的从属关系,《新唐书·康国传》有更详细的记

---

[1]《隋书》卷83《西域》,中华书局,1973年,页1855。
[2] 余太山《两汉魏晋南北朝正史西域传要注》,中华书局,2005年,页669。
[3]《新唐书》卷221《西域》,中华书局,1975年,页6245。
[4]《隋书》卷83《西域》,页1855。

载:"康者,一曰萨末鞬,亦曰飒秣建,元魏所谓悉万斤者。其南距史百五十里,西北距西曹百馀里,东南属米百里,北中曹五十里。在那密水南,大城三十,小堡三百。君姓温,本月氏人。始居祁连北昭武城,为突厥所破,稍南依葱岭,即有其地。枝庶分王,曰安,曰曹,曰石,曰米,曰何,曰火寻,曰戊地,曰史,世谓'九姓',皆氏昭武。土沃宜禾,出善马,兵强诸国。"[1]而隋时的曹国,相当于唐时的西曹:"西曹者,隋时曹也,……武德中入朝。天宝元年,王哥逻仆罗遣使者献方物,诏封怀德王,即上言:'祖考以来,奉天可汗,愿同唐人受调发,佐天子征讨。'十一载,东曹王设阿忽与安王请击黑衣大食,玄宗尉之,不听。"[2]从以上记载可以看出,曹国与其他小国一起,长期奉康国为首。而中亚伊斯兰化之前康国信奉祆教的情况,文献屡有记载,康国"以十二月为岁首,尚浮图法,祠祆神,出机巧技。十一月鼓舞乞寒,以水交泼为乐"[3]。康国居昭武九姓之首,"进止威仪,近远取则"[4],因此祆教信仰在粟特地区亦应有普遍性。开元中期(723—727年)去天竺巡礼的新罗僧慧超在《往五天竺国传》中之记载可以为证:"又从大食国已东,并是胡国。即是安国、曹国、史国、石骡国、米国、康国等。……又此六国总事火祆,不识佛法。唯康国有一寺,有一僧,又不解敬也。此等胡国,并剪鬓发。爱着白氈帽子。极恶风俗,婚姻交杂,纳母及姊妹为妻。波斯国亦纳母为妻。"[5]

根据《新唐书》记载,曹国分东、西、中三曹国。中曹为 Kabūdhān,即《大唐西域记》中的劫布呾那国。东曹国即卒堵利瑟国,阿拉伯地理书写作 Usrūshana、Ushrūsana、Surūshana、Sutrūshana。[6] 西曹,亦即隋时曹国,一般认为应即撒马尔干西北的 Ištīkhan(泽拉夫善河的支流 Ak-

[1]《新唐书》卷221《西域》,页6243。

[2]《新唐书》卷221《西域》,页6245。

[3]《新唐书》卷221《西域》,页6244。

[4]季羡林等《大唐西域记校注》,中华书局,2000年,页88。

[5]桑山正进《慧超往五天竺国传研究》,京都大学人文科学研究所,1992年,页24。张毅《往五天竺国传笺释》(中外交通史籍丛刊9),中华书局,2000年,页118。

[6]G. Le Strange, *The Lands of the Eastern Caliphate*, London, 1905, p. 474. V. Minorsky tr., *Hudūd al-'Ālam* (*the Regions of the World*), 2nd ed., Oxford, 1970, p. 354.

darya 沿岸、Katta Kurgan 和 Čiläk 之间）。[1] 在 Ištīkhan，曾考古发掘出一批盛骨瓮（ossuary），有助于证明该地火祆教的流行。[2] 而学界一般认为，得悉神祠位于撒马尔干西北 20 英里的阿卜加尔（Abghar，今查什马—阿卜州）地区的 Taxsī(č)。[3] 阿卜加尔现属撒马尔干省，在前伊斯兰时代是分立自主的王公小国，位于泽拉夫善河以南。阿卜加尔不行人工灌溉，境内主要是赖雨水滋润的牧场和耕地，但收成甚丰（种子的百倍或者更多）；县内村庄也多于其他各县。伊本·豪卡勒说过，遇到丰年，阿卜加尔的出产能供养粟特全境的居民。[4] 属西曹的阿卜加尔在整个粟特地区的农业生产中占有如此重要的地位，考虑到牧场和耕地对自然条件特别是雨水的依赖，其境内供奉专司雨水的得悉神，且该神被全粟特地区共同祭拜也就不难理解了。

另外，需要指出的是，《大唐西域记》记载中曹国即劫布呾那国"周千四五百里，东西长，南北狭。土宜风俗同飒秣建国。从此国西三百馀里，至屈霜你迦国"。张广达先生认为，弭秣贺国及以下劫布呾那、屈霜你迦、喝捍、捕喝、伐地、货利习弥伽七国，玄奘可能得自传闻，并未亲至其地，故《慈恩传》略去弭秣贺、劫布呾那二国。又，《西域记》辩机后记云："书行者，亲游践也；举至者，传闻记也。"故《西域记》于经飒秣建国后，谓"从此东南至弭秣贺国……北至劫布呾那国……西三百里至

---

〔1〕季羡林等《大唐西域记校注》，页 91 - 92；许序雅《唐代丝绸之路与中亚历史地理研究》，西北大学出版社，2000 年，页 95 - 98。

〔2〕G. A. Pugachenkova, "The Form and Style of Sogdian Ossuaries", *Bulletin of the Asia Institute*, new series, 8 (The Archaeology and Art of Central Asia. Studies from the Former Soviet Union), 1996, p. 235.

〔3〕W. B. Henning, "A Sogdian God", *Bulletin of the School of Oriental and African Studies* (*BSOAS*), Vol. ⅩⅩⅧ: Ⅱ, 1965, p. 253 n. 71. 关于粟特地区"神祠"的建筑形制，可参阅 A. M. Беленичкий, И. Б. Бнтович, О. Г. Болышаков, Средневековый город Средней Азии, Л., 1973, стр. 38 - 40。"东曹"时代的神祠遗址，近年也有发现，参阅香山阳坪《塔吉克共和国沙赫利斯坦发现的壁画》，载《江上波夫教授古稀纪念论集（考古·美术篇）》，山川出版社，1976 年，页 253 - 261。

〔4〕〔俄〕巴托尔德著，张锡彤、张广达译《蒙古入侵时期的突厥斯坦》上册，上海古籍出版社，2007 年，页 109 - 110。参阅 W. Barthold, *Turkestan down to the Mongol invasion*, third edition, translated by Mrs. T. Minorsky and edited by C. E. Bosworth, and with further addenda and corrigenda, London, 1968, p. 93.

屈霜你迦国……至喝捍国……至捕喝国……至伐地国……至货利习弥伽国",皆作"至"。玄奘极有可能系从飒秣建国而径达羯霜那国。[1] 因此,《大唐西域记》对得悉神这一粟特境内的普遍信仰未过多措意,亦在情理之中。

3.2 得悉神的源头

有关得悉神的源头,有祆教说和突厥说两种观点。早在19世纪末20世纪初,汤马斯彻克(W. Tomaschek)即认为"得悉"神源于波斯琐罗亚斯德教的 Teštar(Tištrya)。[2] 夏德(F. Hirth)则认为其与突厥神 Tös(Töstör)有关,即阿尔泰部落所置于帐东之偶像。[3] 沙畹(Éd. Chavannes)对二者的观点未置可否。[4] 白鸟库吉认为"得悉"神是 Töstör 或 Teštar 都有道理,主要原因是信仰 Töstör 的突厥人接受了古伊朗 Teštar 的信仰,"突厥人称天曰霍尔穆兹达(Hormuzda),亦为伊兰人所称之名。因云,突厥人遂得学习崇奉伊兰 Teštar,系可能之事,但其神名则变为 Töstör 矣"[5]。蔡鸿生先生则认为曹国所信奉的"得悉神"与阿尔泰人的"托司"没有渊源关系,突厥人拜火之俗,有它自己的起源史。[6] 王小甫先生同意白鸟氏的观点,并进而指出:"所谓 Töstör 就是《北史·突厥传》(《隋书·突厥传》同)中所说五月中拜祭天神所集之'他人水'。曹国和突厥的这种祭祀有一个共同之处,就是多杀羊、马。我们注意到,在前引吐鲁番出土文书中,弓月城正是曹国商胡集中之地。因此,可以肯定,就是这些在草原上经商的操东伊朗语的粟特商

---

〔1〕季羡林等《大唐西域记校注》,页91。

〔2〕W. Tomaschek, *Centralasiatische Studien*, Bd. Ⅰ., Vienna, 1877, p. 152.

〔3〕F. Hirth, *Ueber fremde einflüsse in der chinesischen kunst*, München, G. Hirth, 1896, p. 33 n. 1.

〔4〕〔法〕沙畹著,冯承钧译《西突厥史料》,中华书局,2004年,页139注3。

〔5〕白鸟库吉《粟特国考》,《西域史研究(下)》,见《白鸟库吉全集》第7卷,岩波书店,昭和四十六年(1951年),页78。中译本参阅白鸟库吉著,傅勤家译《康居粟特考》,上海商务印书馆,1936年,页44 - 46。

〔6〕蔡鸿生《论突厥事火》,载《中亚学刊》第1辑,中华书局,1983年,页145 - 149;其著《唐代九姓胡与突厥文化》,中华书局,1998年,页130 - 134。

胡,把他们自己的祆教信仰传给了突厥人。"[1]王先生主要从突厥与粟特文明互动的角度着眼,指出祆教信仰是如何由粟特商胡传给突厥人的,无疑颇有新意。[2]

1907 年,斯坦因在敦煌长城烽燧下发现的粟特文 2 号古信札中(发现地点编号为 T. XII. a. ii. 2,现收藏于英国图书馆,原在英国博物馆,编号为 Or. 8212/99.2)有"得悉"一词。该信札的发信人那你槃陀曾提到他的儿子 txs'yc-βntk,读作 Takhsīch-vandak。1965 年,亨宁教授(W. B. Henning)发表《粟特神祇考》一文,将这件粟特文古信札中出现的 txs'yc,比定为唐代文献中的"得悉神",并否定了将其比定为突厥部落 Tuxsī 的观点。因此,txs'yc-βntk 一般汉译作得悉槃陀,意为"得悉神之仆"。[3] 有关粟特文古信札的年代,现在学界一般倾向于早年亨宁考证的公元 311 年左右,即公元 4 世纪初。[4] 也就是说,早在公元 4 世纪时,粟特本土就有得悉神存在,而西突厥在中亚建立统治地位则始于隋唐易代之际的统叶护可汗时期(Ton Yabghu Qaghan,617—628 年):"统叶护可汗,勇而有谋,善攻战。遂北并铁勒,西拒波斯,南接罽宾,悉归之,控弦数十万,霸有西域,据旧乌孙之地。又移庭于石国北之千泉。其西域诸国王悉授颉利发,并遣吐屯一人监统之,督其征赋。西戎之盛,未之有也。"[5]因而,认为公元 4 世纪业已出现的得悉神源于突厥部落似难成立。当然,这一粟特神是否影响了后来突厥民

---

[1]王小甫《弓月部落考》,收入其著《唐、吐蕃、大食政治关系史》,北京大学出版社,1992年,页 246 – 247。

[2]吴玉贵先生和荣新江先生亦都提出早期突厥人从九姓胡那里学习粟特化祆教的问题。见吴玉贵《西域文化史》第四章《隋唐时期》,余太山主编《西域文化史》,中国友谊出版公司,1996年,页 213 – 215;荣新江《书评:蔡鸿生〈唐代九姓胡与突厥文化〉》,原载荣新江主编《唐研究》第5 卷,北京大学出版社,1999 年,页 521,收入其著《中古中国与外来文明》,三联书店,2001 年,页417 – 418。

[3]W. B. Henning, "A Sogdian God", pp. 252 – 253.

[4]W. B. Henning, "The Date of the Sogdian Ancient Letters", *BSOAS*, Vol. XII,1948,pp. 601 – 615. F. Grenet & N. Sims-Williams, "The Historical Context of the Sogdian Ancient Letters", *Transition Periods in Iranian History* (Studia Iranica,cahier 5),Leuven,1987,pp. 101 – 122. 对相关研究的评述参阅荣新江《祆教初传中国年代考》,刊《国学研究》第 3 卷,北京大学出版社,1996 年,页 335 – 353;另见其著《中古中国与外来文明》,页 277 – 300。

[5]《旧唐书》卷 194《突厥》,页 5181。

族的信仰，那是另外一回事。而有关 Tištrya 的粟特语 tyš，也出现在穆格山出土的粟特语文书中，即 Tišδāt 一词[1]。 Tyš 与表示得悉神的 txs'yc 写法并不相同，有学者认为 txs'yc(Takhsīch)系粟特人崇拜的水神（或雨神）Tyš(Tishtrya)的形容词[2]。穆格山出土的粟特语文书年代为 8 世纪初，与粟特文古信札相差 400 年左右，这期间或发生文字书写的变化亦未可知，有待粟特文专家进一步考证。1990 年新疆焉耆七个星乡出土了一件银碗，碗沿刻粟特铭文，英国著名粟特文专家西姆斯·威廉姆斯教授(N. Sims-Williams)释读碗内有"这件器物属于得悉神"之句，并指出该神名带阴性词尾(txs'ycyh)，表明是女神[3]。蔡鸿生先生指出，此神很可能是火祆教的"星辰雨水之神"，即 Tištrya，"粟特城邦盛行女神崇拜，于此又添一证"[4]。

得悉神至迟出现于 4 世纪的粟特本土，学者们将其比定为琐罗亚斯德教的 Tištrya，是很有道理的。缘因中亚粟特地区的祆教与波斯琐罗亚斯德教存在着密切的联系[5]。了解琐罗亚斯德教文献中记载的 Tištrya，无疑有助于我们对得悉神的认识。

3.3　琐罗亚斯德教文献中的 Tištrya

在琐罗亚斯德教神话中，Tištrya 乃雨星之神。诸水（Arədvī）从 Harā 山流入 Vourukaša 海，然后通过其他江河流经所有大陆。Vourukaša 海就成为雨水之源，而司降雨之职者即为 Tištrya。此神在印伊时代就已存在，其在《吠陀经》中作 Tisya。Tištrya 所代表的星通常作

〔1〕В. А. Ливщиц, Согдийские документы с горы Муг, вып. Ⅱ, Юридйческие документы и письма, Москва, 1962, стр. 63.

〔2〕毕波《粟特文古信札汉译与注释》，载《文史》2004 年第 2 辑，页 87 注（四）。

〔3〕林梅村《中国境内出土带铭文的波斯和中亚银器》，载《文物》1997 年第 9 期，页 56 – 57；收入其著《汉唐西域与中国文明》，文物出版社，1998 年，页 160 – 161。

〔4〕蔡鸿生《唐代九姓胡与突厥文化》，页 11 – 14。

〔5〕参阅拙文《中古粟特祆神崇拜及其源流考辨》，载余太山、李锦绣主编《欧亚学刊》第 8 辑，中华书局，2008 年 12 月，页 115 – 126。

Sirius 或 *Canis Major*。[1] 众所周知,古印度和伊朗人起初共同生活在横贯伏尔加河到哈萨克斯坦的亚洲大草原上。在公元前 3000 年前后,他们各自分离,不断迁徙,后分别形成古印度文明和古伊朗文明。记载古印度文明的《吠陀经》最早形成于公元前 1700 年前,而古伊朗的《阿维斯陀经》圣诗 *Gāthā*(《伽萨》),其所使用的语言及所描述的内容,与《吠陀经》颇多相似之处,因此学界多将其年代断为公元前 1000 年之前,并据此来推断古伊朗先知琐罗亚斯德的生卒年代。[2] Tištrya 之名同时存在于《阿维斯陀经》和《吠陀经》中,也表明其信仰在古代中亚地区源远流长,甚至在印伊人大迁徙之前。

Tištrya 专司降雨,这一职责可谓任重道远。为从 Vourukaša 海获得雨水,Tištrya 必须和反对派的诸多恶势力斗争。其中包括女巫 Dužyāiryā(意为"坏收成")。[3] 但最凶猛的敌人是 Apaoša(意为"残缺")。每年 Tištrya 神和恶魔鬼都会幻化作马在海滨决斗。Tištrya 幻化成漂亮的白马,长着金色的耳朵与鼻口,Apaoša 则变成丑陋的黑色秃马。[4] 起初,魔鬼击退 Tištrya,但最终,在人们祈祷的助威中,Tištrya 神击败了敌人,冲入波浪中。[5] 从中可以看出,与马有关是 Tištrya 一个显著的特征。

〔1〕W. B. Henning,"An astronomical chapter of the Bundahišn",*Journal of the Royal Asiatic Society*(*JRAS*),1942,pp. 247 – 248.

〔2〕代表性论著有:T. Burrow,"The Proto-Indoaryans",*JRAS*,1973,p. 139. Mary Boyce,*A History of Zoroastrianism*,Vol. Ⅰ,Leiden,1975,p. 190;*Zoroastrians:Their Religious Beliefs and Practices*,London,Routledge and Kegan Paul,1979,repr. 1984,p. 78. Gh. Gnoli,*Zoroaster's Time and Homeland. A Study on the Origins of Mazdeism and Related Problems*,Istituto Universitario Orientale. Seminario di Studi Asiatici,Series Minor 7;Naples,1980.

〔3〕Yt. 8. 51 – 55. J. Darmesteter transl.,*The Zend-Avesta*,Part Ⅱ,*The Sīrōzahs,Yasts and Nyāyis*,in F. Max Müller ed. *Sacred Books of the East* (*SBE*),Vol. XXⅢ,Oxford University Press,1884;repr. Motilal Banarsidass,Delhi,1965,1969,1975,1981,pp. 107 – 108. Antonio Panaino,*Tištrya*,Part Ⅰ,*The Avestan Hymn to Sirius*,Roma,Istituto Italiano Per Il Medio Ed Estremo Oriente,1990,pp. 75 – 78.

〔4〕Yt. 8. 18 – 21. J. Darmesteter transl.,*The Zend-Avesta*,Part Ⅱ,in F. Max Müller ed. *SBE*,Vol. XXⅢ,pp. 98 – 99. Antonio Panaino,*Tištrya*,Part Ⅰ,*The Avestan Hymn to Sirius*,pp. 44 – 47.

〔5〕Yt. 8. 46 – 47. J. Darmesteter transl.,*The Zend-Avesta*,Part Ⅱ,in F. Max Müller ed. *SBE*,Vol. XXⅢ,p. 106. Antonio Panaino,*Tištrya*,Part Ⅰ,*The Avestan Hymn to Sirius*,pp. 70 – 71.

此外,Tištrya 尚有一个特别的绰号 khšviwi-vāza-(意为"快速地")。在献给他的《阿维斯陀经》Yašt 祷文中,他快速地冲入水中,两次被比喻为古伊朗神弓手 Rekhša 射出的箭。[1] 这个比喻也使人们把 Tištrya 与不见于《阿维斯陀经》的神 Tīri 勘同,因为后者名字的简化形式为 Tīr,而古伊朗语的弓 tigra 也简化为 Tīr。不过,"弓"这个词发音作 tigr,最早见于 3 世纪,吐鲁番出土的中古波斯语文献中也保有该词,作 tygr。[2] 而 Tīri 的形象在此前很久就出现在贵霜钱币上,其表现为男性,被描绘成手持弓和箭的 Artemis。[3] 这说明其名字与波斯语"弓"同义一事,纯属偶然。在古伊朗风俗中,祭祀 Tištrya 的节日梯拉甘(Tīragān)被认为是庆祝 Rekhša 伟大的射击(据说这一射击帮助伊朗确立了本国的疆界),这一风俗可追溯至帕提亚时期(3 世纪之前)。因此,就 Yašt 中的比喻来看,与弓的联系更适于 Tištrya。[4]

Tīragān 节是古伊朗最神圣的节日之一,它主要是雨节,虽然以 Tīri 命名,但当日所举行的宗教仪式,都按《阿维斯陀经》的规定,献给雨神 Tištrya。虽然 Tīri 名不见《阿维斯陀经》,但该教日历中,每年第 4 个月,每月第 13 日,都以他的名字来命名。《阿维斯陀经》中每个月第 13 日的仪式都是祭祀 Tištrya 的,而在中古波斯语文献中则是献给 Teštar-Tīr 的。节日当时念诵的 niyāyeš 或 yašt 都以下列中古波斯语结束:"Teštar-Tīr 之日,是公正的荣耀之日,纯洁的荣耀之日,幸运之日(rōz nēk nām,rōz pāk nām,rōz mubārak,rōz Teštar-Tīr Yazad)。"这表明到中古伊朗时期,Tīr 已完全和《阿维斯陀经》中的 Tištrya 神融合。[5] 比如成书于 9 世纪的帕拉维语(Pahlavi,钵罗婆语)琐罗亚斯德教 *Bundahišn*

〔1〕Yt. 8.6,37. J. Darmesteter transl. , *The Zend-Avesta*, Part Ⅱ, in F. Max Müller ed. *SBE*, Vol. ⅩⅩⅢ, pp. 94 – 95,103. Antonio Panaino, *Tištrya*, Part Ⅰ, *The Avestan Hymn to Sirius*, p. 32,61.

〔2〕W. B. Henning, "A list of Middle Persian and Parthian words", *Bulletin of the School of Oriental Studies*, Vol. Ⅸ,1937,p. 88.

〔3〕A. Stein, "Zoroastrian Deities on Indo-Scythian coins", *Oriental and Babylonian Record*, August,1887,pp. 6 – 7.

〔4〕Mary Boyce, *A History of Zoroastrianism*, Vol. Ⅰ, p. 75.

〔5〕Mary Boyce, *A History of Zoroastrianism*, Vol. Ⅰ, p. 76.

(《创世纪》)中就指出"Tīr 即 Teštar"[1],将两者等同。中古波斯语文书 Šāyest nē-šāyest(《许不许》)第 22 章第 13 节指出 Tištrya 是第 13 日的保护神,而第 23 章第 2 节则指出 Tīr 具有同一功能。[2] 不过学者们通过对现代伊朗琐罗亚斯德教村落的调查发现,该教的平信徒们仍然将 Tīragān 节日视作"Tīr 和 Teštar 的节日"(jašan-i Tīr u Teštar),并专门建造不同的圣祠来祭祀"Tīr 和 Teštar"。[3] 而在现代印度的琐罗亚斯德教徒帕尔西人(Parsis)举行的祭祀星神 Vanant 的 drōn 仪式上,drōn 本身被分成 4 份,分别献给 Vanant 和他的 3 个同僚 Teštar-Tīr,Sadvēs 和 Haftōiring,表明印度的琐罗亚斯德祭司是将 Teštar 与 Tīr 等同的。这种情况或许表明,在中世纪的某一时期,琐罗亚斯德教的祭司阶层宣布 Teštar 和 Tīr 两神可以等同,但平信徒则仍将其视作两个不同的神。[4]

正如上文所述,Tištrya 和 Tīr 这两个神名,从未同时出现于任何古代文献描述中,并且 Tīr 也不见于《阿维斯陀经》。而在琐罗亚斯德教仪式中,Tištrya 地位尊崇,他不但享有专属自己的 Yašt 祷文,且在 Khoršēd Niyāyeš 中,与 Mithra 神一起被祭祀,一日被念诵 3 次。[5] 不过,从阿契美尼早期、帕提亚时期到萨珊时期,古伊朗语中有许多名词皆以 Tīri 或 Tīr 为词首。[6] 另外,更值得注意的是,Tištrya 虽然在古老的 Yašt 中得到祭祀,但古伊朗日历中却没有以其名字命名的专月或专日,这与其尊崇的地位显不相符。而 Tīr 之名虽在《阿维斯陀经》中不

〔1〕Behramgore T. Anklesaria transl. , *Zand-Ākāsīh*, *Iranian or Greater Bundahišn*, Bombay, 1956, p. 43.

〔2〕Firoze M. P. Kotwal ed. , *The supplementary texts to the Šāyest nē-šāyest*, *text with English transl. and notes*, Copenhagen, 1969, ⅩⅫ. 13, ⅩⅩⅢ. 2, pp. 90 – 91, 94 – 95.

〔3〕Mary Boyce, *A Persian Stronghold of Zoroastrianism*, Oxford University Press, 1977, repr. University Press of America, Lanham · New York · London, 1989, pp. 83 – 85. 中译本见〔英〕玛丽·博伊斯著,张小贵、殷小平译《伊朗琐罗亚斯德教村落》,中华书局,2005 年,页 89 – 91。

〔4〕Mary Boyce, *A History of Zoroastrianism*, Vol. Ⅰ, p. 76.

〔5〕有关阿维斯陀经中祭祀 Mithra 神的情况可参阅 I. Gershevitch, *The Avestan hymn to Mithra*, *text with English transl. and notes*, Cambridge, 1959, repr. 1967.

〔6〕A. D. H. Bivar, "A Rosette Phialē inscribed in Aramaic", *BSOAS*, Vol. ⅩⅩⅣ: Ⅱ, 1961, p. 191.

显,但在琐罗亚斯德教日历中非常突出,有专以其名字命名的日子和月份,还有一个著名的节日与其相连。当然这只能证明在阿契美尼晚期,琐罗亚斯德教的日历发生了变革。[1] 其原因自不难理解,Tīr 是西伊朗人所首先祭祀的神,当他们改信琐罗亚斯德教后就将其融入该教,并由于名称与宗教功能的相似而将其与 Tištrya 相结合。[2]

在《阿维斯陀经》中,Tištrya 被称为"众星之主",[3] 还有其他的"水质的"星作为副手来帮助他。[4] 其中包括:Tištryaēnī(小犬星,Canis),Paoiryaēnī(昴宿星)和 Upapaoirī(昴宿星团前列的星)。[5] 根据帕拉维文书,也有 3 颗大星与他共同治理天空。Tištrya 居于东方;南方是 Satavaēsa(心大星,Antares)[6],助其在大地上普降甘霖[7];西方是征服者 Vanant,是织女星(Vega)[8];其重要工作是守卫每天都被太阳照耀的居于世界中心的神山大门[9];北方是 Haptōiringa(大熊星),因为北方是地狱所在,所以经常向他祈祷以祛魔[10]。所有这 4 颗星,在每月 Tīr 日(第 13 日)的琐罗亚斯德教仪式上,都按 Tištrya,Satavaēsa,Vanant,Haptōiringa 的顺序请降。[11] 在琐罗亚斯德教的记载中,Tištrya 居于东方,是否也意味着这一神祇特别受东伊朗地区崇奉?

不过,从文献记载来看,Tištrya 除幻化为马之外,并无具体的形象,

〔1〕Mary Boyce, *A History of Zoroastrianism*, Vol. Ⅱ, Leiden, 1982, pp. 245 – 249.

〔2〕Mary Boyce, *A History of Zoroastrianism*, Vol. Ⅰ, p. 77.

〔3〕Yt. 8.44. J. Darmesteter transl., *The Zend-Avesta*, Part Ⅱ, in F. Max Müller ed. *SBE*, Vol. ⅩⅩⅢ, p. 105. Antonio Panaino, *Tištrya*, Part Ⅰ, *The Avestan Hymn to Sirius*, p. 68.

〔4〕Yt. 8.12. J. Darmesteter transl., *The Zend-Avesta*, Part Ⅱ, in F. Max Müller ed. *SBE*, Vol. ⅩⅩⅢ, p. 97. Antonio Panaino, *Tištrya*, Part Ⅰ, *The Avestan Hymn to Sirius*, p. 38.

〔5〕W. B. Henning, "An astronomical chapter of the Bundahišn", pp. 247 – 248.

〔6〕W. B. Henning, "An astronomical chapter of the Bundahišn", pp. 246 – 247.

〔7〕Yt. 8.9. Antonio Panaino, *Tištrya*, Part Ⅰ, *The Avestan Hymn to Sirius*, p. 35. 在萨珊文书所记摩尼教降雨神话中,Satavaēsa 一名被改为 Sadwēs,专指雨神。见 Mary Boyce, "Sadwēs and Pēsūs", *BSOAS*, Vol. ⅩⅢ, 1951, pp. 908 – 915.

〔8〕W. B. Henning, "An astronomical chapter of the Bundahišn", p. 247.

〔9〕J. Darmesteter, *Le Zend-Avesta*, *Annales du Musée Guimet*, Vol. Ⅱ, Paris, 1892 – 1893, repr. 1960, p. 418 n. 38.

〔10〕J. Darmesteter, *Le Zend-Avesta*, *Annales du Musée Guimet*, Vol. Ⅱ, p. 418 n. 37.

〔11〕Sirōza, I. 13. J. Darmesteter transl., *The Zend-Avesta*, Part Ⅱ, in F. Max Müller ed. *SBE*, Vol. ⅩⅩⅢ, p. 9.

欧·亚·历·史·文·化·文·库·

其并未人格化,也未偶像化。查琐罗亚斯德教史可知,Tištriya 大约与阿娜希塔神(Anahit)同时,即公元前 5 世纪末 4 世纪初,被纳入琐罗亚斯德教圣像崇拜的序列;[1]但从帕提亚王朝末期开始,波斯即开始废除圣像运动,到萨珊时期琐罗亚斯德教已经实行非圣像崇拜了。[2] 因此,萨珊波斯本土的 Tištrya 并无具体神像。这显然与中古粟特地区得悉神的情况大为不同。

3.4　考古所见得悉神的形象

根据古文献的记载,得悉神乃有"金人"之身,虽然我们对其具体形象无从了解,但其为偶像,则无疑义。著名的中亚学家别列尼茨基(A. M. Belennitskii)教授在《粟特的思想与崇拜问题(根据片治肯特寺庙资料)》一文中,就注意到了中国史籍记载的表现为人形的得悉神祭祀。[3] 中亚地区的考古发现也印证了这一点。

从上文所引琐罗亚斯德教诸经典文献可以看出,Tištrya 有两个引人瞩目的特征:一为他幻化为漂亮的白马;一是他被比喻为快速的弓箭。因此马与弓箭也成为判断相关考古发现的重要根据。1998 年,法国中亚考古学家葛乐耐(F. Grenet)和俄国粟特学家马尔沙克(B. I. Marshak)教授合撰《粟特艺术中的娜娜神话》一文,其中提到 4 至 5 世纪阿富汗兴都库什山西部山岩庙宇中的壁画,该壁画中间第 8 位神像,坐宝座,右手持箭,下有游鱼,当为 Tistar,即得悉神(Tir)。[4] 另外,在 Kaška 河谷发现的一个盛骨瓮上和 Otrar 附近 Kujruktjube 的一个木雕

---

〔1〕Mary Boyce, *A Hsitory of Zoroastrianism*, Vol. Ⅱ, pp. 204 – 206.

〔2〕Mary Boyce, "Iconoclasm among the Zoroastrians", *Christianity, Judaism and Other Greco-Roman Cults: Studies presented to Morton Smith at Sixty*, ed. by J. Neusner, Leiden, Vol. Ⅳ, 1975, pp. 104 – 105.

〔3〕姜伯勤《天水隋石屏风墓胡人"酒如绳"祆祭画像石画像研究》,载《敦煌研究》2003 年第 1 期,页 16;并见其著《中国祆教艺术史研究》,三联书店,2004 年,页 160 – 161.

〔4〕F. Grenet & B. I. Marshak, "Le mythe de Nana dans l' art de la Sogdiane", *Arts Asiatiques (ArtsA)*, Tome 53, 1998, p. 13. 姜伯勤《天水隋石屏风墓胡人"酒如绳"祆祭画像石画像研究》,页 16;其著《中国祆教艺术史研究》,页 161.

饰上,也见此神的形象。[1] 撒马尔干阿弗拉西亚卜(Afrasiab)的一幅 7 世纪的大壁画上,有一支队伍正奔赴帝王陵墓,队伍中的两个人之间有一匹佩戴鞍鞯的马,马前面的人将它牵向一位祭司。在 2002 年 4 月由耶鲁大学韩森教授(Valerie Hansen)主持召开的"中国发现的粟特墓葬研讨会"(workshop on the Sogdian tombs in China)上,马尔沙克教授接受葛乐耐教授的意见,根据该匹马下面的鱼,而断定此马是用来表示粟特的雨神 Tištrya 的。[2] 也正是基于此点,学者们将日本美秀美术馆(Miho Museum)所藏中国北朝时期的一组石棺画像石石板上对马的崇拜判断为与 Tištrya 有关。[3] 这套石棺床于 1992 年在美国纽约展出,后被日本私家收购,作为"秀明收集品"而入藏日本美秀美术馆。该石棺床共 11 块石板上描绘了浓郁的异族风情。编号 B 的石板(长 60.9cm,宽 26.8cm,厚 5.7cm),上面有两个王族打扮的胡人骑马由左向右行,中间是一顶大的伞,有一匹佩戴鞍鞯的马立在中间,无人乘骑,后面有 4 个人物,马前还有一胡人跪在地上,举杯对着马嘴,做供养状。[4] 鱼和水成为学者们将此马判断为与 Tištrya 有关的重要根据。

不过,在 2002 年耶鲁大学的讨论会上,哈佛大学的施杰我教授(Oktor Skjaervo)指出这匹马表现的可能是阿姆河之神 Vakhsh。[5] 这一看法后来得到了葛乐耐和马尔沙克两位教授的肯定。[6] 有关 Vakhsh 神的情况,见于唐人段成式《酉阳杂俎》卷 10 的记载:

> 俱德健国乌浒河中,滩[流]中有火祆祠。相传祆神本自波斯国乘神通来此,常见灵异,因立祆祠。内无像,于大屋下置大小炉,

〔1〕F. Grenet & B. I. Marshak,"Le mythe de Nana dans l'art de la Sogdiane",p.10.

〔2〕荣新江《Miho 美术馆粟特石棺屏风的图像及其组合》,载《艺术史研究》第 4 辑,中山大学出版社,2002 年,页 207 - 208。

〔3〕B. I. Marshak,"La Thématique Sogdienne dans l'art de la Chine de la deuxième moitié du VIe siècle",*Comptes Rendus de l'Académie des Inscriptions & Belles-Lettres*,Paris,Janvier-Mars 2001,pp. 227 - 264. Pénélope Riboud,"Le cheval sans cavalier dans l'art funéraire sogdien en Chine: à la recherché des sources d'un thème composite",*ArtsA*,58,2003,pp. 148 - 161.

〔4〕荣新江《Miho 美术馆粟特石棺屏风的图像及其组合》,页 207。

〔5〕荣新江《Miho 美术馆粟特石棺屏风的图像及其组合》,页 208。

〔6〕B. I. Marshak,"The Miho couch and the other Sino-Sogdian works of art of the second half of the 6th century",*Bulletin of Miho Museum*,2004,p. 21.

舍檐向西,人向东礼。有一铜马,大如次马,国人言自天下,屈前脚在空中而对神立,后脚入土。自古数有穿视者,深数十丈,竟不及其蹄。西域以五月为岁,每岁日,乌浒河中有马出,其色金,与此铜马嘶相应,俄复入水。近有大食王不信,入祆祠,将坏之,忽有火烧其兵,遂不敢毁。[1]

俱德健国,冯承钧先生解释为"今中亚卡菲尔尼干(Kafirnagan)河下游之库巴的安(Kabadian)"。[2] 1987 年法国—乌兹别克考古队在粟特南部巴克特里亚(汉文称大夏)的 Takht-i Sangin 发掘了此座神庙。根据考察得知,这座祆祠是献给阿姆河(乌浒水,Oxus)之神 Vakhsh 的。[3] 荣新江先生则指出:"在这则珍贵的记载中,不论是阿姆河岸边祆祠中供养的铜马,还是岁日从乌浒河中显现的金色神马,都充满了神异色彩,而且受到祆神或圣火的庇护。这两匹嘶鸣相应的马,或许就是水神得悉神的化身。"[4] 当然,据文献记载来看,Tištrya 与 Vakhsh 并不相同,前者表现为人形,后者则"内无像"。不过二者都与马有关,一方面说明,在古伊朗和中亚的神话中,马与河流、雨水关系密切;[5]另一方面,或许正表明对得悉神这一祆教神祇的崇拜也受到当地民间信仰的影响。在 Takht-i Sangin 的考古发掘中,尚有一尊象牙制的女神雕像,其为人首、马腿、鱼尾。尽管半马半鱼是希腊罗马艺术中常见的水怪形象,[6]但 Takht-i Sangin 的女神像既发现于祆祠,应是来源于琐罗亚斯德教中与马关系密切的雨水星辰之神 Tištrya,不过其在创作上受希腊罗马艺术影响,并不足怪。

---

〔1〕〔唐〕段成式著,方南生点校《西阳杂俎》卷 10,中华书局,1981 年,页 98 – 99。

〔2〕冯承钧原编,陆峻岭增订《西域地名》,中华书局,1980 年,页 78。钟兴麒编著《西域地名考录》,国家图书馆出版社,2008 年,页 486。

〔3〕J. -P. Drège et F. Grenet, "Un temple de l'Oxus près de Takht-i Sangin, d'après un témoignage chinois du Ⅷ e siècle", *Studia Iranica*, 16, 1987, pp. 117 – 121.

〔4〕荣新江《Miho 美术馆粟特石棺屏风的图像及其组合》,页 210。

〔5〕在伊朗神话中,马常作为水神的象征,见 J. Markwart, *Wehrot und Arang, Untersuchungen zur mythischen und geschichtlichen Landeskunde von Ostiran*, Leiden, 1938, p. 88.

〔6〕毛民, "The Art of Chinese Influence at the 'Hall of Ambassadors' in Afrasiab",新疆吐鲁番地区文物局《吐鲁番学研究:第二届吐鲁番学国际学术研讨会论文集》,上海辞书出版社,2006 年,页 448。

从上文论述可以看出,粟特地区有金人之称的得悉神崇拜与波斯琐罗亚斯德教中的 Tištrya,出现了偶像崇拜与反圣像崇拜的差异,这是不难理解的。一方面,亚历山大东征所带来的希腊化影响,并没有在粟特地区彻底消除;另一方面,彼时粟特地区已非波斯管辖,因此波斯的破坏圣像运动并没有影响到粟特地区,"萨珊人反对圣像崇拜导致了他们积极增加圣火的数量,尽管波斯帝国实行严厉的专制主义,但他们并没有成功地镇压或劝说帝国的其他省份破坏圣像"[1]。

早在 1995 年,蔡鸿生先生在为林悟殊先生《波斯拜火教与古代中国》作序时就已指出,"唐宋火祆教与其文化本原相比,或因'辗转间接'而染上中亚色彩,已非波斯本土之正宗,而为昭武九姓之变种"[2];而得悉神与波斯本原 Tištrya 的差异,或可作为变种的粟特祆教的具体例证。

---

〔1〕Mary Boyce,"On the Zoroastrian Temple Cult of Fire",*Journal of the American Oriental Society*,Vol. 95.3,1975,pp. 462 – 463.

〔2〕蔡鸿生《〈波斯拜火教与古代中国〉序》,收入其著《学境》,香港博士苑出版社,2001 年,页 154 – 155。

4　敦煌文书所记"祆寺燃灯"考

祆教乃源于波斯琐罗亚斯德教(zoroastrianism),其初入中国的时间,学界历来聚讼纷纭。不过,依现存文献,朝廷之接见其传教师,最早的记录应是唐初贞观五年(631年),事见北宋赞宁(919—1001年)的《大宋僧史略》卷下"大秦末尼"条记载:

> 火祆(火烟切)教法本起大波斯国,号苏鲁支,有弟子名玄真,习师之法,居波斯国大总长,如火山。后行化于中国。贞观五年,有传法穆护何禄,将祆教诣阙闻奏[1]

遵"蕃人多以部落称姓,因以为氏"[2]的胡姓汉译通例,何禄应来自中亚粟特何国。祆教在唐初正式入华,无疑与隋末唐初粟特人东迁的历史大背景有关。根据文献记载,粟特人东迁,沿途多建有聚落;由于粟特人主信祆教,其聚落中自不乏祆祠。观隋末唐初粟特聚落中的祆祠,其祭祀活动带有明显的中亚祆教胡巫色彩,足证其外来宗教的属性。随着时间的推移,到了唐末五代,粟特聚落逐渐离散,那么在华的诸多祆祠的宗教活动还像其初建时期那样,继续维系入华粟特人的精神生活吗?有关唐末五代的祆教祭祀活动,敦煌文书除于赛祆多所记载外,尤有"祆寺燃灯"之云。不少学者盖将此"燃灯"目为祆教礼俗之特色。本章拟在前人研究基础上,就"祆寺燃灯"的记录加以考察,借以揭示祆教传播的华化轨迹。

4.1　敦煌文书 S.2241 录文校勘

有关"祆寺燃灯"的记录,见敦煌文书 S.2241 号《公主君者者状上

---

[1]日本大正新修《大藏经》第54卷,财团法人佛陀教育基金会出版部,1990年,页253中。

[2]《旧唐书》卷104《歌舒翰传》,中华书局,1975年,页3211。

北宅夫人》,现藏英国国家图书馆。1936 年 9 月至 1937 年 8 月,向达先生曾在伦敦调查敦煌卷子,1939 年发表《伦敦所藏敦煌卷子经眼目录》,将此卷文书定名为《公主君者者上北宅夫人状》。[1] 1962 年,王重民等先生编《敦煌遗书总目索引》(以下简称《索引》),其中刘铭恕先生负责编《斯坦因劫经录》部分,将该文书定名为《君者(者)与北宅夫人书》,并著录文书本文。[2] 不过,当时仅能依据文书缩微胶卷,不乏明显失误之处。这一情况在敦煌研究院编《敦煌遗书总目索引新编》(以下简称《新编》)时得到改善,《新编》将文书定名为《君者者与北宅夫人书》,并著录了文书的 3 件残片。[3] 1967 年,日本学者小川阳一曾据东北大学图书馆所藏文书照片,著录文书(以下简称小川本)。[4] 唐耕耦、陆宏基先生在编《敦煌社会经济文献真迹释录》(以下简称《释录》)第 5 辑时,著录了文书,并附有文书图版,惜图版不甚清晰。[5] 李正宇先生在为《敦煌学大辞典》撰写的条目《公主君者者致北宅夫人书》(以下简称李本)中,著录了文书全文,于文书多所校补。[6] 从文书内容考释来看,以谭蝉雪先生《〈君者者状〉辨析——河西达怛国的一份书状》(以下简称谭本)为全面详尽。[7] 另外,自 1990 年开始,由中国社会科学院历史研究所、中国敦煌吐鲁番学会敦煌古文献编辑委员会、英国国家图书馆、伦敦大学亚非学院所编《英藏敦煌文献(汉文佛经以外部分)》陆续出版,据英藏敦煌文献照片制成图版,

〔1〕向达《伦敦所藏敦煌卷子经眼目录》,刊《北平图书馆图书季刊》1939 年新第 1 卷第 4 期;此据其著《唐代长安与西域文明》,三联书店,1957 年,页 213。

〔2〕王重民《敦煌遗书总目索引》,中华书局,1983 年,页 154。

〔3〕敦煌研究院《敦煌遗书总目索引新编》,中华书局,2000 年,页 69。

〔4〕小川阳一《敦煌における袄教庙の祭祀》,刊日本道教学会《东方宗教》第 27 号,1967 年,页 30 – 31。

〔5〕唐耕耦、陆宏基《敦煌社会经济文献真迹释录》五,全国图书馆文献缩微复制中心,1990 年,页 23。

〔6〕李正宇《公主君者者致北宅夫人书》,载《敦煌学大辞典》,上海辞书出版社,1998 年,页 375。

〔7〕谭蝉雪《〈君者者状〉辨析——河西达怛国的一份书状》,载敦煌研究院编《1994 年敦煌学国际研讨会文集——纪念敦煌研究院成立 50 周年·宗教文史卷》下,甘肃民族出版社,2000 年,页 100 – 114。

甚为清晰,颇便研究者。[1]

　　据笔者所掌握的几个录文版本,发现各版本的文字不无差异。其间有的属明显脱漏或误录,自不难依图版改正。但尚有个别文字,缘文书原卷模糊,各家认读有差,理解不同;句读差异,于文书内容的解读造成实质性影响。孰是孰非,颇费思量。本文非为提供权威录文,仅为讨论方便,依据图版,参校诸家录文,重新过录文书如下,并对涉及本文的一些内容略加申说。凡因残缺造成缺字者,用"□"表示;据他本所补入者,直接置于"□"内,并夹注说明出处;不能确定的释读,以"?"表示。原件中的同音假借字、异体字照录,但在该字之后以括号加注本字。校记亦见夹注。

　　[1]孟冬漸寒,伏惟

　　[2]北宅夫人司空小娘子尊體起居

　　[3]萬福。即日君者者人馬平善,与(與)[譚本、李本均改作已]達[譚本、李本作達,《釋錄》缺錄] 金帳[譚、李本補入],

　　[4]不用優(憂)心,即當妙矣,切囑。[李本在此點斷,《釋錄》、譚本、《新編》本均未點斷]

　　[5]夫人與君者者沿(沿)路作福,祆寺燃燈。□(他?)[圖版僅存偏旁,《釋錄》、《新編》缺錄。譚本作他,李本疑為佳]

　　[6]劫[《新編》點斷]不堅[李本、《索引》、小川本錄作堅,《釋錄》、《新編》錄作望,譚本亦錄作望,認為通忘]。[《新編》本又囑,未點斷]

　　[7]司空,更兼兵士遠送[此點斷《釋錄》在前呈(程)[譚本、李本認為本字為程,《新編》疑為桯];善諮

　　[8]令公,賜與羊酒優勞。合有信儀,在於

　　[9]沿(沿)路,不及晨(晨)[譚本認為本字為衷,李本缺本字為衷,《索引》、《釋錄》、《新編》、小川錄為晨]送。謹奉狀。

　　[10]起居,不宣[《釋錄》、《新編》、譚本怪錄為宜,李本錄為宜,認為本字馬通宜]。謹狀。

　　[11]　十月十九日公主　君者者狀上

　　[12]北宅夫人粧(妝)前。

　　正如上文所说,个别录文的差异,并不影响我们理解文书内容。如第7行"呈"字通"程",蒋礼鸿先生曾据《敦煌遗书总目索引》,将"远

---

〔1〕《英藏敦煌文献(汉文佛经以外部分)》,第4册,四川人民出版社,1991年,页53。

送前呈"录为"远送前逞",并认为"前逞"即"前程",乃盘缠、费用之意。[1] 因此,无论照原文录为"呈",抑或径录为"程",均无伤大雅。但也有的句读不同,导致了对文书内容理解的实质性差异。如第 4、5 行,诸家之中,仅李正宇先生在"切嘱"与"夫人"之间点断,即读作"不用优(忧)心,即当妙矣,切嘱。夫人与君者者沿路作福、祆寺燃灯"。意即君者者切嘱的内容是让北宅夫人与司空小娘子不用忧心,而非让她们为自己沿路作福、祆寺燃灯。若然,则姜伯勤先生认为此君者者公主可能是于阗国王或回鹘国王之女,文书为其在归宁于阗或甘州时寄与曹家北宅夫人的一封信,[2] 显有道理;而认为其时"君者者尚未得到北宅夫人为她'沿路作福、祆寺燃灯'",[3] 便属误解。谭蝉雪先生虽亦认为"此状是公主君者者对沙州有关人员的一封感谢信,感谢对她归程的关心和爱护,所以在安抵目的地的当天,即写信致意"[4],但其对文书的句读却不支持这一解释。

再如,第 6 行"坚"字,各家多录作"望",仅刘铭恕、李正宇、小川阳一三位先生录为"坚"。按,"望"字,古文作"望",[5] 与"坚"类似,但据图版,应以"坚"为是。有关"望"字,辞书释为:"《释名》:望,惘也。视远惘惘也。《诗·邶风》瞻望弗及。又《诗·大雅》令闻令望。疏:为人所观望。又《孟子》望望然去之。赵岐注:惭愧之貌也。朱传:去而不顾之貌。又《博雅》:觌也。《韵会》:为人所仰曰望。又责望。又怨望。又祭名。《书·舜典》:望于山川。传:皆一时望祭之。"[6] 因此,若录文作"□劫不望",颇令人费解。而"坚"字,字典解释为:"《广韵》古贤切。《集韵》《韵会》《正韵》经天切。并音肩。实也,固也,劲也。《诗·大雅》:实坚实好。《礼·月令》:季冬之月,水泽腹坚。"[7] 因此,

〔1〕蒋礼鸿《敦煌文献语言词典》,杭州大学出版社,1994 年,页 253。
〔2〕姜伯勤《敦煌吐鲁番文书与丝绸之路》,文物出版社,1994 年,页 259。
〔3〕颜廷亮《敦煌文化中的祆教、摩尼教和景教》,载《敦煌学与中国史研究论集——纪念孙修身先生逝世一周年》,甘肃人民出版社,2001 年,页 422。
〔4〕谭蝉雪《〈君者者状〉辨析——河西达怛国的一份书状》,页 100。
〔5〕《康熙字典》,标点整理本,上海辞书出版社,2007 年,页 453。
〔6〕《康熙字典》,页 453。
〔7〕《康熙字典》,页 164。

5、6 行此句读作"祆寺燃灯,他劫不坚"较有道理,意为"由于得夫人在沿路祈福、祆寺燃灯,所以其他的劫难都不坚实,可以轻易化解",也表明在祆寺燃灯的目的就是消灾解难。若将第 5 行最末一字录为"值","值劫不坚",意为"遇到劫难时就不坚实",于理不通,不如读作"他劫不坚"。

4.2 文书所记"祆寺"方位辨

根据该卷文书所存的残片内容"瓜州水官王安德、何愿□□□□。显德伍年三月×日兵马使刘□□。件状如状前谨"[1],该文书纪年为显德五年(958 年),时间约当曹元忠之世。有关此公主的身份,早年英国汉学家魏礼(Arthur Waley)认为君者者可能是回鹘语 Kün-čačak 音译,意为"太阳花"。[2] 池田温先生亦认为此公主为回纥公主。[3] 刘铭恕先生认为其应是于阗或回鹘国王之女。[4] 谭蝉雪先生则认为此君者者为河西达怛国公主,并综合君者者的行程一千里左右,佐之以敦煌文书及史籍的有关记载,认为唐宋时期达怛国的方位,约在蓼泉守捉城以西,福禄县以北,肃州界以东的合黎山(黑山)南麓之区域内。[5] 颜廷亮先生赞同谭氏的考证。[6]

池田温先生曾在解读此信内容时,提到"十世纪时回纥公主君者者也在私信中请求别人为了她的旅途平安而向祆庙奉献神灯"[7],但并未对祆庙何所指做出具体说明。谭蝉雪先生亦持相类观点,认为

〔1〕《敦煌遗书总目索引新编》,页 69。

〔2〕Arthur Waley,"Some References to Iranian Temples in the Tun-huang Region",载《中央研究院历史语言研究所集刊》第 28 本上,1956 年 5 月,页 124。

〔3〕池田温《8 世纪中叶における敦煌のソグド人聚落》,载《ユーラシア文化研究》第 1 号,1965 年,页 51;辛德勇汉译本,《日本学者研究中国史论著选译》第 9 卷,中华书局,1993 年,页 142;其著《唐研究论文选集》,中国社会科学出版社,1999 年,页 4 - 5。

〔4〕刘铭恕《敦煌遗书杂记四篇》,载《敦煌学集论》,甘肃人民出版社,1985 年,页 55。

〔5〕谭蝉雪《〈君者者状〉辨析——河西达怛国的一份书状》,页 100 - 114。

〔6〕颜廷亮《敦煌文化中的祆教、摩尼教和景教》,页 422。

〔7〕池田温《8 世纪中叶における敦煌のソグド人聚落》,页 51;辛德勇汉译本,页 142;其著《唐研究论文选集》,页 4 - 5。

"这是曹元忠夫人在君者者上路前于祆寺燃灯,求祆神福佑"[1]。葛乐耐和张广达先生也曾提及此件文书所记祆寺,不过其并未详论。[2] 日本学者小川阳一在论及这段史料时,曾指出此祆寺即为敦煌城东的祆祠,[3]亦即敦煌文书《沙州图经》(P. 2005)所记祆祠:"祆神右在州东一里,立舍,画神主,总有廿龛。其院周回一百步。"[4]也是敦煌文书《敦煌二十咏》(P. 2784)第 12 首《安城祆咏》所咏之神祠:"板筑安城日,神祠与此兴。一州祈景祚,万类仰休征。苹藻来无乏,精灵若有凭。更有雩祭处,朝夕酒如绳。"[5]余欣先生亦持同一观点。[6]

不过姜伯勤先生的解释则颇有不同,其认为"此公主得到北宅夫人为她'沿路作福,祆寺燃灯'。曹氏与于阗的友好关系,也影响到沿途祆寺的兴盛,且使祆教风习向敦煌地方民俗中渗透"[7]。很显然,姜先生认为从于阗到沙州,沿途多有祆寺。颜廷亮先生不同意这种解释,认为:"'沿路作福,祆寺燃灯'一语可以理解为以'祆寺燃灯'来为君者者'沿路作福',而未必可以理解为'沿路祆寺燃灯作福',况于阗、甘州回鹘或者达怛虽与曹氏归义军有良好的关系,而北宅夫人恐怕也还是不能让不在曹氏归义军管内的'沿路'亦'祆寺燃灯'以为君者者'作福'的。总之,所谓'祆寺燃灯'恐怕只能是敦煌祆寺燃灯,不能理解为君者者归宁全程上的祆寺燃灯。"[8]颜先生所论固然颇有道理,但却不能否定从于阗到沙州,沿途有多所祆寺,北宅夫人可能不止在一所祆

〔1〕谭蝉雪《敦煌祈赛风俗》,载《敦煌研究》1993 年第 4 期,页 63。

〔2〕Frantz Grenet and Zhang Guangda, "The Last Refuge of the Sogdian Religion: Dunhuang in the Ninth and Tenth Centuries", *Bulletin of the Asia Institute* 10, new series, 1996, p. 185 n. 36.

〔3〕小川阳一《敦煌における祆教庙の祭祀》,页 30 - 32。

〔4〕池田温《沙州图经略考》,载《东洋史论丛:榎博士还历纪念》,东京,山川出版社,1975 年,页 70 - 71;唐耕耦、陆宏基《敦煌社会经济文献真迹释录》一,北京,书目文献出版社,1986 年,页 13。

〔5〕上海古籍出版社、法国国家图书馆《法藏敦煌西域文献》第 18 册,上海古籍出版社,2001 年,页 68。神田喜一郎《「敦煌二十咏」に就いて》,刊《史林》第 24 卷第 4 号,1939 年,页 173 - 181;经修订收入《神田喜一郎全集》第 1 卷,京都株式会社同朋社出版,1986 年,页 115 - 117。

〔6〕余欣《神道人心——唐宋之际敦煌民生宗教社会史研究》,中华书局,2006 年,页 353 - 354。

〔7〕姜伯勤《敦煌吐鲁番文书与丝绸之路》,页 259。

〔8〕颜廷亮《敦煌文化中的祆教、摩尼教和景教》,页 422。

寺内燃灯祈福。这一推断也可从当时中西交通的实际情况中得到印证。

中古时期,从沙州到于阗一线,向为中西交通要冲,如《隋书·裴矩传》引《西域图记·序》所记:

> 发自敦煌,至于西海,凡为三道,各有襟带。北道从伊吾,经蒲类海铁勒部,突厥可汗庭,度北流河水,至拂菻国,达于西海。其中道从高昌,焉耆,龟兹,疏勒,度葱岭,又经钹汗,苏对沙那国,康国,曹国,何国,大、小安国,穆国,至波斯,达于西海。其南道从鄯善,于阗,朱俱波、喝槃陀,度葱岭,又经护密,吐火罗,挹怛,忛延,漕国,至北婆罗门,达于西海。其三道诸国,亦各自有路,南北交通。其东女国、南婆罗门国等,并随其所往,诸处得达。故知伊吾、高昌、鄯善,并西域之门户也。总凑敦煌,是其咽喉之地。[1]

其中,有关丝路南道经鄯善、于阗等地的情况,《新唐书·地理志》引贾耽《四道记》有更详细的记录:

> 又一路自沙州寿昌县西十里至阳关故城,又西至蒲昌海南岸千里。自蒲昌海南岸,西经七屯城,汉伊修城也。又西八十里至石城镇,汉楼兰国也,亦名鄯善,在蒲昌海南三百里,康艳典为镇使以通西域者。又西二百里至新城,亦谓之弩支城,艳典所筑。又西经特勒井,渡且末河,五百里至播仙镇,故且末城也,高宗上元中更名。又西经悉利支井、祆井、勿遮水,五百里至于阗东兰城守捉。又西经移杜堡、彭怀堡、坎城守捉,三百里至于阗。[2]

考当时中西交通路线,丝路沿线不乏粟特人所建聚落及祆祠[3]如从沙州到于阗的丝路南道,其中的一个重要关口即石城镇,根据敦煌文书记载,该地就有"一所祆舍"。[4] 据敦煌写本 S.367《沙州伊州

---

〔1〕《隋书》卷67《裴矩传》,中华书局,1973年,页1579–1580。参阅余太山《裴矩〈西域图记〉所见敦煌至西海的"三道"》,载《西域研究》2005年第4期,页16–24。

〔2〕《新唐书》卷43《地理志》七,中华书局,1975年,页1151。

〔3〕参拙文《唐宋祆祠分布辑录》,刊纪宗安、汤开建主编《暨南史学》第5辑,暨南大学出版社,2007年12月,页184–195;并见拙著《中古华化祆教考述》,文物出版社,2010年,页27–38。

〔4〕池田温《沙州图经略考》,页97;唐耕耦、陆宏基《敦煌社会经济文献真迹释录》一,页37。

地志残卷》记载:"石城镇,东去沙州一千五百八十里,去上都六千一百里。本汉楼兰国……隋置鄯善镇,隋乱,其城遂废。贞观中(627—649年),康国大首领康艳典东来,居此城,胡人随之,因成聚落,亦曰典合城。其城四面皆是沙碛〔上元二年(675年)改为石城镇,隶沙州〕。"[1]可知石城祆舍当为东迁粟特人所建无疑。既然当时中国西北丝路不乏粟特人初来时所建的祆祠,那么若谓《君者者状》所云"沿路作福,祆寺燃灯",意味着沿路多有祆祠,自不离谱。

不过,尽管我们认为状书所记从于阗到敦煌应多有祆庙,而不是仅止一所,但"祆寺燃灯"却并不表示"燃灯"为祆教习俗,状书所记这一祭祀活动,更不能直谓为当时祆教礼俗的真实写照。

4.3 祆教祀火燃灯辨

有关《君者者状》所记"燃灯"仪式的宗教内涵,学者多强调其祆教属性。如谭蝉雪先生认为夫人与君者者沿路作福,祆寺燃灯,"这说明当时的外出行人必须沿路祈祭,以求福佑,这和地理环境有关,茫茫戈壁,风沙袭人,民族杂居,时出掠夺,致使行人无安全感,只有诉诸神力","而君者者则是由曹元忠夫人翟氏在当地祆寺代为祈祭,可知祆神又是行路人的保护神,正如《敦煌廿咏·安城祆咏》所言:'一州祈景祚,万类仰休征。'而祆寺的设祭方式是燃灯,敦煌的赛祆活动也往往伴有燃灯,S.1366:'十七日准旧城东祆赛神用神〔食〕五十七分,灯油一升,麦面二斗,灌肠九斤。'[2]S.2474:'城东祆灯油二升。'[3]一次常规赛祆的灯油约为1—2升","赛祆燃灯与'火祆'之信仰有关"[4]解梅先生也认为"敦煌祆寺燃灯和佛寺燃灯在意义上不同。祆寺燃灯是中国祆教徒根据对祆教教义的理解以燃灯的方式来表达对圣火的

〔1〕《英藏敦煌文献(汉文佛经以外部分)》第1册,四川人民出版社,1990年,页157,录文参考唐耕耦、陆宏基《敦煌社会经济文献真迹释录》一,页39。

〔2〕《英藏敦煌文献(汉文佛经以外部分)》第2册,四川人民出版社,1990年,页277上。

〔3〕《英藏敦煌文献(汉文佛经以外部分)》第4册,四川人民出版社,1991年,页87上。

〔4〕谭蝉雪《〈君者者状〉辨析——河西达怛国的一份书状》,页100–114。

崇拜,对光明的追求,是中亚祆教仪式在我国的流变,应与佛寺燃灯有别",把燃灯仪式归入当时"赛祆"的内容之一。[1] 这一观点也得到了学者的赞同。[2]

其实,有关燃灯与祆教礼俗的关系,早有学者溯至晋代的一段史事。《晋书》卷86《张轨传附子张寔传》记载:

> 京兆人刘弘者,挟左道,客居天梯第五山,然灯悬镜于山穴中为光明,以惑百姓,受道者千馀人,寔左右皆事之。帐下阎沙、牙门赵仰皆弘乡人,弘谓之曰:"天与我神玺,应王凉州。"沙、仰信之,密与寔左右十馀人谋杀寔,奉弘为主。寔潜知其谋,收弘杀之。沙等不之知,以其夜害寔。[3]

饶宗颐先生指出:"按敦煌卷 S2241 记祆寺燃灯事甚悉。此处然灯、悬镜以为光明,即《化胡经》云:'我乘自然光明道气。'从刘弘受道者千馀人,此道非光明道而何? 又云:'天与我神玺。'天即天神是也。刘弘乃于凉州先倡行崇拜光明道者,事虽失败,然在张天锡之前;可见晋时民间信仰光明教者,已大有其人。"[4] 王素先生认为:"《通鉴》卷九一系此事于东晋元帝太兴三年(320)六月,言刘弘被'辕于(凉州)姑臧市'。天梯山在凉州武威郡内。刘弘所挟'左道',有'然灯悬镜于山穴中为光明'的宗教仪式,其为火祆教决无疑问。火祆教鼓吹光明战胜黑暗,教徒辄信奉暴力夺取政权,故刘弘有杀张寔,'王凉州'的斗争计划。因此,这是一次凉州武威地区火祆教徒的起义。"[5] 颜廷亮先生亦指出:"这是前凉史上的一起借教起事的重要政治事件,发生于320年。从《晋书》称刘弘'挟左道'且'然灯悬镜于山穴中为光明,以惑百

---

〔1〕解梅《唐五代敦煌地区赛祆仪式考》,载《敦煌学辑刊》2005 年第 2 期,页 145 - 146。

〔2〕邵明杰、赵玉平《莫高窟第 23 窟"雨中耕作图"新探——兼论唐宋之际祆教文化形态的蜕变》,载《西域研究》2010 年第 2 期,页 102。

〔3〕《晋书》卷 86《张轨传附子张寔传》,中华书局,1974 年,页 2230。

〔4〕饶宗颐《穆护歌考——兼论火祆教入华之早期史料及其对文学、音乐、绘画之影响》,刊《大公报在港复刊卅周年纪念文集》下卷,香港,1978 年,页 740 - 741;《选堂集林·史林》,香港中华书局,1982 年,页 479 - 480。

〔5〕王素《魏晋南朝火祆教钩沉》,载《中华文史论丛》第 2 辑,上海古籍出版社,1985 年,页 227。

姓'来看,刘弘并不太像是道教中人,而很可能就是祆教或至少祆教色彩极浓的人物。"[1]解梅先生也认为:"刘弘燃灯悬镜为光明,崇信天神,正如王素所言,其为火祆教绝(原文如此,应是解文引用王素先生文时误植)无疑问。""可见,早在十六国时期,中国的祆教信徒已经按照自己的理解方式将礼拜圣火仪式改为燃灯仪式了。"[2]

有关刘弘所挟之左道,林悟殊先生认为其"固然并不排除有祆教的成分,但似乎更带有摩尼教的色彩。崇拜光明,是摩尼教徒的主要特征,而且他们亦常以明灯作为光明的象征来祭祀。《摩尼教残经一》有文为证:'复于五种光明宝台,燃五常住光明实灯。'祭祀'长明巨灯',是东西方摩尼教徒的共同特征,有的学者认为这是取自美索不达米亚的宗教成分[3] ……刘弘的'然灯悬镜于山穴中为光明,以惑百姓'一句,清楚地表明刘弘之燃灯,并非因为山穴黑暗,而是为了作为一种崇拜物,用以诱惑百姓。是以我们认为刘弘所挟的'左道'如果是受到外来宗教影响的话,那很可能和摩尼教有关。按寔传中记寔在'永嘉(307—312)初,固辞骁骑将军,请还凉州',证明寔活跃于四世纪初;刘弘与其同时代人,其燃灯事当亦在四世纪初。查天梯山位于甘肃武威县八十里,地靠西域,较早受到摩尼教的影响,也许不悖常理"[4],所论无疑颇有说服力。

另有一段文献,也有学者认为其中所记的燃灯仪式为祆教礼仪,见唐代笔记《柳毅传》中有关洞庭湖主"与太阳道士讲火经"的记载:

> 毅谓夫曰:"洞庭君安在哉?"曰:"吾君方幸玄珠阁,与太阳道士讲火经,少选当毕。"毅曰:"何谓火经?"夫曰:"吾君,龙也。龙以水为神,举一滴可包陵谷。道士,乃人也。人以火为神圣,发一

〔1〕颜廷亮《敦煌文化中的祆教、摩尼教和景教》,页418。

〔2〕解梅《唐五代敦煌地区赛祆仪式考》,页146。

〔3〕在古代美索不达米亚,灯往往用作诸神,特别是月神 Sin 的别号,她是众神灯之首,是诸净天神灯之首。后来这一别号也用来象征摩尼教中的救世主。详参 G. Widengren, *Mesopotamian Elements in Manichaeism. Studies in Manichaean, Mandaean and Syrian-Gnostic Religion*, Uppsala-Leipzig, 1946, pp. 165 – 167.

〔4〕林悟殊《摩尼教入华年代质疑》,见其著《摩尼教及其东渐》,台北淑馨出版社,1997年,页56。

·欧·亚·历·史·文·化·文·库·

灯可燎阿房。然而灵用不同，玄化各异。太阳道士精于人理，吾君邀以听言。"语毕而宫门辟。景从云合，而见一人，披紫衣，执青玉。[1]

此段记载或表明火祆教曾在湖湘地区传播。[2] 至于与太阳道士"发一灯可燎阿房"有关的"灯"，解梅先生认为即指在祆庙中燃灯。其更举唐代苏鹗记载，在唐懿宗的爱女同昌公主得病时，曾召请术士米实作"灯法"疗疾，[3] 认为这位粟特术士所谓"灯法"也应是于祆庙中燃灯祈祷的仪式。[4] 查辞书，"灯，《集韵》当经切。音丁。《玉篇》：火也。《类篇》：烈火也。《字汇》《正字通》并云俗灯字"。整理本《康熙字典》认为"《玉篇》《集韵》《类篇》灯、燈分载，音切各异，强合为一，非"[5]，表明此处灯者，明显即火也，"发一灯"不过是"烧一把火"的典雅表述耳。

观上引敦煌文书所记"祆寺燃灯"的记录，其主要功能是为行人"沿路作福"，燃灯主要在寺庙中进行，未闻有治病的记录。有关琐罗亚斯德教治疗疾病的方式，我们不得而知。现代著名古伊朗宗教专家玛丽·博伊斯教授（Mary Boyce）在对伊朗残存的琐罗亚斯德教村落进行考察时，曾发现面对疾病之类的不幸，当地信徒们偶有采用类乎巫术的方式驱邪，但因其有违正统琐罗亚斯德教的教导，而为村落领袖所劝止，倒是他们周围的伊斯兰教徒才热衷于这类活动。由此推想，其类乎巫术的活动，当不是本教传统的继承。[6] 因此，为同昌公主疗疾的"灯法"究竟何所指，有待详考。

按，琐罗亚斯德教乃以崇拜圣火为主要祭祀特征，将火视为与神

〔1〕〔唐〕李朝威《柳毅》，载汪辟疆校录《唐人小说》，上海古籍出版社，1978年，页75－76。

〔2〕拙著《中古华化祆教考述》，页33－34。

〔3〕〔唐〕苏鹗《杜阳杂编》卷下，载《丛书集成新编》第86册，台北新文丰出版公司，1986年，页157。

〔4〕解梅《唐五代敦煌地区赛祆仪式考》，页146。

〔5〕《康熙字典》，页615。

〔6〕Mary Boyce, *A Persian Stronghold of Zoroastrianism*, Oxford University Press, 1977, repr. University Press of America: Lanham · New York · London, 1989, pp. 21－22. 中译本见〔英〕玛丽·博伊斯著，张小贵、殷小平译《伊朗琐罗亚斯德教村落》，中华书局，2005年，页18－21。

沟通的手段。该教经典 *Old Avesta*(《古阿维斯陀经》)中的 *Gāthā Haptānhaiti*(《诗七篇》)第二篇讲的就是圣火,祭祀者便是通过圣火来与神接近的。[1] 琐罗亚斯德教的帕拉维语经典记载,一个虔诚的教徒"一天应三次到火庙礼拜圣火,因为定期到火庙并礼拜圣火的人,将得到世间更多的荣华富贵"[2]。正因为该教以崇拜圣火为特征,在中国才被称为火祆教或拜火教。古代祆教徒所祭祀的圣火,据玛丽·博伊斯教授的研究,有等级不同的几种,但都是用木头燃烧,最高级的是用檀香木,未闻有用灯为圣火来祭祀的。[3] 虽然现代伊朗的琐罗亚斯德教村落中,教徒们在举行仪式时不乏燃灯的记录,比如死者去世后,会在尸体头部点燃一盏小油灯,用4块泥砖围起来,让它持续燃烧(据说这样做的目的是使"灵魂不孤独"),不过"燃灯"并非这一仪式的"主角",更重要的是要在油灯前面插一把剪刀,石台上放一些钢铁制品,其出于钢铁能战胜邪恶的古老信仰。[4] 另外,在其他一些仪式,如万灵节和新年及"穿圣衫"仪式时,也要燃灯,[5] 但燃灯却只是众多纷繁复杂的仪式中的一环,大多时候都充当照明的作用,其虽必不可少,却并不是单独的重要仪式。也就是说,琐罗亚斯德教并无专门以"燃灯"为主体的祭祀仪式。

此外,伊朗与中亚、中国的考古发现亦多见琐罗亚斯德教进行祭祀使用火坛,而鲜见祭祀使用灯的情况。琐罗亚斯德教火庙仪式中开

〔1〕Johanna Narten, *Der Yasna Haptaŋhāiti*, Wiesbaden: Dr. Ludwig Reichert Verlag, 1986, p. 41, 155 – 156. Jean Kellens & Eric Pirart, *Les Textes Vieil-Avestiques*, Vol. Ⅰ, *Introduction, texte et traduction*, Wiesbaden: Dr. Ludwig Reichert Verlag, 1988, p. 135. Almut Hintze, *A Zoroastrian Liturgy, The Worship in Seven Chapters* (*Yasna 35 – 41*), Wiesbaden: Harrassowitz Verlag, 2007, pp. 33 – 34, 132 – 144.

〔2〕R. C. Zaehner, *The Teaching of the Magi, A Compendium of Zoroastrian Beliefs*, London: George Allen and Unwin Ltd, 1956, repr. London: Sheldon Press, 1975, p. 26.

〔3〕Mary Boyce, "On the Sacred Fires of the Zoroastrians", *Bulletin of the School of Oriental and African Studies*, Vol. ⅩⅩⅪ, 2, 1968, pp. 52 – 68.

〔4〕Mary Boyce, *A Persian Stronghold of Zoroastrianism*, p, 152. 中译本见《伊朗琐罗亚斯德教村落》,页163。

〔5〕Mary Boyce, *A Persian Stronghold of Zoroastrianism*, p. 217, 218, 224, 230, 238, 240. 中译本见《伊朗琐罗亚斯德教村落》,页236、237、244、250、261、263。

始使用火坛的时间,可追溯至阿契美尼王朝晚期,火坛形制主要分3种类型:第一种形似方形座基,方柱体,表面有凿刻,顶部为层级的雉堞,像一只风格化的大碗,用来盛火与灰烬。据研究,这种火坛可能是帝王之家用来祭祀圣火的。[1] 第二种火坛呈柱状,上下各有两级或三级均匀的层级,中间柱较细。现存最早的此种火坛,时间大约在公元前1世纪,发见于萨珊时期的库哈瓦迦(Kūh-i Khwāja)火庙遗址。[2] 时至今日,琐罗亚斯德教徒仍在使用这种形制的火坛,因此其也被称为"标准火坛"。[3] 第三种火坛呈细柱状,主要见于巴比伦和亚述的印章上,迄今考古发掘尚未发现实物。[4]

目前中亚地区有关祆教的考古发现,亦多见火坛,如:

克拉斯诺列申斯克大墓地所出纳骨瓮前片图像,图像中央为一圣火坛,上有火焰,两旁各有祭司,皆戴口罩,身着长袍,其前面有供桌。[5]

莫拉—库尔干(Molla – Kurgan)所出盛骨瓮图像上部为金字塔式顶,高73厘米,矩形面上,有三拱,中间拱下有火坛。火坛上部呈三级檐,上有七火舌。祭司在两侧,一站一跪。他们手持火钳

〔1〕Yumiko Yamamoto, " The Zoroastrian Temple Cult of Fire in Archaeology and Literature (I)", *Orient* Vol. XVII, *Report of the Society for Near Eastern Studies in Japan*, Tokyo, 1979, pp. 30 – 32.

〔2〕E. Herzfeld, *Iran in the Ancient East: Archaeological Studies Presented in the Lowell Lectures at Boston*, Oxford University Press, 1941, repr. Hacker Art Books, 1988, p. 301.

〔3〕Yumiko Yamamoto, " The Zoroastrian Temple Cult of Fire in Archaeology and Literature (II)", *Orient* Vol. XVII, *Report of the Society for Near Eastern Studies in Japan*, Tokyo, 1981, p. 68. V. S. Curtis, "Religious Iconography on Ancient Iranian Coins", in J. Cribb and G. Herrmann eds., *After Alexander: Central Asia before Islam*, Oxford University Press, 2007, repr. 2008, pp. 413 – 434. 李铁生编著《古波斯币》,北京出版社,2006年。

〔4〕Yumiko Yamamoto, " The Zoroastrian Temple Cult of Fire in Archaeology and Literature (I)", pp. 35 – 36.

〔5〕G. A. Pugachenkova, "The Form and Style of Sogdian Ossuaries", *Bulletin of the Asia Institute*, new series, 8 (The Archaeology and Art of Central Asia. Studies from the Former Soviet Union), 1996, pp. 235 – 236.

和燃料,脸戴口罩。[1]

吉尔吉斯 Nawekat 遗址出土的陶质盛骨瓮上,绘有两位穿着琐罗亚斯德教传统服装的祭司,站在有三级台阶的火坛前,火坛器形与 Naqsh-i-Rustam 遗址所见的相同。[2]

粟特片治肯特(Panjikent)Ⅲ区6号地点壁画,上有有翼神羊托负的拜火坛,其上有三个火坛,其中一个保存较好。[3] 片治肯特Ⅰ区10号点,片治肯特Ⅲ区7号点,Ⅱ区E地点,均绘有火坛。[4]

瓦尔赫萨(Varakhsha)6号点东厅,绘有一男子照料火坛。[5]

观以上诸火坛图像,虽具体形制各有差别,但大都与波斯火坛图像类似。

近年来,中国境内考古发现北朝隋胡裔墓葬亦多见火坛图像:

1999年太原虞弘墓石椁浮雕祭火图像:椁座前壁下栏正中,处椁座浮雕之最中心和显要的位置。画面中部是一个束腰形火坛,坛座中心柱较细,底座和火盆较粗,火坛上部呈三层仰莲形,坛中正燃烧着熊熊火焰。在其左右两旁,各有一人首鹰身的人相对而立。[6]

〔1〕L. I. Rempel', "La maquette architecturale dans le culte et la construction de l'Asie centrale préislamique", in Frantz Grenet ed., *Cultes et Monuments Religieux dans l'Asie Centrale Préislamique*, Paris: Éditions du Centre National de la Recherche Scientifique,1987,pl. LIV. G. A. Pugachenkova, "The Form and Style of Sogdian Ossuaries", pp. 235 – 236.

〔2〕F. Grenet, "Zoroastrian Themes on Early Medieval Sogdian Ossuaries", *A Zoroastrian Tapestry*: *Art, Religion and Culture*, eds. by Pheroza J. Godrej and F. P. Mistree, Mapin Publishing, Ahmedabad, 2002,p. 94. 中译本参阅葛勒耐著,毛民译《北朝粟特本土纳骨瓮上的祆教主题》,刊张庆捷、李书吉、李钢主编《4—6世纪的北中国与欧亚大陆》,科学出版社,2006年,页193。

〔3〕G. Azarpay, *Sogdian Painting, with contributions by A. M. Belenitskii, B. I. Marshak and Mark J. Dresden*, Berkeley – Los Angeles – London: California University Press,1981,p.31.

〔4〕姜伯勤《安阳北齐石椁床画像石的图像考察与入华粟特人的祆教美术——兼论北齐画风的巨变及其与粟特画派的关联》,载《艺术史研究》第1辑,中山大学出版社,1999年,页151 – 186;并见其著《中国祆教艺术史研究》,三联书店,2004年,页40。

〔5〕马采《艺术学与艺术史文集》,中山大学出版社,1997年,页201。

〔6〕山西省考古研究所、太原市文物考古研究所、太原市晋源区文物旅游局《太原隋虞弘墓》,文物出版社,2005年,页130 – 131,135,图版182。

2000 年西安北周安伽墓,墓门的门额上,刻画着三只骆驼支撑的火坛:(门额)中部为火坛,三头骆驼(一头面前,两头分别面向东或西)踏一硕大的覆莲基座,驼背负一较小的莲瓣须弥座,座上承大圆盘,盘内置薪燃火,火焰升腾幻化出莲花图案。……骆驼座两侧各有一人身鹰足祭司〔1〕

2003 年西安北周史君墓,石椁正南的两个直棂窗下,各有一个人首鸟身鹰足的祭司,头戴冠,冠上有日月图形的装饰。头上束带,飘于脑后。高鼻深目,长胡须,鼻子下戴一弯月形口罩,肩生双翼,身穿窄袖衣,腰束带,两臂交叉置于胸前,右臂在上,右手持两个长火棍,下半身为鸟身,尾部饰有羽毛,双足有力,似鹰足。在其左前方置一火坛,火坛为方形底座,束腰,上有火团〔2〕

2007 年河南出隋代安备墓,石棺床前壁下栏有拜火坛祭祀场面,图像中央为一个圆形直筒圣火火坛,火坛的火焰呈团状翻滚上卷,尖稍外化为祥云式云朵。火坛底座呈覆盆式,中心粗条旋转式浮雕与华盖氏圣树树干相似,实际上显示为隋代流行的交龙柱,向上撑起火坛底部,勾画有曲卷蓝条线,火坛一圈装饰有连珠纹和圆形团花以及椭圆形环圈纹饰,正中有长方形花瓣图案,二层火坛下垂华盖穗帘,整个火坛显得雍容华贵,庞大庄严〔3〕

另外,海外收藏的几组同类型石棺,亦有火坛图案:

日本 Miho 美术馆藏山西出土石棺,年代在北朝后期。该石棺床后壁第三块石板 J 上,保存了一幅珍贵的粟特丧葬图:画面分上下两部分。上部的中央站立着一位身穿长袍的祭司,脸的下面,戴着一种白色的口罩(padām),前面有一火坛,坛前站着护持圣火的

---

〔1〕陕西省考古研究所《西安北周安伽墓》,文物出版社,2003 年,页16,图版14、18、19。

〔2〕荣新江、张志清《从撒马尔干到长安——粟特人在中国的文化遗迹》,北京图书馆出版社,2004 年,页 64 - 65。

〔3〕葛承雍《祆教圣火艺术的新发现——隋代安备墓文物初探》,载《美术研究》2009 年第 3 期,页 15 - 16。

祭司。[1]

20 世纪初叶,河南省安阳近郊古墓出土的一组石棺床雕刻,墓石八块,其中藏于德国科隆东亚艺术博物馆的左右门阙二件,上刻火坛各一:门阙的侧面各有一祭司状人物,免冠,着联珠纹大翻领胡袍,有腰带。两人手执香炉之类的祭器,戴口罩,挂在颌下,未及口鼻。这两个祭司身旁均有祭盆、祭酒胡瓶及拜火火坛各一,火坛中圣火熊熊。[2]

尽管此类墓葬主人的宗教信仰还有待细考,但此类火坛图像所宗的粉本无疑与祆教有关,这也从一个角度证明,传入中国的祆教,乃使用火坛祭祀圣火而非使用燃灯来代替。观上引"夫人与君者者沿路作福,祆寺燃灯"的记录,从中我们体会不出把灯当作圣火来崇拜的意思。"燃灯"很可能就是当地普遍流行的佛俗或民俗。

4.4　佛俗与民俗中的"燃灯"

燃灯供养作为常用的一种祈福仪式,是佛教徒积累功德的一项重要宗教手段。灯,又称灯明,是佛教六种供具之一,表示六波罗蜜中的智波罗蜜。佛经中多以灯明喻法、智慧,即以光明照破愚痴暗障之意。《佛般泥洹经》卷下记载:"熟洗舍利,盛以金罂。佛内外衣,续在如故,所缠身劫波育为燋尽。取舍利罂着金床上,以还入宫,顿止正殿。天人散华伎乐,绕城步步燃灯,灯满十二里地。"[3]《无量寿经》卷下曰:"悬缯然灯,散华烧香。"[4]可见燃灯与花、香都是对佛的供养,是僧侣和信徒积累功德的一种形式,故佛经中有《佛说施灯功德经》一卷,其曾于

〔1〕J. A. Lerner, "Central Asians in Sixth-Century China: A Zoroastrian Funerary Rite", *Iranica Antiqua*, ⅩⅩⅩ, 1995, p. 180, Pl. Ⅰ.

〔2〕Gustina Scaglia, "Central Asians on a Northern Ch'i Gate Shrine", *Artibus Asiae*, Vol. ⅩⅪ, 1958, pp. 9 – 28. B. I. Marshak, "Le programme iconographique des peintures de la Salle des ambassadeurs à Afrasiab (Samarkand)", *Arts Asiatiques*, 49, Paris, 1994, p. 13. F. Grenet, *Cultes et monuments religieux dans L'Asie centrale préislamique*, Paris, 1987, 封面。

〔3〕〔西晋〕白法祖译《佛般泥洹经》卷下,见《大正藏》第 1 卷,页 174 中。

〔4〕〔曹魏〕康僧铠译《佛说无量寿经》卷下,见《大正藏》第 12 卷,页 272 中。

北齐时由那连提耶舍译出,在中国传播。[1]

有关燃灯仪式的具体细节,可见《摩诃僧祇律》卷 35 的记载:"然灯时当先然照舍利及形像前灯。礼拜已,当出灭之。次然厕屋中,若坐禅时至者,应然禅坊中,应唱言:'诸大德! 咒愿灯随喜。'"[2]在佛塔、佛像、经卷等前燃灯,即可得大功德;后来这种供养行事逐渐演化成为法会。[3] 东晋高僧法显曾游历南亚各地,他在《佛国记》中记载道:"凡诸中国,唯此国(摩竭提国巴连弗邑)城邑为大。民人富盛,竞行仁义。年年常以建卯月八日行像。作四轮车,缚竹作五层,有承栌、揠戟,高二尺馀许,其状如塔。以白氎缠上,然后彩画,作诸天形像。以金、银、琉璃庄校其上,悬缯幡盖。四边作龛,皆有坐佛,菩萨立侍。可有二十车,车车庄严各异。当此日,境内道俗皆集,作倡伎乐,华香供养。婆罗门子来请佛,佛次第入城,入城内再宿。通夜然灯,伎乐供养。"[4]到狮子国后,又见到其国人:"作菩萨五百身已来种种变现,或作须大拏,或作睒变,或作象王,或作鹿、马。如是形像,皆彩画庄校,状若生人。然后佛齿乃出,中道而行,随路供养,到无畏精舍佛堂上。道俗云集,烧香、然灯,种种法事,昼夜不息。"[5]法显的记载表明,燃灯自古即为印度佛教法会所奉行。

燃灯仪式,在敦煌地区亦多用于佛教,一些重要的佛事活动,如每年岁末年初长达七昼夜的四门结坛、正月的印沙佛会、二月八日行像等活动中都要燃灯。如法藏敦煌文书 P.3149《新岁年旬上首于四城角结坛文》记载:"厥今旧年将末,新岁迎初,结坛四门四隅,课念满七晨七夜,心传密印,散净食于十方;灯朗神明,光照昏冥于三界……"[6]佛教信徒通常在佛像前燃灯供奉佛像。另外,若遇到特殊节日,如每年正

〔1〕〔高齐〕那连提耶舍译《佛说施灯功德经》,见《中华大藏经(汉文部分)》第 22 册,中华书局,1987 年,页 915 – 923。

〔2〕〔东晋〕佛陀跋陀罗、法显译《摩诃僧祇律》卷 35,见《大正藏》第 22 卷,页 512 下。

〔3〕星云大师监修,慈怡主编《佛光大辞典》,北京书目文献出版社据台湾佛光山出版社 1989年 6 月第 5 版影印,第 6 册,页 5144 下 – 5145 上。

〔4〕章巽《法显传校注》,上海古籍出版社,1985 年,页 103。

〔5〕章巽《法显传校注》,页 154。

〔6〕《法藏敦煌西域文献》第 22 册,上海古籍出版社,2002 年,页 41 上。

月十五日、腊月八日等,还要由僧团组织在沿窟上"遍窟燃灯"。敦煌佛教对诸节燃灯很重视,都僧统司下设灯司,配备燃灯法仕教授负责燃灯节的运筹工作,并制有《燃灯文》供僧俗、官民祝节诵读。燃灯之日僧俗官、员上窟贺节,寺中备有酒食招待。[1]

由于燃灯节开支繁多,寺院财力难以独立承担,民间信众有自愿结成的"燃灯社",凑集油、粮给附近寺院,故燃灯逐渐成为敦煌地区官民同庆的盛大节日。百姓以社为单位,在社官、社长和录事的率领下,举行一次燃灯建福佛会,"于新年上律,肇启加晨,建净轮于宝坊,燃惠灯于金地",祈求"国泰安人,永无征战","荡千灾,增万福,善华长惠"。[2] 如 S.4511《结坛转经发愿文》载:"点银灯而明朗,照无间之幽冥。"[3] P.3276 纸背 2 记载:"夜间就梵刹精宫,燃神灯之千盏,其灯乃日明晃晃,照下界之幽涂(途);光炎(焰)巍巍,朗上方之仙刹,更乃举步而巡绕佛塔,虔恭而和念斋齐举……"[4] 很显然,燃灯由佛教徒专门积累功德的修行法门,逐渐演变为普罗大众祈愿纳福的惯常仪式了。敦煌文书中不乏专制的《燃灯文》,兹列举一二。

俄罗斯科学院东方研究所圣彼得堡分所藏敦煌文书 Дх.11069《燃灯文》云:

> 夫仰启莲华藏□□净法身,百亿如来,恒沙化佛,清凉山顶,大圣文殊,鸡足岩中,德道罗汉,龙宫秘□,就岭微言,道眼他心,一切贤圣。惟愿发神足,运悲心,降临道场,证明功德。厥今则有座前施主,于新年上律肇晨,投仗金田,燃灯启愿(下缺)。[5]

P.3405 是 10 世纪初年敦煌地区佛教活动的斋文范文辑录,其中《正月

〔1〕谢重光《燃灯》,见《敦煌学大辞典》,上海辞书出版社,1998 年,页 643 - 644。

〔2〕P.3765《燃灯文》,见《法藏敦煌西域文献》第 27 册,上海古籍出版社,2002 年,页 336 上、下。

〔3〕《英藏敦煌文献(汉文佛经以外部分)》第 6 册,四川人民出版社,1992 年,页 121 上。

〔4〕《法藏敦煌西域文献》第 22 册,页 360 上。

〔5〕施萍婷《俄藏敦煌文献经眼录(二)》,载《敦煌吐鲁番研究》第 2 卷,北京大学出版社,1997 年,页 326。并见俄罗斯科学院东方研究所圣彼得堡分所、俄罗斯科学出版社东方文学部、上海古籍出版社编《俄藏敦煌文献》第 15 册,上海古籍出版社、俄罗斯科学出版社东方文学部,2000 年,页 164。

十五日窟上供养》全文如下：

> 三元之首，必然灯以求恩；正旦三长，盖缘幡之佳节。宕泉千窟，是罗汉之指踪；危岭三峰，实圣人之遗迹。所以敦煌归敬，道俗倾心，年驰妙供于仙岩，大设馨香于万室，振虹（洪）钟于笋庐，声彻三天。灯广车轮，照谷中之万树；佛声接晓，梵响以（与）箫管同音。宝铎弦歌，唯谈佛德。观音妙旨，荐我皇之徽猷；独煞将军，化天兵于有道。[1]

S.4625《上元燃灯文》记载：

> 先用庄严梵释四王、龙天八部，伏愿威光转盛，福力弥增，兴运慈悲救人护国。使四时运泰，保稼穑而丰盈；八节调和，定戎烟而永息。亦愿蝗飞台卯，移眚属于他乡；石勒护持，行灾殃于异城。又持胜福，次用庄严。……则我令公贵位，伏愿宝兴录位，镇净退方；福比山乐（岳）以齐高，寿等海泉而深远。国母、夫人贵位，伏愿长降延泰之欢。朗君、小娘子芬兰，并芬芬如盛叶。持炉都头贵位，伏愿叶（荣）班岁厚。然后廓周法界，普及有情，赖此胜□，俱登佛果。[2]

据马德先生推断，此文书成于公元 945 至 950 年间，文中提到的"令公"是曹元忠。[3] 冀志刚先生指出，地方政权举行燃灯活动，"是想对节庆民俗加以控制，实现其整合社会、加强统治的目的，其崇佛的功利性色彩浓厚，佛教信仰成为其手中的工具"[4]。从信仰的角度看，《燃灯文》的出现也无疑表明佛教的习俗正逐渐为当地的民俗所吸收采用。统治者出于政治考虑而加以提倡，则无疑加快了这一进程。当然，两者融合的一个基础是燃灯习俗与传统的汉地信仰亦不相矛盾。

　　一般认为，汉地传统的燃灯习俗起源于古代祀太一之俗。据《史

---

〔1〕《法藏敦煌西域文献》第 24 册，上海古籍出版社，2002 年，页 118 下 - 119 上。录文参马德《敦煌遗书莫高窟岁首燃灯文辑识》，载《敦煌研究》1997 年第 3 期，页 59。

〔2〕《英藏敦煌文献（汉文佛经以外部分）》第 6 册，四川人民出版社，1992 年，页 175 下。

〔3〕马德《敦煌遗书莫高窟岁首燃灯文辑识》，页 59 - 68。

〔4〕冀志刚《燃灯与唐五代敦煌民众的佛教信仰》，载《首都师范大学学报》（社会科学版）2003 年第 5 期，页 10 - 11。

记》卷24《乐书》记载:"汉家常以正月上辛祠太一甘泉,以昏时夜祠,到明而终。"[1]唐徐坚《初学记》卷4加以援引:"《史记·乐书》曰:汉家祀太一,以昏时祠到明。"并注曰:"今人正月望日夜游观灯,是其遗事。"[2]《艺文类聚》卷4引为:"史记曰:汉家以望日祀太一,从昏时到明。今夜游观灯,是其遗迹。"[3]这就是说,唐初的灯节,是西汉时期祭祀太一神的延续。而祀太一神之俗,早在2200年前的战国时代的楚国就已经有了,著名诗人屈原及宋玉都描述过此事。东汉后又由于有佛教的燃灯习俗与之合璧,而使燃灯习俗更加繁荣,影响也更加深广,在佛寺中终于形成了中印燃灯习俗合流的观灯节。到唐代,燃灯习俗日盛[4]。

此外,民间信仰中的太阳崇拜也有燃灯的习俗,见《太阳星君圣经》的记载:

(朝日早晨诵念此经,有求必应)

太阳明明珠光佛,四大神明正乾坤;太阳一出满天红,晓夜行来不住停;行得快来催人老,行得迟来不留存;家家门前都走过,倒惹众生叫小名;恼得太阳归山去,饿死黎民苦众生;天上无我无昼夜,地下无我少收成;个个神明有人敬,那个敬我太阳神;太阳三月十九生,家家念佛点红灯;有人传我太阳经,合家老幼免灾星;无人传我太阳经,眼前就是地狱门;太阳明明珠光佛,传于善男信女人;每天朝朝念七遍,永世不入地狱门;临终之期归净土,九泉亡祖尽超升[5]。

众所周知,在中国,对日月的崇拜可以上溯到远古时代。《礼记·郊特性》记载:"郊之祭也,迎长日之至也,大报天而主日也。"[6]"家家念佛点红灯"表明,原本汉地供奉日月的信仰,受佛教的影响,也吸收了"燃

〔1〕《史记》卷24《乐书》第二,中华书局,1982年第2版,页1178。
〔2〕〔唐〕徐坚等著《初学记》上册,中华书局,2004年,页66。
〔3〕〔唐〕欧阳询撰,汪绍楹校《艺文类聚》上册,上海古籍出版社,1999年,页61。
〔4〕高国藩《敦煌古俗与民俗流变》,河海大学出版社,1989年,页360－367。
〔5〕〔法〕禄是道著,沈婕、单雪译《中国民间崇拜·岁时习俗》,载《徐家汇藏文献译丛》,上海科学技术文献出版社,2009年,页35－36。
〔6〕〔清〕阮元校刻《十三经注疏》下册,中华书局,1980年,页1452中。

灯"的仪式。

既然祆教本身并未将燃灯作为祭祀物,而汉地社会特别是佛教法会中普遍存在着"燃灯"的习俗,那我们对《君者者状》所记载的"祆寺燃灯"的宗教属性,与其定其祆教内涵,倒不如从当地佛教或民俗中寻求答案。正如陆庆夫先生指出:"到了归义军时期,一度冷落的祆教似乎又复兴了起来:祆祠燃灯,城东赛祆,其活动相当频繁。然而这些活动内容,与其说是祆教内容,不如说更像佛教仪式。""祆教活动仪式包括拜火、醮神、歌舞及魔术表演等等。在所见记载祆教仪式的典籍中,均找不到燃灯、赛祆的记载。这只能使我们认为,由于敦煌地区主要信奉佛教,强大的佛教势力必然对粟特裔民及其奉祀的祆教进行渗透,因而出现了祆教的佛教化倾向。"[1]

当然,我们认为"祆寺燃灯"反映的是佛俗和当地民间信仰,一个重要的考虑是,唐末五代随着粟特聚落的离散,入华粟特人日益汉化,传统丝路沿线不再具备祆教的信众基础,祆寺已逐步失去维系入华粟特人精神生活的宗教功能,而渐次变成当地民俗活动的场所。

4.5　唐末宋初祆教的华化

宗教信仰的主体是人,祆教作为一种外来宗教,其信仰的载体无疑主要是入华粟特胡人。由于经商和战争等原因,粟特人在汉唐之间沿丝绸之路大批移居中国,在塔里木盆地、蒙古高原和中国北方,都建立了自己的移民聚落,散布十分广泛。然而随着时间的推移,这些入华胡人必然因应汉地环境而发生变异,逐渐失去其本民族文化的特色。陈寅恪先生在考释白乐天和元微之的世系时曾指出:

> 吾国中古之时,西域胡人来居中土,其世代甚近者,殊有考论之价值。若世代甚远久,已同化至无何纤微迹象可寻者,则止就其仅馀之标帜即胡姓一事,详悉考辨,恐未必有何发见,而依吾国中

---

[1]陆庆夫《唐宋间敦煌粟特人之汉化》,载《历史研究》1996年第6期,页32。

古史"种族之分,多系于其人所受之文化,而不在其所承之血统"之事例言之(见拙著《唐代政治史述论稿》及《隋唐制度渊源略论稿》),则此类问题亦可不辨。故谓元微之出于鲜卑,白乐天出于西域,固非妄说,却为赘论也。[1]

蔡鸿生先生从陈先生这一"世代层次"论出发,针对当前粟特研究的时弊,特别强调要纠正将"胡姓"等同于"胡人",将"住户"等同于"聚落"的倾向:

> "人"必须"五胡"俱全才算"胡人"。五"胡"指什么东西呢?胡姓、胡名、胡貌、胡俗、胡气(气味)。……但胡人进入中国后,便从"五胡"俱全变为残缺不全了。随着同化的加深,"五胡"中的"四胡",即名、貌、俗、气,逐渐消失;唯独"姓"化不掉。"胡人"入华后,从五胡俱全,到残缺不全,最后消失要经过若干个世代,也许祖父是个胡人,到了孙子就不是了。故我们要掌握两个原则:第一个,"五胡"的原则;第二个,世代的原则。

> 有些胡人在那里住,并不等于就在那里形成聚落。讲起来似乎聚落分布地很广,我们对"聚落"一词应有个明确的认识,且不只是去查《辞海》,还要看唐朝人的讲法、用例。唐朝和尚慧琳编的《一切经音义》,是读佛经的词典,里面讲"小乡曰聚;落,居也"。后来辽代和尚希麟又编《续一切经音义》,说"小乡曰聚,藩篱曰落";也就是相当于现在的自然村,这是字面的解释。还要看用例。唐朝人如何实际运用?敦煌抄本讲到康国大首领来华,"胡人随之,因成聚落"。胡人跟着他们的大首领来到这里,才形成一个聚落,这里所言的胡人当然不是零星若干人,而是成批而来。[2]

正如前文所述,隋末唐初是粟特人大举入华的一个重要时期,他们多建有自己的移民聚落,同时为维系精神生活而建立了祆祠。但是到了唐末五代,粟特聚落逐渐离散,胡人逐渐融于当地百姓的生活中,他们

---

[1]陈寅恪《元白诗笺证稿》,三联书店,2001年,页317。
[2]蔡鸿生《读史求识录》,广东人民出版社,2010年,页33。

还在多大程度上保持着本民族的文化特色呢？我们从不同时代祅教祭祀的变化或可窥见其逐渐华化的轨迹。

根据文献记载，唐代的祅教习俗主要表现为西域胡人聚火祝诅，以咒代经，妄行幻法等等。写于光启元年(885年)的敦煌文书《沙州伊州地志残卷》(S.367)，述及贞观十四年(640年)高昌未破时敦煌北面伊州伊吾县祅庙的宗教仪式活动：

> 伊吾县……火祅庙中有素书，形像无数。有祅主翟槃陁者，高昌未破以前，槃陁因入朝至京，即下祅神，因以利刀刺腹，左右通过，出腹外，截弃其馀，以发系其本，手执刀两头，高下绞转，说国家所举百事，皆顺天心，神灵助，无不征验。神没之后，僵仆而倒，气息奄，七日即平复如旧。有司奏闻，制授游击将军。[1]

唐张鷟《朝野佥载》卷3记载与之类似：

> 凉州祅神祠，至祈祷日祅主以铁钉从额上钉之，直洞腋下，即出门，身轻若飞，须臾数百里。至西祅神前舞一曲即却，至旧祅所乃拔钉，无所损。卧十馀日，平复如故。莫知其所以然也。[2]

在同书中张鷟也记录了东都洛阳祅祠祭祀的情况：

> 河南府立德坊及南市西坊皆有胡祅神庙。每岁商胡祈福，烹猪羊，琵琶鼓笛，酣歌醉舞。酹神之后，募一胡为祅主，看者施钱并与之。其祅主取一横刀，利同霜雪，吹毛不过。以刀刺腹，刃出于背，仍乱扰肠肚流血。食顷，喷水咒之，平复如故。此盖西域之幻法也。[3]

由此可以看出，无论是张鷟笔下的凉州、洛阳，抑或敦煌文书所记伊州伊吾县祅庙的仪式活动，都表明这种祭祅方式在入华祅教徒中具有普遍性，从碛西到东都，均曾不同程度流行。这种祭祅方式带有明显的外来宗教色彩。但是到了唐末五代，祭祅逐渐演变为普通敦煌民众所热

---

〔1〕《英藏敦煌文献(汉文佛经以外部分)》第1卷，页158；录文参考唐耕耦、陆宏基《敦煌社会经济文献真迹释录》一，页40－41。

〔2〕〔唐〕张鷟撰，赵守俨点校《朝野佥载》(《隋唐嘉话·朝野佥载》，唐宋史料笔记丛刊)，中华书局，1979年，页65。

〔3〕〔唐〕张鷟撰，赵守俨点校《朝野佥载》，页64－65。

衷的民俗活动"赛祆"了。对此,敦煌文书记载凿凿,兹不赘举。祈赛是汉地传统的风俗,谭蝉雪先生广泛研究了敦煌祈赛风俗的对象、祈赛内容及祈赛仪式,指出"敦煌祈赛风俗是传统习俗、自然崇拜及宗教信仰的综合反映,是汉族文化和各民族文化、中国本土文化和外来文化交融的结果。其经济基础是小农经济和畜牧业,其思想基础是'万物有灵论'"[1]。在这种历史背景下,我们再来考察《君者者状》所记的"祆寺燃灯",已经"物是人非",地点虽在祆寺,但祭祀活动已与祆教无所关联,而是地道的当地信仰了。从这个角度来理解,"祆寺燃灯"并非祆教的祭祀活动,若硬要将其与之相连,不如将其视为祆教华化的一种表现了。

祆教本以圣火为祭祀对象,灯不过是某种场合下的配角。文书中祆寺燃灯,目前仅见一例,而且是用于路过祆寺的场合,应是华化(佛化)的表现,效法佛教徒,为灯添油,表示对神的虔诚,而不是以灯代替圣火进行崇拜。粟特祆教入华后,曾出现了祭祀祆神画像的情况,这见于前引敦煌文书 S.367 有关伊吾祆庙"素书"的记载。[2] 也就是说,华化祆教未必像波斯本教那样点燃长年圣火,经常举行纷繁复杂的拜火仪式,他们更可能效法汉地的偶像崇拜,以崇拜本教诸圣像为主。若然,祆庙中更有可能也像其他诸宗教特别是佛教一样,配设明灯。到了唐末五代,其他信众依华俗点灯祈福的传统,也到祆庙燃灯罢了。

---

〔1〕谭蝉雪《敦煌祈赛风俗》,载《敦煌研究》1993 年第 4 期,页 66。

〔2〕拙文《唐伊吾祆庙"素书"非塑像辨》,载《中华文史论丛》2008 年第 2 期,上海古籍出版社,页 321 – 338;见拙著《中古华化祆教考述》,页 69 – 77。

5 "穆护"与《穆护歌》考辨

5.1 导言

"穆护"一名,最令人瞩目者,乃见于史籍有关唐武宗灭佛的记载,如《唐会要》卷47《毁佛寺制》有曰:

> 其天下所拆寺四千六百馀所,还俗僧尼二十六万馀人,收充两税户。拆招提兰若四万馀所……隶僧尼属主客,显明外国之教。勒大秦穆护祆三千馀人还俗,不杂中华之风。[1]

法国汉学家沙畹(Éd. Chavannes)19 世纪末发表的《景教与喀喇和林遗址碑铭》一文,率先将汉文所记的"穆护"法译为 mage;[2]其后,沙畹、伯希和(P. Pelliot)进一步指出"穆护"一词乃音译自新波斯语 muγ、moγ。[3] 美国汉学家罗佛(B. Laufer)则认为"穆护"是由中古波斯文(帕拉维语,Pahlavi)magu 演变而来的。[4] 在肯定"穆护"源自伊

---

〔1〕〔宋〕王溥《唐会要》卷47,中华书局,1955 年,页841。另,〔宋〕宋敏求编《唐大诏令集》卷113《拆寺制》(商务印书馆,1959 年,页591)、李德裕《会昌一品集》卷20(〔唐〕李德裕撰《李卫公会昌一品集》,丛书集成初编据畿辅丛书本排印,1856—1859,中华书局,1985 年)、《新唐书》卷52《食货志》(中华书局点校本,1975 年,页1361)、《资治通鉴》卷248(中华书局,1956 年,页8015-8016)均有记载,唯文字略有出入。

〔2〕Éd. Chavannes, "Le Nestorianisme et L'inscription de Kara-Balgassoun", *Journal Asiatique*, neuvieme serie TomeⅨ,1897,p.61 n.3.

〔3〕Éd. Chavannes et P. Pelliot, "Traité manichéen retrouvé en Chine, traduit et annoté", *Journal Asiatique*, janv. ——févr. 1913,p.170;中译本见伯希和、沙畹撰,冯承钧译《摩尼教流行中国考》,收入《西域南海史地考证译丛八编》,商务印书馆,1962 年,页46。

〔4〕B. Laufer, *Sino-Iranica, Chinese Contributions to the History of Civilization in Ancient Iran*, Chicago,1919,p.531. 中译本见〔美〕劳费尔著,林筠因译《中国伊朗编》,商务印书馆,2001,页361。

朗语的基础上,日本史学家石田干之助[1]、神田喜一郎[2]、桑原骘藏[3]等均指出,汉文献所见的"穆护"、"牧护"都是 Mogu(Magi)的音译,盖指祆教僧侣。这一定性也广为中外学界所接受。如英国汉学家穆尔(A. C. Moule)1930 年出版的《一五五○年前的中国基督教史》一书,便称上引"穆护祆"为"琐罗亚斯德教徒(Zoroastrians)"。[4] 英国教会史家福斯特(J. Foster)1939 年出版的《唐代教会》一书,将"大秦穆护祆"译为"Ta Ch'in in (Syrian) (and) Muh-hu-fo (Zoroastrian) (monks)",即将"穆护祆"界定为火祆教僧侣。[5] 以上诸家所论,主要认定"穆护"一词的伊朗语源,释其义谓琐罗亚斯德教祭司,对该词渊源流变则殆无专门讨论。

不过,就"穆护"之宗教属性,也有持不同意见者。日本学者佐伯好郎 1916 年出版的英文版《中国景教碑》,据《古文渊鉴正集》将《毁佛寺制》中的"大秦穆护祆"写成"大秦穆护祆",并英译为"Nestorians and Mohammedans",也就是将"穆护祆"释为回教徒。[6] 然而到了 1934 年,佐伯氏便修正了自己的观点,在其出版的《支那基督教研究》一书中将"穆护祆"解释为"祆教,即波斯拜火教的僧侣"。[7] 愚公谷《贾耽与摩尼教》一文有云:"颜鲁公(真卿)与康国人颇有往还,且以穆护之

〔1〕石田干之助《支那に於けるザラトゥーシトラ教に就いて》,载《史学杂志》第 34 编第 4 号,1927 年,页 317 - 318;《神田学士の「祆教杂考」を读みて》,原刊《史学杂志》第 39 编第 6 号,1928 年,页 563,569;经修订作《祆教丛考——神田学士の「祆教杂考」を读みて》,载《东亚文化史丛考》,东京东洋文库,1973 年 3 月 25 日发行,1978 年 8 月 15 日再版,页 235 - 237。
〔2〕神田喜一郎《祆教杂考》,载《史学杂志》第 39 编第 4 号,1928 年,页 381 - 394;1929 年补订,收入其著《东洋学说林》,东京弘文堂刊,1948 年 12 月,此据《神田喜一郎全集》第 1 卷,京都,株式会社同朋舍,1986 年,页 81。
〔3〕桑原骘藏《祆教に关する一史料》,原载《史学杂志》第 39 编第 7 号,1928 年,收入《桑原骘藏全集》第 1 卷,岩波书店,1968 年,页 419。
〔4〕A. C. Moule, *Christians in China before the Year* 1550, London, 1930, p. 70. 参见郝镇华中译本《一五五○年前的中国基督教史》,中华书局,1984 年,页 76。
〔5〕John Foster, The Church of the T'ang Dynasty, London, 1939, p. 125.
〔6〕P. Y. Saeki, *The Nestorian Monument in China*, London, First Published 1916, Reprinted 1928, pp. 88 - 89.
〔7〕佐伯好郎《支那基督教の研究》第 1 册,东京春秋社,1934 年,页 168。

名字其男,康国人多奉摩尼教。"[1]显然认为穆护与摩尼教有关。而向达先生在《唐代长安与西域文明》中直谓"穆护"为摩尼教中僧职之名。[2] 不过,岑仲勉先生已指出二者皆为"误混祆教于摩尼"。[3] 龚天民先生 1960 年出版《唐代基督教之研究》,把"穆护"界定为回教,而"祆"则仍认定为祆教:

> 845 年,会昌五年时,武宗开始废佛政策,景教亦大受打击,僧侣被迫还俗,教势一蹶不振。据《唐会要》卷 49 所记,当时天下所拆寺院四千六百馀所,僧尼还俗二十六万五千馀人。外国教大秦穆护祆还俗者二千馀人云("穆护"乃回教,祆系祆教)。[4]

1992 年,羽离子先生发表论文《唐代穆护及其首次遭逢灭教》,称:

> 从客观上推论,"穆护"之教应是伊斯兰教,也只可能是指伊斯兰教,并且也唯有将它推断为伊斯兰教才可能与社会历史背景相符合。[5]

尽管羽离子先生言之凿凿,不过将"穆护"界定为回教徒,显然并不符合唐代中外交通史及外来宗教传播史的事实。对此林悟殊先生曾发表《唐季"大秦穆护祆"考》,对汉文所记的大秦穆护祆史事进行考辨,认为其中不包括回教僧侣,并提出了穆护应是来自波斯正统的琐罗亚斯德教僧侣,与中亚祆教有所区别的假设。[6]

综上所论,有关"穆护"宗教属性的判定,剩义无多。不过有关穆护的身份与职业,各家所述多语焉不详,甚至不乏歧义之处。以笔者所见,国人明确点示"穆护"何所指者乃冯承钧先生,其在 1936 年印行的《景教碑考》一书中,对"穆护"一词解释道:

〔1〕愚公谷《贾耽与摩尼教》,载《禹贡》半月刊 2 卷 4 期,页 9。

〔2〕向达《唐代长安与西域文明》,原刊《燕京学报》专号之二,1933 年 10 月;此据其著《唐代长安与西域文明》,三联书店,1957 年,页 15。

〔3〕岑仲勉《隋唐史》上册,中华书局,1982 年,页 319 注 2。

〔4〕龚天民《唐代基督教之研究》,香港基督教辅侨出版社,1960 年,页 10。

〔5〕羽离子《唐代穆护及其首次遭逢灭教》,载《海交史研究》1992 年第 1 期,页 38。

〔6〕林悟殊《唐季"大秦穆护祆"考》上,载《文史》第 48 辑,1999 年 7 月,页 39 – 46;下,第 49 辑,1999 年 12 月,页 101 – 112。经修订收入其著《中古三夷教辨证》,中华书局,2005 年,页 284 – 315。

按穆护即古波斯语 megush 之对音,即希腊文之 magos,拉丁文之 magus,英文之 magian,法文之 mage 是已。在祆教经典 Avesta 之中,则名为 athravans。此言火师,要皆祆教之教师也。《西溪丛语》卷上谓:"贞观五年(631 年)有传法穆护何禄将祆教诣阙闻奏,敕令长安崇化坊立祆寺,号大秦寺,又名波斯寺。"虽混大秦波斯为一,然祆教穆护,意自明也。[1]

这里,冯文明确将"穆护"比定为《阿维斯陀经》中的 athravans。岑仲勉先生也认为"穆护"指的是火祆教教士,火教经将其写作 aθravana。[2] 不过,迄今未见学界于此有回应者。是故,本章拟据古波斯文献的记载,对穆护的身份、职业及其源流进行考辨,并对汉文献所记《穆护歌》与穆护的关系进行辨析,庶几有助于进一步揭开"穆护"之面纱。不妥之处,仰祈方家指正。

5.2 异域文献所见"穆护"之身份与职业

就迄今的研究看,"穆护"之语源可追溯到琐罗亚斯德教圣典《阿维斯陀经》(Avesta)的记载,该经《耶斯那》(Yasna)第 53 章第 7 节记录道:

at̰ cā və̄ mīždəm aŋhat̰ ahiiā magahiiā

yauuat̰ āžuš zrazdištō būnōi haxtaiiā˚ paracā

mraocą̇s aorācā yaϑrā mainiiuš drəguuatō anạsat̰ parā

iuuīzaiiaϑā magą̄m t̰ə̄m at̰ və̄ vaiiōi aŋhaitī apə̄məm vacō

倘汝等奋力于传播正教,

自会得到正教之报偿,

谎言也将从此消除。

〔1〕冯承钧《景教碑考》,商务印书馆,1936 年,页 73。

〔2〕岑仲勉《隋唐史》上册,页 319。

若汝等放弃奉献,灾难必将降临。[1]

《耶斯那》第 53 章,即《阿维斯陀经》中最古老的部分 5 篇《伽萨》圣诗之一 Vahishtōishti Gāthā。据学者的研究,《伽萨》系该教教主查拉图斯特拉亲自创作的作品,从其语言学风格及所记内容来看,至少在公元前 1000 年之前。[2] 就其中所出现的 magəm 一词,本文苟以第二人称复数译之。至于其具体身份,西方学者各有解读。著名的古伊朗语言学家贝利爵士(H. W. Bailey,1899—1996 年)曾认为其是 magəuš 的变体,意为属于 magus(祭司阶层)。[3] 法国伊朗学家 J. Kellens 则认为 magəm 是 maga 的单数宾格,意为善行、恩德。[4] 不过,从语境看,此处的记载表明,magəm 应为琐罗亚斯德教成员,是该教教主查拉图斯特拉的随从;然文献并未显明其是否为祭司。《阿维斯陀经》中唯一提及的祭司称谓有两个,一是《伽萨》诗篇《耶斯那》第 33 章第 6 节(Yaθāišiθā Hāiti)的记录,祭司称为 zaotā,意为"献祭祭司":[5]

yə̄ zaotā ašā ərəzūš huuō maniiəušā vahištāt̰ kaiiā

ahmāt̰ auuā manaŋhā yā vərəziieidiiāi maṇtā vāstriiā

tā. tōi iziiāi ahurā mazdā darštōišcā hə̄m. parštōišcā

另一个是 āθravan,意为"侍火祭司"。[6] 这一称谓多见于《新阿维斯陀经》的记载,如《诸神颂》第 19 部 Zamyād Yašt 第 8 章第 53 节记载:

āat̰ vō kascit̰ mašiiānąm

uiti mraot̰ ahurō mazdā˚

āi ašāum zaraϑuštra

---

〔1〕H. Humbach, The Gāthās of Zarathushtra, and the Other Old Avestan Texts, Part Ⅰ, Introduction-Text and Translation, Heidelberg, Carl Winter Universitätsverlag, 1991, p. 194.

〔2〕Jean Kellens, Essays on Zarathustra and Zoroastrianism, Transl. and ed. By Prods Oktor Skjærvø, Mazda Publishers, Inc. ,2000, pp. 39 – 47.

〔3〕H. W. Bailey, "A Range of Iranica", in Mary Boyce and Ilya Gershevitch eds. , W. B. Henning Memorial Volume, Lund Humphries, 1970, p. 34.

〔4〕Jean Kellens, Eric Pirart, Les Textes Vieil-Avestiques, Vol. Ⅱ: Répertoires grammaticaux et lexique, Wiesbaden, Dr. Ludwig Reichert Verlag, 1990, p. 278.

〔5〕H. Humbach, The Gāthās of Zarathushtra, Part Ⅰ, p. 137.

〔6〕Mary Boyce, A History of Zoroastrianism, Vol. Ⅰ, Leiden, E. J. Brill, 1975, p. 6.

x^varənō ax^varətəm isaēta

aϑaurunō hō rātanąm

raoxšni. xšnūtəm išā°ŋhaēta

aϑaurunō hō rātanąm

pouru. xšnūtəm išā°ŋhaēta

aϑaurunō hō rātanąm[1]

新阿维斯陀语文献关于 magu 的记录同样隐晦不清。如 *Yasna* 65.7 记录 haši. tbiše… moγu. tbiše… varezānō. tbiše,其中 moγu. tbiše,意思不是"向 Magus 致敬",而是"向部落的成员致敬"[2],并非暗示 magus 的身份。据古伊朗语言学家的研究,新阿维斯陀语比古阿维斯陀语晚两三百年,相当于阿契美尼时期的古波斯文碑铭时间或略早。[3] 也就是说,在公元前 6—8 世纪的文献资料中,有关 magu 的含义仍模糊不清。

倒是公元前 5 世纪古希腊作家希罗多德的《历史》,于 magu 的记述较为详细和具体。该书记伊朗高原西北部的米底(Media)由 6 个部落组成,即 Bousai、Parētakēnoi、Strouchates、Arizantoi、Boudioi 与 Magoi。其中,Magoi 专为其他部族提供祭司。[4] Magoi 即为古波斯语"magus"的古希腊语形式。这段记载至少披露了两层意思:一,穆护为米底的一个部落;二,其职业为祭司。著名的阿契美尼朝国王大流士的《贝希斯吞记功碑》,其中的巴比伦文本曾记录当时的大祭司 Gaumāta 即为"米底人"(ma-da)[5],似有助于说明穆护源于米底这一观点。

依希罗多德所述,Magoi 负责主持古波斯人的祭祀活动:

〔1〕Almut Hintze, *Der Zamyād-Yašt*, Wiesbaden, Dr. Ludwig Reichert Verlag, 1994, pp. 272 – 273.

〔2〕E. Benveniste, *Les mages dans l' Ancien Iran*, Publications de la Société des Études Iraniennes 15, Paris, 1938.

〔3〕Jean Kellens, *Essays on Zarathustra and Zoroastrianism*, pp. 35 – 39.

〔4〕Herodotus, *The Histories*, transl. by Aubrey de Sélincourt, revised, with an introduction and notes by A. R. Burn, Penguin Books, Bungay, Suffolk, Great Britain, 1954, 1972, p. 83. 另参阅王以铸译《希罗多德历史》上册, 商务印书馆, 1997 年, 页 53。

〔5〕E. N. von Voigtlander, *The Bisutun Inscription of Darius the Great*. Babylonian Version (CII 1.2.1), London, 1978, line 15 on p. 14.

波斯人用以下方式向上揭诸神奉献牺牲:奉献牺牲时,他们不设祭坛,不点火,不灌奠,不吹笛,不用花彩,不供麦饼。奉献牺牲的人把其牲口牵到一洁净场所,在是处呼叫他意欲奉献的神名。通常该人之头巾要戴一个桃金娘的花环。奉献牺牲的人不得独为自己祈福,尚要为国王,为全体波斯人祷告,由是他即为全体波斯人之一分子。随后他即把牺牲切成碎块煮熟,挑选最新鲜柔软草地,尤以车轴草为佳,把熟肉全置其上面。这一切办妥后,便由一 Magoi 前来诵唱赞诗。据波斯人说,该赞诗是详述诸神之由来。除非有一个 Magoi 在场,否则任何奉献牺牲的行为均不合法。片刻后,奉献者即可把牺牲的肉带走,自行处理。[1]

除了献祭牺牲需要 Magoi 参与外,Magoi 也有野葬的习俗:

据说波斯人的尸体惟经狗或禽类撕裂后始可埋葬。Magoi 有此俗毋庸置疑,缘彼等于此乃公开不讳。[2]

据学者们的研究,曝尸是东伊朗和中亚地区的典型风俗,但西伊朗并无此习。[3] 经改革的琐罗亚斯德教也有此风。上揭 Magoi 的做法,倒是合乎琐罗亚斯德教之清规。有关规定均见于《阿维斯陀经·辟邪经》及后来的帕拉维文文献。希罗多德所描写的 Magoi 即穆护,遂被认为是琐罗亚斯德教祭司。[4]

不过,上引《历史》的记载易使人产生如下的理解:一是这些穆护本身就是琐罗亚斯德教徒,因为他们遵循典型的琐罗亚斯德教习俗;一是这些习俗原为穆护的传统习俗,随着穆护们改信琐罗亚斯德教,这些习俗也就融入琐罗亚斯德教了。比如在《阿维斯陀经》中,《辟邪经》被认为是很晚近的,与阿契美尼时期同时或稍晚,其所描述的天葬等并非是早期正统的琐罗亚斯德教习俗。因此,关于穆护身份的考察自始就众说纷纭。例如穆尔顿(Moulton)将穆护看做是下层的土著居

---

〔1〕Herodotus, *The Histories*, p. 96. 参阅王以铸译《希罗多德历史》,页 68 - 69。

〔2〕Herodotus, *The Histories*, p. 99. 参阅王以铸译《希罗多德历史》,页 72。

〔3〕Mary Boyce, *A History of Zoroastrianism*, Vol. Ⅰ, pp. 113 - 114.

〔4〕M. Molé, Culte, *Mythe et Cosmologie dans l'Iran Ancien*, Paris, Presses Universitaires de France, 1963, p. 77.

民,威登格林(Widengren)将其看做是米底的狂热者,[1]而格斯威奇(Gershevitch)则将穆护看做普通的祭司职业者,他们并不关心玄奥的神学理论,而只在乎尽可能多地主持仪式,以获得利益。[2] 也有一种观点认为希罗多德所描述的穆护根本不是祭司,而只是阿契美尼波斯时期的巫师。[3] 不过这一观点无法涵盖穆护所从事职业的内涵。据古希腊、古波斯和阿拉美的文献来看,穆护并不仅仅从事宗教仪式领域的职业,他们同时也兼任宫廷官员、国王顾问、解梦人、预言家等;[4]而且他们对琐罗亚斯德教神学理论的发展也卓有贡献。[5] 由此看来,冯承钧先生将穆护仅仅视作 athravan,有欠全面。

从以上的记载可以看出,"穆护"确与琐罗亚斯德教有关,早期应起源于西部伊朗的米底地区,主要从事与宗教仪式有关的职业。当然,其也参与社会各个领域的活动。一般认为,当琐罗亚斯德教逐渐在伊朗高原和阿契美尼宫廷扎根后,穆护阶层才逐渐接受阿胡拉·马兹达及该教其他诸神。到公元前 4 世纪,柏拉图直接称呼琐罗亚斯德为"the Magus"。而穆护成为琐罗亚斯德教专职祭司,则与该教有关仪轨条规及传播密切相关。[6]

到了萨珊波斯时期,琐罗亚斯德教教阶制度日趋完善,穆护也就成为祭司阶层的泛称,但并不指代更具体的职务。据中古波斯文文献,琐罗亚斯德教祭司分为两个不同系列。其一为"管理"祭司。其身兼公共职位,在公众生活中占有重要地位,"根据他们的建议与决定来安排公共事务,尤其值得注意的是,他们负责主导法律事务,仔细观察什

〔1〕A. de Jong,*Traditions of the Magi*,Leiden·New York·Köln,Brill,1997,p. 389.

〔2〕Gershevitch, "Zoroaster's Own Contribution", *Journal of Near Eastern Studies*,23.1,1964,p. 25.

〔3〕Bickerman & Tadmor, "Darius I,Pseudo-Smerdis,and the Magi", *Athenaeum*,56,1978,pp. 251 – 261.

〔4〕A. de Jong,*Traditions of the Magi*,pp. 390 – 391.

〔5〕A. de Jong, "The Contribution of the Magi", Vesta Sarkhosh Curtis & Sarah Stewart eds. ,*Birth of the Persian Empire*,Vol. Ⅰ,London·NewYork,I. B. Tauris,2010,pp. 85 – 99.

〔6〕J. K. Choksy,*Purity and Pullution in Zoroastrianism*,*Triumph over Evil*,Austin,University of Texas Press,1989,pp. 7 – 8.

欧·亚·历·史·文·化·文·库·

么该做,作出定夺。除非由 Magian 决定,波斯人中没有什么是合法公平的",指的就是这类祭司。在萨珊王朝时期,这类管理祭司亦分等级,包括最高等级的 Mōbedān Mōbed(总祭司)、Grand Mōbed(大祭司)[1]、Mōγ Handarzbed 、Rad(这些祭司等级较高,其功能所知甚少)。Mōbed,是为省或城镇的祭司首领;dādwarān,即不同等级的法官。[2]在琐罗亚斯德教传统中,该等高级祭司,除 Grand Mōbed 外,在帕拉维文文献中屡见提及。如9世纪的大祭司扎德斯帕拉姆(Zādspram)记载道:"每个村庄委任一位值得信赖的证人,每个地区有一位懂得法律的法官,每个省有专职教律的 Mōbed,每个地区有一位纯洁的 Rad;然后设立 Mōγ(an)Handarzbed 和一位 Mōbedān Mōbed 主管他们。"[3]

第二系列的祭司,甚少参与公共事务管理,其中包括大部分经师(学者型祭司)和祭司教师,他们研究和教授《阿维斯陀经》及其注释所包含的宗教与学术传统;此外,还有那些负责仪式事务的祭司。这一系列祭司,如未加专门区分,则统称 mōγ(该词也常指称低层的管理祭司)。据法国著名的古波斯碑铭学家吉钮(Ph. Gignoux)研究,头衔为mōγmard 的级别稍高,专指负责最高级别圣火 Āteš Bahrām 的祭司。[4]3世纪萨珊国王沙普尔一世(Šābuhr Ⅰ)统治时的大祭司卡德尔(Kirdēr),其名衔是 hērbed,这一名词来自阿维斯陀语 aēθrapaiti-,意为"祭司教师"。[5] 帕拉维文的 hērbed 则出现在帕拉维文经典《宗教行事》(Dēnkard)的诸多章节中,尤其是转述《阿维斯陀经》者,这些内

〔1〕Ph. Gignoux, " Titres et fonctions religieuses sasanides d ' après les sources syriaques hagiographiques", *Acta Antiqua Academiae Scientiarum Hungarcae*,28,1983, pp. 191 – 203.

〔2〕M. Macuch, *Das sasanidische Rechtsbuch*, *Mātakdān ī Hazār Dātistān*(Teil Ⅱ)(Abhandlungen für die Kunde des Morgenlandes XLV,1), Wiesbaden,1981, p. 14. Ph. Gignoux, "Éléments de proso-pographie de quelques Mōbads sasanides", *Journal Asiatique*,270,1982, p. 261.

〔3〕B. T. Anklesaria, *Vichitakiha-i Zatsparam*, Bombay,1964, pp. 87 – 88.

〔4〕Ph. Gignoux, "Die religiöse Administration in sasanidischer Zeit: ein Ueberblick", *Kunst*, *Kultur und Geschichte der Achämenidenzeit und ihr Fortleben*(*Archäologische Mitteilungen aus Iran*, Ergänzungsband 10, ed. H. Koch and D. N. MacKenzie), Berlin,1983, p. 263.

〔5〕Chr. Bartholomae, *Altiranisches Wörterbuch*, Strassburg,1904, pp. 20 – 21.

容可能直接译自《阿维斯陀经》。[1] 如《宗教行事》第 6 章记载道，hērbed 身处光圈中，彼此对诵《阿维斯陀经》及注释；他们道德高尚，但生活清贫，平常从事耕田、采集火木等，盖与教理并无直接联系。[2] 由此看来，这些贫穷祭司的品格与 Mōbedān Mōbed 世俗权威的形象适成鲜明对比。[3] 9 世纪的阿拉伯史料，则将 hērbed 描述为仪式祭司。[4]

由以上论述可知，迄至萨珊波斯时期，"穆护"并非专指某一类的祭司，而是所有祭司阶层的泛称。同时，在古波斯政教合一的社会历史环境下，其也兼事司法、行政管理等其他职能。由此可见，仅就汉文史籍所记载的"穆护"，我们无从判断其具体身份，中文称之为"穆护"，可能仅限于对其祭司身份的认识而已，至于是何等级的祭司，其具体职责为何，则不得而知了。

据《周书·异域传下》记载："（波斯国）大官有摸胡坛，掌国内狱讼"，"其刑法：重罪悬诸竿上，射而杀之；次则系狱，新王立乃释之；轻罪则劓、刖若髡，或翦半须，及系排于项上，以为耻辱；犯强盗者，禁之终身；奸贵人妻者，男子流，妇人割其耳鼻。"[5] 一般认为，摸胡坛，即 mak-ku（mag-gu）-dan，为波斯司法部门的官吏。其中"摸胡"译自中古波斯语 magu，"坛"可与 herbeδān（法官）和 mobeδān（波斯僧之首）等的词尾勘同。而 magu 明显源于 magu-pat 一词，该词义为祭司长，为琐罗亚斯德教祭司首领。其中古伊朗语形式为：西北方言写作 mōgpat，阿拉美语借词为 mogpet；西南方言为 mōvpat，阿拉美语借词亦为 movpet，叙利亚语借词为 mwpt'，mwhpt'，mwhbt'；新波斯语为 mōbad。[6]《周书》

〔1〕D. M. Madan, *The Complete Text of the Pahlavi Dinkard*, 2 vols., Bombay, 1911, 734. 11ff., 752. 11 – 2, 754. 7.

〔2〕S. Shaked, *The Wisdom of the Sasanian Sages*, (*Dēnkard* Ⅵ), Persian Heritage Series 34, Boulder, Colorado, 1979, nos. D2, D3, D5, pp. 176 – 183.

〔3〕G. Kreyenbroek, "The Zoroastrian Priesthood after the Fall of the Sasanian Empire", *Transitionperiods in Iranian History*, Association pour l'avancement des Études Iraniennes 1987, p. 153.

〔4〕M. – L. Chaumont, "Recherches sur le clergé zoroastrien: Le hērbed", *Revue de l'Histoire des Religions* CLⅧ, 1960, pp. 163ff.

〔5〕《周书》卷 50《异域》，中华书局，1971 年，页 919 – 920。

〔6〕H. S. Nyberg, *A Manual of Pahlavi*, Part Ⅱ, Otto Harrassowitz·Wiesbaden, 1974, p. 122.

撰修于初唐,其使用"摸胡坛"而非"穆护"来指称古波斯的 magu,或许表明,其时中国人有关"穆护"的了解盖由中亚辗转而来,而非直接来自波斯本土。

5.3 入华穆护史事辨析

最早入华的穆护,现存汉籍所记明确可考者,当数来自中亚何国的何禄,事首见于北宋佛僧赞宁(919—1001 年)《大宋僧史略》卷下《大秦末尼》条:

> 火祆(火煙切)教法,本起大波斯国。号苏鲁支,有弟子名玄真,习师之法,居波斯国大总长,如火山,后行化于中国。贞观五年,有传法穆护何禄,将祆教诣阙闻奏。[1]

南宋姚宽(1105—1162 年)《西溪丛语》卷上亦提到何禄入华史事:

> 至唐贞观五年,有传法穆护何禄,将祆教诣阙闻奏,勅令长安崇化坊立祆寺……[2]

南宋咸淳七年(1271 年)刊行的释志磐《佛祖统纪》卷 54 亦载曰:

> 初波斯国有苏鲁支,行火祆教,弟子来化中国。唐正(贞之误,引者按)观五年,其徒穆护何禄诣阙进祆教,勅京师建大秦寺。[3]

遵"蕃人多以部落称姓,因以为氏"[4]的胡姓汉译通例,何禄应来自中亚昭武九姓的何国。[5] 复据《隋书·西域传》的记载,何国附属于康国:"康国者……名为强国,而西域诸国多归之。米国、史国、曹国、何

---

[1]〔宋〕赞宁《大宋僧史略》,见日本大正新修《大藏经》(54),No. 2126,财团法人佛陀教育基金会出版部,1990 年 3 月初版,页 253 中。

[2]〔宋〕姚宽撰,孔凡礼点校《西溪丛语》(《西溪丛语·家世旧闻》,唐宋史料笔记丛刊),中华书局,1993 年,页 42。

[3]〔南宋〕释志磐撰《佛祖统纪》,见苏渊雷、高振农选辑《佛藏要辑选刊》(十二),上海古籍出版社,1994 年,页 346。

[4]《旧唐书》卷 104《歌舒翰传》,中华书局,1975 年,页 3211。

[5]如《祆教史》的作者即将何禄作为中亚何国入华的穆护来介绍,见龚方震、晏可佳《祆教史》,上海社会科学院出版社,1998 年,页 260。

国、安国、小安国、那色波国、乌那曷国、穆国皆归附之。有胡律,置于祆祠,决罚则取而断之。"[1]"何国,都那密水南数里,旧是康居之地也。其王姓昭武,亦康国王之族类,字敦。都城方二里。胜兵千人。其王坐金羊座。东去曹国百五十里,西去小安国三百里,东去瓜州六千七百五十里。大业中,遣使贡方物。"[2]而依《通典·边防典》,何国"风俗与康国同":

> 何国,隋时亦都那密水南数里,亦旧康居地也。其王姓昭武,亦康国之族类。国城楼北壁画华夏天子,西壁则画波斯、拂菻诸国王,东壁则画突厥、婆罗门诸国王。胜兵千人。其王坐金羊座。风俗与康国同。东去曹国百五十里,西去小安国三百里,东去瓜州六千七百五十里。大业中及大唐武德、贞观中,皆遣使来贡。[3]

其中何国"风俗与康国同",乃《通典》特有史料。研究者认为"《通典》'何国'条主要抄袭《隋书·西域传》,国城楼绘诸帝及'风俗与康国同'为其增补者,所据疑为《西域图记》"[4]。

有关何国国城楼绘诸帝的情形,《新唐书·西域传》亦有记载:

> 何,或曰屈霜你迦,曰贵霜匿,即康居小王附墨城故地。城左有重楼,北绘中华古帝,东突厥、婆罗门,西波斯、拂菻等诸王,其君旦诣拜则退。贞观十五年,遣使者入朝。永徽时上言:"闻唐出师西讨,愿输粮于军。"俄以其地为贵霜州,授其君昭武婆达地刺史。遣使者钵底失入谢。[5]

屈霜你迦,乃梵语化词 Kuṣāṇika、中世波斯语 Kusānik、阿拉伯语 Kušāniyya(库沙尼亚)之对音,位于今中亚撒马尔罕西北约 75 公里的库沙尼亚。马迦特认为,"何"乃阿拉伯语 Qayy 或 Qayyi 之音译,并举出穆斯林地理学家伊斯塔赫里记载说,贵霜匿为"粟特的文化最高之城,粟特诸城之心脏";伊本·豪加勒也说,Qayy 或 Qayyi 为粟特一个

〔1〕《隋书》卷 83《西域传》,中华书局,1973 年,页 1848 – 1849。
〔2〕《隋书》卷 83《西域传》,页 1855。
〔3〕〔唐〕杜佑撰,王文锦等点校《通典》卷 193《边防》九,中华书局,1988 年,页 5257。
〔4〕李锦绣、余太山《〈通典〉西域文献要注》,上海人民出版社,2009 年,页 175。
〔5〕《新唐书》卷 221 下,页 6247。

区,乃"粟特之心脏"。[1] 粟特地区本为波斯、印度、拜占庭、中国等几大文明交汇之处,处于粟特心脏的何国自更易受多种文化的影响。

何国与中国较早建立了联系。据《通典》卷 193 记载,何国"大业中及大唐武德、贞观中,皆遣使来贡"[2]。另据《册府元龟》卷 970 记载,何国早在贞观元年(627 年)五月即遣使朝贡。[3] 前引《新唐书》又记贞观十五年(641 年)何国遣使入朝;显庆三年(658 年)唐朝在何国设贵霜州,何国君昭武婆达地遣使者钵底失入谢。[4] 何国于唐朝仰敬有加,其何禄于贞观五年入朝并介绍祆教当有其事。宋人所录或据佚失之唐代政书。而何禄身份为穆护,似可反证何国祆教流行的情况。有关何国风俗,除上引史料表明其与康国同外,《太平寰宇记》另又记道:"若中国使至,散花迎之,王东面拜,又以麝香涂使人额,以此为重。"[5] 而据《唐会要》卷 100"波斯国"条,波斯国"俗事天地水火诸神,西域诸胡事火祆者,皆诣波斯受法。其事神,以麝香和苏涂须点额,及于耳鼻,用以为敬"[6]。何国欢迎唐朝使者的仪式与波斯敬奉火祆的仪式如出一辙。许序雅先生正是据此而推论何国也奉祆教。[7]

不过,何禄显然并非第一位入华的穆护,早在武德四年,也就是何禄入华前十年,长安即有建立祆祠的记录:"布政坊西南隅胡祆祠,武德四年(621)立。"[8] 依常理推测,这座祆祠中当有专职祭司负责主持仪式。又据学者研究,至迟在北朝之前,祆教已传入内地。入华的祆教

---

〔1〕马迦特《古突厥碑铭年代考》,页 60。引自季羡林等《大唐西域记校注》,中华书局,2000 年,页 92 – 93。

〔2〕〔唐〕杜佑撰,王文锦等点校《通典》卷 193,页 5257。

〔3〕《册府元龟》卷 970,第 20 册,台湾中华书局,1996 年,页 11397。

〔4〕《新唐书》卷 221,页 6247。

〔5〕〔宋〕乐史撰,王文楚等点校《太平寰宇记》卷 183,见《四夷十二·西戎四·何国》,中华书局,2007 年,页 3496 – 3497。

〔6〕〔宋〕王溥《唐会要》卷 100,页 2118。类似记载亦见《旧唐书》卷 198,页 5311;《新唐书》卷 221 下,页 6258。

〔7〕许序雅《唐代丝绸之路与中亚历史地理研究》,西北大学出版社,2000 年,页 120 – 123;《〈新唐书·西域传〉所记中亚宗教状况考辨》,载《世界宗教研究》2002 年第 4 期,页 126。

〔8〕韦述《两京新记》卷 3,宋敏求《长安志》卷 10。见〔日〕平冈武夫编《唐代的长安和洛阳(资料)》,上海古籍出版社,1989 年,页 116、185。辛德勇《两京新记辑校》(《两京新记辑校·大业杂记辑校》,魏全瑞主编《长安史迹丛刊》),三秦出版社,2006 年,页 34。

徒中必不乏专事仪式的穆护,只缘该教不热衷于向外传教,祭祀仪式未必很公开,故这些专职祭司不易为外人所知。比如《魏书》卷 13《灵太后传》便透露其时后魏宫廷里面,可能有火祆教僧侣在活动:

> 太后自以行不修,惧宗室所嫌,于是内为朋党,防蔽耳目,肃宗所亲幸者,太后多以事害焉。有蜜多道人,能胡语,肃宗置于左右。太后虑其传致消息,三月三日于城南大巷中杀之[1]

据已故国立澳洲大学柳存仁教授(1916—2009 年)考证:

> 蜜多非人名,蜜多者,盖谓奉蜜多(Mithra)之拜火教士。蜜多系波斯文之对音,其神本伊朗旧信仰中所有,其后在正统之拜火教中,亦复崇奉[2]

Mithra 乃琐罗亚斯德教的一个重要神名[3]《新阿维斯陀经·诸神颂》中,即有专颂该神篇章[4] 因此,蜜多道人很可能就是活动于后魏宫廷之火祆教祭司[5]

何禄乃来自中亚粟特何国的穆护,表明中亚祆教与波斯本土的承继关系。上文我们提及有关穆护的情况,均见于古波斯文献的记录,反映的是波斯本土的情况。而何禄来自粟特何国,表明在粟特本土亦有此类祭司存在。这一点也从粟特语文献中得到证实。1933 年春,在泽拉夫善河上游、片治肯特以东的穆格山(Mugh)发现大量粟特语文书,个中有两个负责祆教事务的职官称谓,即 mwγpt-和 βγnpt。著名伊朗学家亨宁(W. B. Henning)教授在《粟特神祇考》一文中将前者释为“穆护长”(chief magus),将后者释为“祠主”(lord of the temple)[6] 姜伯

〔1〕《魏书》卷 13《皇后列传》第一,中华书局,1974 年,页 339 – 340。

〔2〕Liu T’sun-yan,“Traces of Zoroastrian and Manichaean Activities in Pre-T’ang China”,in *Selected Papers from the Hall of Harmonious Winds*,Leiden,1976,p. 13. 经修订作《“徐直事为”考——并论唐代以前摩尼、拜火教在中国之遗痕》,收入香港中国语文学会编《王力先生纪念论文集·中文分册》,三联书店香港分店,1987 年,页 94。

〔3〕Mary Boyce,“On Mithra’s Part in Zoroastrianism”,*BSOAS*,Vol. ⅩⅩⅫ:Ⅰ,1969,pp. 10 – 34.

〔4〕Ilya Gershevitch,*The Avestan Hymn to Mithra*,Cambridge,at the University Press,1959.

〔5〕林悟殊《波斯拜火教与古代中国》,台北新文丰出版公司,1995 年,页 154。

〔6〕W. B. Henning,“A Sogdian God”,*BSOAS*,Vol. ⅩⅩⅧ:Ⅱ,1965,p. 250。

勤先生指出,这两个称呼分别相当于《通典》所记主事祆教的萨宝府视流内官"祆正"和视流外官"祆祝"。[1] 不过值得注意的是,"祆正"与"祆祝"乃中原王朝专为管理西域侨民的宗教事务而设,而"穆护长"和"祠主"是波斯和粟特地区琐罗亚斯德教固有的教阶称谓,两者之差异或多于共性。

由以上论述可知,汉文献有关"穆护"的记载,反映的应是时人对中亚粟特地区祆教祭司的认识,倒未必是对波斯本土琐罗亚斯德教祭司阶层有多深的了解,这一点也正好印证了蔡鸿生先生关于"唐宋火祆教与其文化本原相比,或因'辗转间接'而染上中亚色彩,已非波斯本土之正宗,而为昭武九姓之变种"[2]的论断。

5.4 《穆护歌》与穆护关系辨

就穆护在中古社会产生的影响,以往学界多引唐宋乐府《穆护歌》为例证,咸将《穆护歌》之穆护比定为祆教穆护,并进而认为《穆护歌》就是祆庙所用的赛神曲。然笔者考索文献,发现并无明确证据表明《穆护歌》与祆教有何直接联系。

唐崔令钦《教坊记》曲名表已列有《穆护子》。[3] 宋代郭茂倩编《乐府诗集》卷80《近代曲辞》二,有《穆护砂》,乃四句五言,引《历代歌辞》曰:"《穆护砂》曲,犯角。"其曲辞内容为:"玉管朝朝弄,清歌日日新。折花当驿路,寄与陇头人。"[4]明代文学家胡震亨《唐音癸签》卷

---

〔1〕姜伯勤《论高昌胡天与敦煌祆寺》,载《世界宗教研究》1993 年第 1 期,页 4 - 5;经修订作《高昌胡天祭祀与敦煌祆祀》,见其著《敦煌艺术宗教与礼乐文明》,中国社会科学出版社,1996年,页 483 - 484;并见《高昌敦煌的萨宝制度与胡祆祠》,载其著《敦煌吐鲁番文书与丝绸之路》,文物出版社,1994 年,页 233 - 234。另参其文《萨宝府制度源流论略》,刊饶宗颐主编《华学》第 3辑,紫禁城出版社,1998 年,页 296。

〔2〕蔡鸿生《〈波斯拜火教与古代中国〉序》,收入其著《学境》,香港博士苑出版社,2001 年,页 154 - 155。

〔3〕任半塘《教坊记笺订》,中华书局,1962 年,页 134。

〔4〕〔宋〕郭茂倩《乐府诗集》第 4 册,中华书局,1998 年重印,页 1125。

13 指出："《穆护子》即《穆护砂》也。"[1]任半塘《教坊记笺订》谓："（穆护子）乃五言四句声诗，应与《乐府诗集》所见之穆护砂同出于大曲穆护，'砂'原作'煞'，谓大曲之尾声也。北曲仙吕宫之《祆神急》与此曲应亦有关。穆护为唐时祆教僧侣之称。民间必已甚惯用，如颜真卿之子硕，小名穆护。"[2]有关《穆护歌》的源流，当代著名学者饶宗颐先生曾发表长文《穆护歌考》，并由此歌而推究祆教入华原委。其主要观点，仍是认为《穆护歌》之穆护乃祆教僧侣，此歌即为祆教赛神曲。[3]饶先生并非首位考察这一问题的学者，不过由于饶文所论宏富，其结论广为后来治祆教史者所征引。[4] 窃以为，考察《穆护歌》之穆护何所指，关键不在于证明"穆护"是否为祆教僧侣，而在于其内容是否与祆教有关。而观诸家所论，唯以"穆护"即火祆教僧侣为当然前提，将《穆护歌》比定为祆教赛神曲。

有关《穆护歌》之来历，宋代学者多有论述。黄庭坚初谪黔州时曾记录道：

> 向尝问南方衲子云：牧护歌（显然即穆护歌——引者注）是何等语？皆不能说。后见刘梦得作夔州刺史时乐府，有牧护歌，似是赛神曲，亦不可解。及在黔中，闻赛神者夜歌，乃云："听说侬家牧护。"末云："莫酒烧钱归去。"虽长短不同，要皆自叙，致五七十语，乃知苏侯嘉州人，故作此歌，学巴人曲，犹石头学魏伯阳作参同契也。[5]

6 年后，即建中靖国元年（1101 年），庭坚遇赦东归时，对《牧护歌》有进一步的考察：

〔1〕〔明〕胡震亨《唐音癸签》卷13，见故宫博物院编《唐音统签》第 14 册，故宫珍本丛刊，第 608 册，海南出版社，2000 年。

〔2〕任半塘《教坊记笺订》，页 134。

〔3〕饶宗颐《穆护歌考——兼论火祆教入华之早期史料及其对文学、音乐、绘画之影响》，此据《选堂集林·史林》中册，香港中华书局，1982 年，页 472 - 509。

〔4〕姜伯勤《唐会昌毁祆后的祆祠与祆僧》，载《华学》第 7 辑，中山大学出版社，2004 年，页 219 - 222。姚崇新《中古艺术宗教与西域历史论稿》，商务印书馆，2011 年，页 325 - 347。

〔5〕〔宋〕黄庭坚《豫章黄先生文集》卷25，见《四部丛刊》初编第 992 册，景嘉兴沈氏藏宋刊本。

苏溪作此歌。余尝问深知教相俗讳,人皆莫能说牧护之义。余昔在巴、蜀间六年,问诸道人,亦莫能说。他日船宿云安野次,会其人祭神罢而饮福,坐客更起舞而歌木瓠,其词有云:听说商人木瓠,四海五湖曾去。中有数十句,皆叙贾人之乐,末云:一言为报诸人,倒尽百瓶归去。继有数人起舞,皆陈述己事,而始末略同。问其所以为木瓠,盖刳曲木状如瓠,击之,以为歌舞之节云,乃悟"牧护"盖"木瓠"也。如石头和尚因魏伯阳《参同契》也,其体制便皆似之,编《传灯录》时,文士多窜翰墨于其间,故其不知者辄改定以就其所知耳,此最校书之病也。崇宁三年(1104 年)八月,宜州喧寂斋重书。[1]

庭坚所提刘禹锡曾作《牧护歌》,今不传。不过其提到的苏溪和尚所作《牧护歌》则流传至今,词云:

听说衲僧牧护,任运逍遥无住。一条百衲瓶盂,便是生涯调度。为求至理参寻,不惮寒暑辛苦。还曾四海周游,山水风云满肚。内除戒律精严,不学威仪行步。三乘笑我无能,我笑三乘谩做。智人权立阶梯,大道本无迷悟。达者不假修治,不在能言能语。披麻目视云霄,遮莫王侯不顾。道人本体如然,不是知佛去处。生也犹如着衫,死也还同脱裤。生也无喜无忧,八风岂能惊怖。外相犹似痴人,肚里非常峭措。活计虽无一钱,敢与君王斗富。愚人摆手憎嫌,智者点头相许。那知傀儡牵抽,歌舞尽由行主。一言为报诸人,打破画瓶归去。[2]

饶宗颐先生疑"苏阴"、"苏侯"、"苏溪",为婆罗钵文(中古波斯文,Pahlavi)"Sūrēn"的音译,故而苏阴其人可能出自萨珊波斯王朝祆教豪族Sūrēn 部族,即与 1955 年西安出土的唐咸通十五年(874 年)汉婆合璧墓志中的苏谅氏同族。这一推断也得到学者的认同:"饶先生的推论很有见地,一方面对音上可以成立,且同一人名在汉文用字上的不统

〔1〕〔宋〕黄庭坚《山谷别集》卷 10,文渊阁四库全书本,第 1113 册,页 629。
〔2〕〔宋〕释道原《景德传灯录》卷 30,永乐北藏本,第 154 册,线装书局,2008 年,页 412。

一正表明这一名字可能出自外来语的音译,而'苏阴'、'苏俣'、'苏溪'也显然不像佛教的法号;另一方面,苏阴熟谙穆护歌的情况正好与Sūrēn部族的袄教信仰背景相合。只不过可能因为苏阴家族入华既久,到黄庭坚时代,苏阴及其家族或已改信佛教,故而被称作'苏阴和尚'。"[1]按,苏溪和尚,嗣灵默,世称五洩小师,在婺州。《五灯会元》卷4《五洩默禅师法嗣》有"婺州苏溪和尚"。"苏溪和尚,僧问:'如何是定光佛?'师曰:'鸭吞螺师。'曰:'还许学人转身也无?'师曰:'眼睛突出。'"[2]《五灯会元》卷3记载灵默禅师于唐元和十三年(818年)三月二十三日圆寂,[3]则苏溪和尚牧护歌,当作于此后。由此可见,苏溪为佛教僧侣,其法系清晰,不容置疑。况且,考察其所作《牧护歌》内容,更与袄教无涉,而只是"演唱自己的修行和对佛道的体悟,这和黄庭坚所闻的侬家牧护歌内容上虽然不同,但形式上是一致的"[4]。然而,或有学者称"从前引苏溪和尚牧护歌通篇内容来看,反映了原牧护僧人身着衲衣游方的情景,也反映了会昌毁灭后,袄教'牧护'僧人仍身着衲衣游方的情景"[5],似有点想当然。其实,苏溪和尚既然是一个地道的汉地和尚,所作《牧护歌》又纯属汉传佛教思想,即便其先祖来自异族,但汉化已历世代,就其名字而来溯其族源已无甚意义。诚如陈寅恪先生在考论白居易种族时所说:

> 鄙意白氏与西域之白或帛氏有关,自不俟言,但吾国中古之时,西域胡人来居中土,其世代甚近者,殊有考论之价值。若世代甚远久,已同化至无何纤微迹象可寻者,则止就其仅馀之标帜即胡姓一事,详悉考辨,恐未必有何发见,而依吾国中古史"种族之分,多系于其人所受之文化,而不在其所承之血统"之事例言之,则此类问题亦可不辨。故谓元微之出于鲜卑,白乐天出于西域,固

〔1〕姚崇新《中古艺术宗教与西域历史论稿》,页327。

〔2〕〔宋〕普济著,苏渊雷点校《五灯会元》上册,中华书局,2011年,页222。

〔3〕〔宋〕普济著,苏渊雷点校《五灯会元》上册,页148。

〔4〕伍联群《婺州"穆护歌"考辨》,载《黄钟》(武汉音乐学院学报)2010年第1期,页116。

〔5〕姜伯勤《唐会昌毁袄后的袄祠与袄僧》,页219。

非妄说，却为赘论也。[1]

据《山谷别集》的记载，在巴蜀生活6年，黄鲁直对《穆护歌》有了更进一步的了解，比如他从乐器形制入手考证《穆护歌》之来历。这一点，南宋文人张邦基也有所注意，其所著《墨庄漫录》卷4就曾引录了《山谷别集》的记载：

> 苏阴和尚作《穆护歌》，又地理风水家亦有《穆护歌》，皆以六言为句而用侧韵。黄鲁直云："黔南巴、夔间，赛神者皆歌《穆护》，其略云'听唱商人穆护，四海五湖曾去'。因问穆护之名，父老云：'盖木瓠耳。曲木状如瓠，击之以节歌耳。'"

> 予见淮泗村人多作炙手歌，以大长竹数尺，刳去中节，独留其底，筑地逄逄若鼓声。男女把臂成围，扩髀而歌，亦以竹筒筑地为节。

> 四方风俗不同，吴人多作山歌，声怨咽如悲，闻之使人酸辛。柳子厚云："欸乃一声山水绿。"此又岭外之音，皆此类也。[2]

洪迈也支持穆护乃木瓠之变，氏著《容斋四笔》卷8记载：

> 郭茂倩编次《乐府诗》《穆护歌》一篇，引《历代歌辞》曰："曲犯角。"其语曰："玉管朝朝弄，清歌日日新。折花当驿路，寄与陇头人。"黄鲁直《题牧护歌后》云："予尝问人此歌，皆莫能说牧护之义。昔在巴、夔间六年，问诸道人，亦莫能说。他日，船宿云安野次，会其人祭神罢而饮福，坐客更起舞而歌木瓠。其词有云：'听说商人木瓠，四海五湖曾去。'中有数十句，皆叙贾人之乐，末云：'一言为报诸人，倒尽百瓶归去。'继有数人起舞，皆陈述已事，而始末略同。问其所以为木瓠，盖刳曲木状如瓠，击之以为歌舞之节耳。乃悟'穆护'盖'木瓠'也。"据此说，则茂倩所序，为不知本原

[1]陈寅恪《白乐天之先祖及后嗣》，载其著《元白诗笺证稿》，上海古籍出版社，1978年，页307-308；北京三联书店，2001年，页317。有关陈先生"胡化"、"汉化"说的学术意义，可参阅林悟殊《陈寅恪先生"胡化"、"汉化"说的启示》，载《中山大学学报》(社会科学版)2000年第1期，页42-47。
[2][宋]张邦基著，孔凡礼点校《墨庄漫录》(《墨庄漫录·过庭录·可书》，唐宋史料笔记丛刊)卷4，中华书局，2002年，页116。

云。且四句律诗,如何便差排为犯角曲,殊无意义。[1]

洪迈引黄鲁直之说,以驳斥郭茂倩所序,实际是支持黄鲁直有关穆护的考证的。黄震也认为"牧护歌,巴峡祭神,刳曲木如瓠,击而歌舞。盖木瓠字误为牧护"[2],认为"牧护歌是巴中赛神曲"[3]。由此可见,以穆护为"木瓠"二字之音变,似可聊备一说。[4]

上引黄、张、洪诸氏都记录了"听唱商人穆护(木瓠)",表明此《穆护歌》或与估客有关。而观前引苏溪和尚所作,《穆护歌》似乎经常为其"四海周游"时所吟唱,这正与商人的活动类似。因此"商人穆护"表现的正是商人四处奔走的辛苦情形。如是之"商人穆护",其调或曾受胡调影响,但词必为汉词无疑。是以唱者当为汉贾或华化胡贾。

黄山谷是北宋著名书家,其曾专门师法唐代大书法家颜真卿,对颜氏生平当颇为熟悉。史载颜氏因与胡人交往,而为其子取名穆护,[5]黄山谷对此事当已熟知。若《穆护歌》果与祆教有关,山谷在考《穆护歌》来历时,谅不会不顾及与胡人之联系。又如张邦基,其于祆教颇为关注,《墨庄漫录》卷4记载:

> 东京城北有祆庙(呼烟切)。祆神本出西域,盖胡神也。与大秦穆护同入中国,俗以火神祠之。京师人畏其威灵,甚重之。其庙祝姓史,名世爽,自云家世为祝累代矣。藏先世补受之牒凡三:有曰怀恩者,其牒,唐咸通三年(862年)宣武节度使令狐绹给,令狐者,丞相绹也;有曰温者,周显德三年(956年)端明殿学士、权知开封府王所给,王乃朴也;有曰贵者,其牒亦周显德五年(958年)枢密使、权知开封府王所给,亦朴也。自唐以来,祆神已祀于汴矣,而其

〔1〕〔宋〕洪迈撰,孔凡礼点校《容斋随笔》(唐宋史料笔记丛刊)下册,中华书局,2005年,页722-723。

〔2〕〔宋〕黄震《黄氏日抄》卷56,景印文渊阁四库全书,第708册,页589。

〔3〕〔宋〕黄震《黄氏日抄》,页585。

〔4〕邓少琴教授曾认为"穆护"为巴族方言,见其著《巴蜀史迹探索》,四川人民出版社,1983年,页38。对此,胡昌健先生在一篇未刊文中已辩驳,可以参看,见其文《"穆护歌"考》(http://hjj19560222.blog.163.com/blog/static/43443223200922895430706/,2012年4月23日访问),惜所论过于简单。

〔5〕〔宋〕王谠撰,周勋初校证《唐语林校证》卷6,下册,中华书局,1987年,页524。

祝乃能世继其职,逾二百年,斯亦异矣。

今池州郭西英济王祠,乃祀梁昭明太子也。其祝周氏,亦自唐开成年(836—840 年)掌祠事至今,其子孙今分为八家,悉为祝也。

噫,世禄之家,能箕裘其业,奕世而相继者,盖亦甚鲜,曾二祝之不若也。

镇江府朱方门之东城上,乃有祆神祠,不知何人立也。[1]

从此段史文,足见作者曾对祆教多所研究,个中蕴含唐宋祆祠庙祝华化的珍贵讯息。[2] 张邦基于祆教如此关注有加,其亦未将穆护与《穆护歌》相联系。黄、张二氏在考《穆护歌》来历时,并未将其与祆教穆护联系起来,似可默证《穆护歌》与祆教本非一家。

另,北宋《崇文总目》五行类有《穆护词》一卷,乃李燕撰。[3]《宋史·艺文志》五行类有李燕《穆护词》,自注一作《马融消息机口诀》。[4] 同书李燕有《三命》一卷、《三命诗》一卷、《三命九中歌》一卷。[5] 饶宗颐先生据此认为:"其人盖术数家者流。……由是观之,宋时之穆护词,亦多施于五行堪与之歌诀。"[6] 进一步表明《穆护歌》题材、内容广泛,未必与祆教有涉。

将《穆护歌》与祆教穆护联系起来,就目前所见文献记载来看,乃始于南宋姚宽《西溪丛语》的记录,姚氏引山谷《题牧护歌》而论之曰:

祆之教法盖远,而穆护所传,则自唐也。苏溪作歌之意,正谓旁门小道似是而非者,因以为戏,非效参同契之比。山谷盖未深考耳。且祆有祠庙,因作此歌以赛神,固未知刘作歌诗止效巴人之

---

〔1〕〔宋〕张邦基著,孔凡礼点校《墨庄漫录》,页 110 - 111。

〔2〕张小贵《唐宋祆祠庙祝的汉化——以史世爽家族为中心的考察》,载《中山大学学报》(社会科学版)2005 年第 3 期,页 72 - 76;收入其著《中古华化祆教考述》,文物出版社,2010 年,页 39 - 58。

〔3〕〔宋〕王尧臣等撰,〔清〕钱东垣等辑释《崇文总目》,见《宋元明清书目题跋丛刊》第 1 册,中华书局,2006 年,页 145。

〔4〕《宋史》卷 206,中华书局,1977 年,页 5251。

〔5〕《宋史》卷 206,页 5250。

〔6〕饶宗颐《穆护歌考》,页 475。

语,亦自知其源委也。[1]

姚氏所论也得到了后世学者的认同。明代方以智《通雅》卷 29 谓:"穆护煞,西曲也。乐府有穆护沙。……(彰德之)木斛沙,即穆护沙。"其讨论《穆护歌》之原委,结论云:"始或以赛火祆之神起名,后人教坊乐府,文人取其名作歌,野人歌以赛神,乐人奏以为水调。皆可乐曲,必煞煞讹为沙。"[2]其实,姚氏批评山谷对《穆护歌》"未深考",而其自身则"求之过深,近乎穿凿"。姚宽,今浙江绍兴人,生活在 12 世纪的南宋,未必曾目睹祆教徒的赛神活动,而前此之文献,如上所述,盖未提及《穆护歌》与祆教之联系。是以,姚宽把其作为祆庙"赛神曲",未知何据。尽管穆护歌最初创制的时间已不可考,但其无疑流行于中晚唐时期。其曲名,甚或曲风初创时受到西来文化影响自极有可能;但如果说该曲调就是祆教之赛神曲,则似不可信。考汉籍所载及的祆教宗教仪式活动,一种是以祠庙为中心,如陈垣先生所征引的《朝野金载》卷 3 所记:

> 河南府立德坊及南市西坊皆有胡祆神庙。每岁商胡祈福,烹猪羊,琵琶鼓笛,酹歌醉舞。酹神之后,募一胡为祆主,看者施钱并与之。其祆主取一横刀,利同霜雪,吹毛不过,以刀刺腹,刃出于背,仍乱扰肠肚流血。食顷,喷水咒之,平复如故。此盖西域之幻法也。

> 凉州祆神祠,至祈祷日祆主以铁钉从额上钉之,直洞腋下,即出门,身轻若飞,须臾数百里。至西祆神前舞一曲即却,至旧祆所乃拔钉,无所损。卧十馀日,平复如故。莫知其所以然也。[3]

就该等记载看,祆庙祭祀应是配有乐舞的。不过,这种惊险的表演,其所配合乐曲显然应是急旋律的,而从上揭《穆护歌》的汉文歌词那种抒

〔1〕〔宋〕姚宽撰,孔凡礼点校《西溪丛语》,页 41、43。

〔2〕〔明〕方以智《通雅》卷 29,景印文渊阁四库全书,第 857 册,页 568。

〔3〕〔唐〕张鷟撰,赵守俨点校《朝野金载》(《隋唐嘉话·朝野金载》,唐宋史料笔记丛刊),中华书局,1979 年,页 64 - 65。敦煌文书 S.367《沙州伊州地志残卷》(写于光启元年,885 年)有类似记载,见中国社会科学院历史研究所、中国敦煌吐鲁番学会敦煌古文献编辑委员会、英国国家图书馆、伦敦大学亚非学院编《英藏敦煌文献》第 1 卷,四川人民出版社,1990 年,页 158;录文参考唐耕耦、陆宏基《敦煌社会经济文献真迹释录》第 1 辑,书目文献出版社,1986 年,页 40 - 41。

情格调看,与急旋律的曲调显然不合拍。

见于汉文献所记的祆教另一种宗教仪式活动,即为"赛祆"。胡汉杂居的敦煌地区在归义军时期,祆神崇拜蔚然成风,赛祆成为当地一种民俗。[1] 姜伯勤教授曾对"赛祆"下过一个定义:"赛祆是一种祭祀活动,有祈福、酒宴、歌舞、幻术、化装游行等盛大场面,是粟特商胡'琵琶鼓笛、酣歌醉舞'的庙会式的娱乐活动。"[2] 在这种活动中,即便有"穆护曲",也不可能是唯一的曲调。何况,在这种热烈激情的场面,其"穆护曲"的调子,亦不一定能适合苏溪和尚等所用。

其实,无论是前引苏溪所作《穆护歌》,还是《乐府诗集》所收入的《穆护辞》,均属典型的汉文原创作品。如后者后两句即本于晋陆凯赠范晔诗"折花奉驿使,寄与陇头人。江南无所得,聊赠一枝春"[3]之前两句。只不过入乐后,将"折花奉驿使"改为了"折花当驿路"。这符合近代曲辞中小曲"选诗入乐"的创作方式,也有助于唐代诗歌艺术水平的锤炼与提高。[4] 即便这些诗作咏唱的调子曾用于赛神活动,汉地之采用其调,也绝非出于信仰的原因,而不过是把其作为一种胡调引进而已。在宗教内涵上,两者盖已风马牛不相及。

同样,从隋唐乐府诗歌创制的角度来看,《穆护歌》之牌名取自西域或胡人音乐,也是有可能的。隋唐之际,正是中原音乐与西域音乐大融合大发展的时期。据《通典》卷146记载:"《燕乐》,武德初,未暇改作,每燕享,因隋旧制,奏九部乐。至贞观十六年十一月,宴百寮,奏十部。先是,伐高昌,收其乐,付太常。至是增为十部伎。"[5] 这十部伎中,真正属于中原传统音乐的仅有清商一部,具有国别特色的胡乐则占据了宫廷音乐的主导地位。一般认为,作为乐种概念的隋唐燕乐,主

---

〔1〕详参林悟殊《波斯琐罗亚斯德教与中国古代的祆神崇拜》,刊余太山主编《欧亚学刊》第1辑,中华书局,1999年,页207 - 227;其著《中古三夷教辨证》,页316 - 345。

〔2〕姜伯勤《敦煌吐鲁番文书与丝绸之路》,页255 - 256。

〔3〕《太平御览》卷409引《荆州记》,四部丛刊三编子部,第11册。

〔4〕袁绣柏、曾智安《近代曲辞研究》,北京大学出版社,2009年,页159 - 164。

〔5〕〔唐〕杜佑撰,王文锦等点校《通典》卷146《乐》六,页3720。

要是中原传统音乐与胡乐融合的结果。[1] 沈括《梦溪笔谈》记载:"自唐天宝十三载,始诏法曲与胡部合奏,自此乐奏全失古法,以先王之乐为雅乐,前世新声为清乐,合胡部者为宴乐。"[2]《唐会要》卷33"燕乐"条记载:"武德初,未暇改作,每燕享,因隋旧制,奏九部乐:一燕乐,二清商,三西凉,四扶南,五高丽,六龟兹,七安国,八疏勒,九康国。"[3]《乐府诗集》将《穆护砂》作为"近代曲辞"收录,而《穆护子》则见收于前引《教坊记》。[4] 彼等内容唯托兴寄情,与祆无涉。因此将《穆护歌》视为祆教赛神曲,既无确凿的事实为证,于古代诗歌创作之道亦难解。

5.5 结语

由以上论述可知,汉文献所记载的"穆护",乃音译自古伊朗语文,其应是对波斯琐罗亚斯德教所有祭司阶层的泛称,而并非专指某一类的祭司。同时,在古波斯政教合一的社会历史环境下,其也兼事司法、行政管理等其他职能。仅就汉文史籍所记载的"穆护",我们无从判断其具体身份,中文称之为"穆护",可能仅限于对其祭司身份的认识而已,至于是何等级的祭司,其具体职责为何,则不得而知了。史文明确记载的首位入华穆护乃来自中亚粟特何国,因此汉文献有关"穆护"的记载,反映的应是时人对中亚粟特地区祆教祭司的认识,倒未必是对波斯本土琐罗亚斯德教祭司阶层有多深的了解。唐宋乐府辞中的《穆护辞》或《穆护歌》,均属典型的汉文原创作品。即便这些诗作咏唱的调子曾用于赛神活动,汉地之采用其调,也绝非出于信仰的原因,而不过是把其作为一种胡调引进而已。在宗教内涵上,两者盖已风马牛不相及。

(原刊《文史》2013 年第 2 期)

---

〔1〕袁绣柏、曾智安《近代曲辞研究》,页58。

〔2〕〔宋〕沈括《梦溪笔谈》卷5,上海书店出版社,2003 年,页38。

〔3〕〔宋〕王溥《唐会要》卷33,页609。

〔4〕〔明〕高棅编选《唐诗品汇》(卷43,上海古籍出版社,1988 年 7 月第 2 版,页417)将该辞属张祜;《全唐诗》(卷511,中华书局,1960 年,页5832 - 5833)因之。对此,尹占华、袁绣柏与曾智安诸先生已经详辨,可以信从。见尹占华校注《张祜诗集校注》,巴蜀书社,2007 年,页555;袁绣柏、曾智安《近代曲辞研究》,页210 - 212。

6 宋代米芾族源及其信仰

　　米芾(1051—1107年)为宋代著名书画家,与蔡襄、苏轼、黄庭坚并称为"宋四家"。有关其世系与信仰,学界众说纷纭。宋人谓其为国初勋贵米信之后;[1]其自号楚国鬻熊后人、火正后人(盖以米即芈也);[2]明代又有人说他是回人。[3] 而有关米芾的宗教信仰,近代以来学者多采用明人观点,认为米芾为伊斯兰教徒。[4] 1987年马里千先生发表《米芾民族和宗教信仰的疑问》,指出其为火祆教徒。[5] 1988年罗绍文先生发表《米芾为西域人后裔考》,指出米芾为西域佛国"众香国"后裔,并从米芾印章、好洁、葬俗等方面论证其信祆教。不过所论从简。[6]

---

　　〔1〕宋人陈振孙撰《直斋书录解题》卷8曰:"《米氏谱》一卷,奉直大夫米宪录。盖国初勋臣米信之后。信五世为芾元章,又三世为宪。"见〔宋〕陈振孙著,徐小蛮、顾美华点校《直斋书录解题》,上海古籍出版社,1987年,页230。又《直斋书录解题》卷17记载:"《宝晋集》十四卷,礼部员外郎襄阳米元章撰。其母阎氏,与宣仁后在藩时有旧,故以后恩补试衔入仕。其上世皆武官,盖国初勋臣米信之后也,视芾为五世孙。酷嗜古法书,家藏二王真迹,故号宝晋斋,盖由得谢东山、二王各一帖,遂刊置无为,而名斋云。"见《直斋书录解题》,页517。另《米襄阳志林》记载:"《宗圣谱》云米元章乃宋初勋臣米信之后,视芾为五世孙,今传志皆不载。"见〔明〕范明泰辑《米襄阳志林》卷13《考据》,四库全书存目丛书·史部八四,齐鲁书社,1996年,页495上。

　　〔2〕〔清〕翁方纲编《米海岳年谱》,丛书集成初编本据粤雅堂丛书本排印,第3447册,中华书局,1991年,页13。

　　〔3〕〔明〕范明泰辑《米襄阳志林》卷12《杂记》,页487下。

　　〔4〕桑原骘藏《隋唐时代に支那に来往した西域人に就いて》,原刊《内藤博士还历祝贺支那学论丛》,大正十五年(1926年)5月,页565-660;此据《桑原骘藏全集》第2卷,岩波书店刊行,昭和四十三年(1968年),页336-338。何建民中译本《隋唐时代西域人华化考》,原刊《武汉大学文哲季刊》第5卷第2、3、4期,此据单行本,中华书局,1939年,页91-93。王桐龄中译本《隋唐时代西域归化人考》,载《师大月刊》1936年第27期,页149-152。

　　〔5〕马里千《米芾民族和宗教信仰的疑问》,载《河北师院学报》(哲学社会科学版)1987年第4期,页21-24。

　　〔6〕罗绍文《米芾为西域人后裔考》,载《历史研究》1988年第2期,页92-95;收入同作者《西域钩玄》,兰州大学出版社,2002年,页15-19。《新疆社会科学》1988年第3期对罗文内容摘要报道,见页19。

不过 1993 年马先生在《祆祠与波斯寺——中西交通史上的一个问题》一文中,否定了把祆教当做琐罗亚斯德教的提法,随之否认了前文对米苒宗教信仰的推测。[1] 本章拟在前人研究基础上,对米苒族源及其宗教信仰作一考察,祈请方家指正。

6.1 粟特米国后裔

有关米氏族源,见于宋代之诸姓氏书。如南宋邓名世《古今姓氏书辨证》云:"米,西域米国胡人入中国者,因以为姓。"[2]王应麟《姓氏急就篇》亦云:"米氏,胡姓。唐米逢、米遂、米暨、米实、米海万;五代米君立志诚;宋米信、米璞、米赟、米苒、子友仁。苒以米氏为楚胄。又复姓,党项有米禽氏。"[3]邵思《姓解》也说:"米,《姓苑》:胡人姓也,今南方有米国胡。"[4]南宋郑樵《通志·氏族略》二记载曰:"米氏,西域米国胡人也。唐有供奉歌者米嘉荣,五代米至诚,望出陇西,高平。"[5]日本学者桑原骘藏认为"此为米国人移住支那后称米姓之证据"[6]。2005 年,日本学者福岛惠广搜已知墓志所包含的安、康、米、石、史、何、曹等所谓粟特家族姓名资料,将之分类,并与《元和姓纂》所记对比研

〔1〕马里千《祆祠与波斯寺——中西交通史上的一个问题》,载《中国历史地理论丛》1993 年第 1 期,页 155 - 169。

〔2〕〔宋〕邓名世《古今姓氏书辨证》卷 24,《景印文渊阁四库全书·子部二二八·类书类》,台湾商务印书馆发行,第 922 册,页 248 下。

〔3〕〔宋〕王应麟《姓氏急就篇》卷上,《景印文渊阁四库全书·子部二五四·类书类》,第 948 册,页 656 上。

〔4〕〔宋〕邵思《姓解三卷》卷 2,《续修四库全书·子部·类书类》,据古逸丛书影印北宋本影印,第 1213 册,页 175 上。

〔5〕〔宋〕郑樵撰,王树民点校《通志二十略》,中华书局,1993 年,页 74。

〔6〕桑原骘藏《隋唐时代に支那に来往した西域人に就いて》,载《桑原骘藏全集》第 2 卷,页 336 - 338。何建民中译本《隋唐时代西域人华化考》,页 91 - 93。王桐龄中译本《隋唐时代西域归化人考》,页 149 - 152。

究,指出安、康、米三姓为粟特人后裔所采用的姓氏。[1] 可知米姓最先源于西域米国,且在南方也有分布。

究,指出安、康、米三姓为粟特人后裔所采用的姓氏。[1] 可知米姓最先源于西域米国,且在南方也有分布。

米芾为北宋末期著名画家,陈垣先生曾引明代董其昌说云:

> 诗至少陵(杜甫),书至鲁公(颜真卿),画至二米,古今之变,天下之能事毕矣。独高彦敬(高克恭)兼有众长,出新意于法度之中,寄妙理于豪放之外,所谓游刃馀地,运斤成风,古今一人而已。[2]

尽管董其昌本意在夸大高克恭,但其推崇米芾为中国最高成就之画家,与诗家之少陵、书家之鲁公并驾齐驱,可见米芾之画为世所重。而中古时期粟特本土的绘画艺术已达到极高成就,来自粟特的画家就曾为中国古代的绘画艺术作出了贡献。如唐代张彦远《历代名画记》卷8记载:

> 曹仲达,本曹国人也。北齐最称工,能画梵像,官至朝散大夫。
>
> 僧[彦]悰云:"曹师于袁,冰寒于水,外国佛像,亡兢于时。"[3]

同书卷2,把曹仲达所创作的佛画称作"曹家样",和此前南梁张僧繇的"张家样"、此后唐朝吴道玄的"吴家样"并列。[4] 宋人甚至还以"吴带当风,曹衣出水"来概括曹家样的风格:"吴之笔,其势圆转而衣服飘举;曹之笔,其体稠叠而衣服紧窄。故后辈称之曰'吴带当风,曹衣出水'。"[5]陈寅恪先生早年曾论曰:"若技术人才出于胡族,则必于西胡而不于东胡求之,盖当中古时代吾国工艺之发展实有资于西域之文明,而东方胡族之艺术殊不足有所贡献于中国。"[6]米芾的父辈、祖父

---

〔1〕福岛惠《唐代ソグド姓墓志の基础的考察》,载《学习院史学》2005 年,页 135 – 162。有关日本学界粟特学研究成果的评介,参阅 Moriyasu Takao, "Japanese Research on the History of the Sogdians along the Silk Road, Mainly from Sogdiana to China", *Acta Asiatica*, *Bulletin of the Institute of Eastern Culture*, 94, *Japanese Studies in the History of Pre-Islamic Central Asia*, The Tōhō Gakkai, Tokyo, 2008, pp. 1 – 39.

〔2〕陈垣《元西域人华化考》卷 5,励耘书屋丛刻本(上),北京师范大学出版社,1982 年,页 185。

〔3〕〔唐〕张彦远《历代名画记》卷 8《北齐十人》,人民美术出版社,1963 年,页 157。

〔4〕〔唐〕张彦远《历代名画记》卷 2《叙师资传授南北时代》,页 20。

〔5〕〔宋〕郭若虚《图画见闻志》卷 1《论曹吴体法》,人民美术出版社,1963 年,页 17。

〔6〕陈寅恪《隋唐制度渊源略论稿》,三联书店,2001 年,页 90。

辈是否为画家，不得而知；但其作为粟特人后裔，而在中古画坛享有盛名，难免令人联想与粟特祖先擅画的传统有关。[1]

按，有关西域米国的文献记载最早出现于北魏时代，时称迷密国：

> 迷密国，都迷密城，在者至拔西，去代一万二千六百里。正平元年（451年），遣使献一峰黑橐驼。其国东有山，名郁悉满，山出金玉，亦多铁。

> 悉万斤国，都悉万斤城，在迷密西，去代一万二千七百二十里。其国南有山，名伽色那，山出狮子。每使朝贡。[2]

到了隋代，其已被称为米国了，《隋书·西域传》记载：

> 米国，都那密水西，旧康居之地也。无王。其城主姓昭武，康国王之支庶，字闭拙。都城方二里。胜兵数百人。西北去康国百里，东去苏对沙那国五百里，西南去史国二百里，东去瓜州六千四百里。大业中，频贡方物。[3]

据此段记载可知，米国乃康国支庶。粟特诸国，乃以康国为首，就此文献屡有记载，如《新唐书·康国传》：

> 康者，一曰萨末鞬，亦曰飒秣建，元魏所谓悉万斤者。其南距史百五十里，西北距西曹百馀里，东南属米百里，北中曹五十里。在那密水南，大城三十，小堡三百。君姓温，本月氏人。始居祁连北昭武城，为突厥所破，稍南依葱岭，即有其地。枝庶分王，曰安，曰曹，曰石，曰米，曰何，曰火寻，曰戊地，曰史，世谓"九姓"，皆氏昭武。土沃宜禾，出善马，兵强诸国。[4]

复据文献记载可知，在中亚伊斯兰化之前，康国以祆教为盛："以十二月为岁首，尚浮图法，祠祆神，出机巧技。十一月鼓舞乞寒，以水交泼为

〔1〕有关粟特美术东传及其影响，可参阅荣新江《粟特祆教美术东传过程中的转化——从粟特到中国》，载其著《中古中国与外来文明》，三联书店，2001年，页301－325。

〔2〕《魏书》卷102《西域传》，中华书局，1974年，页2269－2270。

〔3〕《隋书》卷83《西域传》，中华书局，1973年，页1854。

〔4〕《新唐书》卷221《西域》，中华书局，1975年，页6243。

乐。"[1]"[康国]有胡律,置于祆祠,决罚则取而断之。"[2]康国居昭武九姓之首,"进止威仪,近远取则",[3]因而康国祆教信仰在粟特地区应亦有普遍性。米国附属康国,信仰祆教就不足奇了。开元中期(723—727年)去天竺巡礼的新罗僧慧超在《往五天竺国传》中的记载,可证明这一推测:"又从大食国已东,并是胡国。即是安国、曹国、史国、石骡国、米国、康国等。……又此六国总事火祆,不识佛法。唯康国有一寺,有一僧,又不解敬也。此等胡国,并剪鬓发。爱着白氎帽子。极恶风俗,婚姻交杂,纳母及姊妹为妻。波斯国亦纳母为妻。"[4]米国信奉祆教的情况也为考古发现所证实。按,米国,王治位于片治肯特(Penjikent),为粟特语 m'ymrγc(Māymurgh)之对译。[5]一般认为唐时米国首府即为片治肯特,亦即《新唐书》中记载的"钵息德城"。[6]而考古资料证明,这里在阿拉伯入侵以前是文化与宗教中心,曾有一座古波斯教的寺院(Храм магов пенджикента)。[7]马小鹤先生认为此古波斯教寺院当即汉文史料所记的"祆祠"。[8]

当然,古代世界诸多宗教都曾会聚中亚粟特地区,摩尼教、景教等宗教都曾在一定程度上流行,因而祆教绝非米国的唯一信仰。比如入华米国人中就有信奉景教者。陕西省博物馆收藏的《米继芬墓志》,记载米继芬"其先西域米国人",配偶为"夫人米氏"。[9]根据墓志记载,米继芬幼子"僧思圆,住大秦寺",武伯伦先生将这座大秦寺理解为景

---

〔1〕《新唐书》卷221《西域》,页6244。

〔2〕《隋书》卷83《西域传》,页1848 – 1849。

〔3〕季羡林等《大唐西域记校注》,中华书局,2000年,页88。

〔4〕桑山正进编《慧超往五天竺国传研究》,京都大学人文科学研究所,1992年,页24。张毅《往五天竺国传笺释》(中外交通史籍丛刊9),中华书局,2000年,页118。

〔5〕桑山正进编《慧超往五天竺国传研究》,页163 – 166。

〔6〕马小鹤《米国钵息德城考》,原刊《中亚学刊》第2辑,中华书局,页65 – 75;收入其著《摩尼教与古代西域史研究》,中国人民大学出版社,2008年,页338 – 351。

〔7〕О. И. Смирнова,Каталог монет с городища Пенджикент,М.,1963,стр. 8。

〔8〕马小鹤《摩尼教与古代西域史研究》,页350。

〔9〕录文据葛承雍《唐代长安一个粟特家庭的景教信仰》,载《历史研究》2001年第3期,页181 – 182。

教寺院。[1] 有学者据此断定米氏应为信仰景教的粟特家庭。[2] 2006年5月洛阳发现的唐代《大秦景教宣元至本经》石刻的题记部分记有两位米姓的景教高僧,学者据以佐证米继芬一家应信仰景教。[3] 而根据中古叙利亚作家的记录,8、9世纪撒马尔罕一直存在大主教区,和叙利亚、阿拉伯、波斯等地的主教区并列。[4]

另外,需要说明的是,关于米芾的族源,也有学者主张沙陀说[5]和奚族说[6]。这两说的提出实与中古时期各个民族之间互相融合的历史事实关系密切。自唐末五代开始,活动在中原地区的沙陀、粟特以及回鹘、奚等民族成分,就开始逐步与汉族社会融合。同时,这些不同的少数民族之间也互相融合。如后晋的创立者石敬瑭,其曾祖母安氏、祖母米氏、母亲何氏,应该都源自沙陀三部之一的索葛(萨葛)部,即属于突厥化的粟特族裔。[7] 而石敬瑭的父系"本出于西夷"[8],长期随沙陀朱邪部跋涉转战,已经在相当程度上沙陀化。岑仲勉先生曾"辨石晋不是突厥族沙陀"。[9] 非沙陀而称沙陀,这种族系混糅不清的状况,正反映出五代时期是中国历史上大规模民族融合的又一阶段。[10] 因此,主张米氏来自沙陀或奚族,实则反映了唐末开始的粟特和沙陀、奚

〔1〕武伯伦《西安历史述略》,陕西人民出版社,1959年,页107。

〔2〕葛承雍《唐代长安一个粟特家庭的景教信仰》,页181－186。毕波《信仰空间的万花筒——粟特人的东渐与宗教信仰的转换》,载荣新江、张志清主编《从撒马尔干到长安——粟特人在中国的文化遗产》,北京图书馆出版社,2004年,页53。当然,学界就米氏是否为信仰景教的世家尚有质疑者,见杨晓春《二十年来中国大陆景教研究综述(1982—2002)》,载《中国史研究动态》2004年第6期,页11－20。

〔3〕罗炤《洛阳新出土〈大秦景教宣元至本经及幢记〉石幢的几个问题》,载《文物》2007年第6期,页30－42,48。

〔4〕〔英〕裕尔撰,〔法〕考迪埃修订,张绪山译《东域纪程录丛——古代中国闻见录》,中华书局,2008年,页82。

〔5〕桑原骘藏《隋唐时代に支那に来往した西域人に就いて》,载《桑原骘藏全集》第2卷,页332－333。何建民中译本《隋唐时代西域人华化考》,页89－90。王桐龄中译本《隋唐时代西域归化人考》,页148－149。

〔6〕刘中玉《米芾世系考》,载《甘肃民族研究》2003年第1期,页48－52。

〔7〕《旧五代史》卷75《晋高祖纪第一》,中华书局,1976年,页977－978。

〔8〕《新五代史》卷8《晋高祖纪》,中华书局,1974年,页77。

〔9〕岑仲勉《隋唐史》下册,中华书局,1982年,页546。

〔10〕邓小南《祖宗之法——北宋前期政治述略》,三联书店,2006年,页84。

族等不断融合的情况。民族融合也带来了宗教信仰的传播。安史之乱以后,大批胡人迁居河北,加速了河北的胡化,因此该地出现了新建立的祆祠。[1]

不过,从文献记载来看,米芾先世应信仰祆教。重要的根据就是其为"火正后人"。

6.2　火正后人

《说郛》卷19录史浩《两钞摘腴》称:"元丰间,米元章自号鹿门居士,其印文曰'火正后人芾印',其后并不用之。"卷27录周密《志雅堂杂钞》,同,唯"鹿门居士"作"恭门居士","火正后人"讹作"大正后人"。[2] 此处之"火正",姜伯勤先生释为"祆教之穆护长",认为是米芾祖上信奉祆教之印证。[3] 邓小南教授则对所谓"火正后人"提出新的解释:"但据李治《敬斋古今黈》,米芾另有印称'火宋米芾',则所谓'火正',有指赵宋火德之另解。而且,岳珂《宝真斋法书赞》卷二十,米芾又有印曰'鬻熊后人',按鬻熊芈姓,传为高辛氏火正祝融之后,如此看来,'火正后人',反映着米芾对其姓氏来源之考订,而非指萨宝府之

---

〔1〕荣新江《安史之乱后粟特胡人的动向》,载纪宗安、汤开建主编《暨南史学》第2辑,暨南大学出版社,2003年,页102 – 123。有关河北地区的粟特移民以及安史之乱前后胡人向河北地区的迁徙,还可参阅森部丰《唐代河北地域におけるソグド系住民——开元寺三门楼石柱题名及び房山石经题记を中心に》,载《史境》第45号,2002年,页20 – 36;《唐前半期河北地域における非汉族の分布と安史军渊源の一形态》,载《唐代史研究》第5号,2002年,页22 – 45;《8—10世纪の华北における民族移动——突厥・ソグド・沙陀を事例として》,载《唐代史研究》第7号,2004年,页78 – 100。

〔2〕载《说郛三种》(3),上海古籍出版社影印,1988年,页944上;《说郛三种》(4),页1300上。又涵芬楼本《说郛》卷8引周密《志雅堂杂钞》,卷20引周密《浩然斋视听钞》所记略同,分见〔明〕陶宗仪纂《说郛》,北京中国书店涵芬楼1927年11月版影印,1986年7月,第2册页50、第4册页8,《说郛三种》(1),页174上,364上。另外,丁传靖辑《宋人轶事汇编》下册引《志雅堂杂钞》为"元丰间,米元章自号鹿门居士。其印文火正后人,后并不用",中华书局,2003年,页674。另见邓之诚《骨董续记》卷3,邓之诚著,赵丕杰点校《骨董琐记全编》,北京出版社,1996年,页341。

〔3〕姜伯勤《萨宝府制度源流论略——汉文粟特人墓志考释之一》,载《华学》第3辑,紫禁城出版社,1998年,页290 – 308;《唐会昌毁祆后的祆神祆祠与祆僧》,载《华学》第7辑,中山大学出版社,2004年,页220 – 221。

祆正。"[1]唐末五代开始，大批胡裔汉化，因此米氏自我追溯为高辛氏火正祝融之后，正表明其附会汉姓，而借以掩盖其胡族来源。

将"火正"解释为"祆教之穆护长"，其重要根据为祆教以拜火为主要外部特征，且有专门负责教务的祆正、祆祝主其事，归属萨宝府管辖。尽管学界现在一般把萨宝府定位为管理侨民的机构，排除把萨宝当成祆教官职的说法，但萨宝府下设的祆正、祆祝负责管理祆教是毫无疑问的，表明主持祆庙事务的祭司被纳入了中央王权的职官体系[2]。而入华米氏曾出现"萨宝"的名讳，极有可能表明粟特米氏后裔确与祆教官职设置有关，见于长安出土的《唐故米国大首领米公墓志铭并序》：

> 公讳萨宝，米国人也。生于西垂，心怀□土。忠(?)志(?)等□□阴阳烈石，刚柔叙(?)德(?)。崇心经律，志行玄(?)门(?)。□苦海以逃名，望爱河而□肩(?)。□□天宝元年(742)二月十一日□长安县崇化里，春秋六十有五，终于私第。时(?)也天宝三载正(月)廿六日窆于高陵原，礼也。嗣妻(?)子(?)等□丧(?)戚(?)不朽。
>
> 铭曰：滔滔米君，□□□□。榆(?)杨(?)□□，□□□□。法心匪固，□□沉良。逝(?)川忽逝，长夜永□。
>
> □维天宝三载正月廿六日[3]

就此段记载来看，萨宝应为米氏名讳，并不是其官职。但这一名讳是否与其信仰祆教有关，墓志并无明确记载[4]。按，墓志有"天宝元年(742年)二月十一日□长安县崇化里"之云，而宋姚宽《西溪丛语》则有"唐

〔1〕邓小南《祖宗之法——北宋前期政治述略》，页99注[7]。

〔2〕拙文《唐宋祆祠庙祝的汉化——以史世爽家族为中心的考察》，载《中山大学学报》(社会科学版)2005年第3期，页72-76；收入拙著《中古华化祆教考述》，文物出版社，2010年，页39-58。

〔3〕何遂《唐故米国大首领米公墓志铭考》，载《国立北平图书馆馆刊》第6卷第2号，1932年3、4月，页142。

〔4〕早年桑原骘藏氏就曾指出，北周宇文护小名"萨保"、唐颜真卿之子颜硕小名"穆护"的情况，皆与祆教有关系，见其文《祆教に关する一史料》，原刊《史学杂志》第39卷第7号，1928年7月，此据《桑原骘藏全集》第1卷，岩波书店刊行，1971年，页419-420。陈寅恪先生亦曾论及"夫宇文护之萨保与隋之萨保同，亦即北齐之萨甫、唐之萨宝，此名与火祆之关系，自不待论"，见其著《隋唐制度渊源略论稿》，页90。

贞观五年(631年)有传法穆护何禄将祆教诣阙闻奏。敕令长安崇化坊立祆寺;号大秦寺,又名波斯寺"之载。[1] 长安崇化坊既有祆教祠庙,居住于此的米氏又有与祆教关系密切的名讳,难免让人疑其亦信奉祆教。早年向达先生即用米萨宝墓志所记作为姚宽记载长安崇化坊立祆寺一事的佐证。[2] 而米芾自称"火正后人",或许表明其先祖同这个长安米萨宝一样,曾在萨宝府下担任管理祆教教务的"祆正"之类的职务。

从米芾家族世代迁徙居住的地点来看,其往往都有粟特聚落存在或建有祆祠,益证明了我们这一猜测。

据《米海岳年谱》记载,米芾一家世居太原,小时候随父亲徙襄阳(今湖北襄阳),中年后定居润州(今江苏镇江):

> 米黻,字符章,后改写芾。襄阳人(方信孺记云,世居太原,后徙襄阳)。定居润州,是以一作吴人。其先在宋初有勋臣信,黻五世祖也。父佐,字光辅。[3]

而蔡肇所作《米公墓志》亦云:"公讳芾,字符章。世居太原(今山西太原),后徙襄阳。自其高曾以上多以武干官显。父光辅,始亲儒,嗜学。"[4]我们考察中古时期祆祠分布的情况,发现太原、襄阳、润州都有祆祠存在的记录。

1999年7月,山西考古工作者在太原市晋源区王郭村,发掘出完整的隋代虞弘墓石椁,并有墓志。根据墓志记载,墓主人虞弘于北周末年任检校并州萨宝府职,"兼领乡团。大象(579—580年)末,左丞相府,迁领并、代、介三州乡团,检校萨保府。开皇(581—600年),转仪同三司,敕领左帐内,镇押并部"[5]。并州即太原。检校,"职官未实授之

---

〔1〕〔宋〕姚宽撰,孔凡礼点校《西溪丛语》(《西溪丛语·家世旧闻》,唐宋史料笔记丛刊),中华书局,1993年,页42。

〔2〕向达《唐代长安与西域文明》,原刊《燕京学报》专号第2期,1933年。收入《唐代长安与西域文明》,三联书店,1957年,页23。

〔3〕〔清〕翁方纲编《米海岳年谱》,页1。

〔4〕〔明〕范明泰辑《米襄阳志林》卷1《世系》,页410下-411上。

〔5〕山西省考古研究所、太原市文物考古研究所、太原市晋源区文物旅游局《太原隋虞弘墓》,文物出版社,2005年,页91。

时,则上冠'试'、'摄'、'权'、'判'或'检校'等字样以示别"[1]。我们曾讨论虞弘墓石椁浮雕祭火图像含有浓厚的佛教因素,[2]但并不排除其中的祆教因素。[3] 荣新江先生曾详细地考察了隋至唐初并州的萨保府与粟特聚落的情况。[4] 因此,尽管文献并无明确记载,但太原有祆祠存在应是无疑问的。姜伯勤先生即认为"'火正'即'祆正'或者米氏在太原居住时为萨宝府属下之'祆正'"[5]。

襄阳是湖北重镇,早在东晋时期就有粟特人活动的踪迹,朱雷先生曾据僧佑《出三藏记集》所收《渐备经十住胡名并书序》,复原了东晋时期姑臧、长安、襄阳三地之间由粟特互市人承担往来贸易的情形。[6]荣新江先生进一步申说,举出两则史料以证襄阳早就有粟特人定居,其一为《续高僧传》卷28《智嶷传》记载:

> 释智嶷,姓康,本康居王胤也。国难东归,魏封于襄阳,因累居之,十馀世矣。七岁初学,寻文究竟。无师自悟,敬重佛宗。虽昼摧(《大正藏》作权)俗缘,令依学侣,而夜私诵《法华》,竟文纯熟,二亲初不知也。十三拜辞,即蒙剃落。更谘大部,情用(《大正藏》作因)弥著。二十有四,方受具足。携帙洛滨,依承慧远,传业《十地》及以《涅槃》,皆可敷导。后入关中,住静法寺。仁寿置塔,敕召送于瓜州崇教寺。初达定基,黄龙出现于州侧大池,牙角身尾,合境通瞩,具表上闻。嶷住寺多年,常思定慧,非大要事,不出户庭,故往参候,罕睹其面。末以年事高迈,励业弥崇,寺任众务,并

〔1〕岑仲勉《隋唐史》下册,页557。

〔2〕拙文《虞弘墓祭火图像宗教属性辨析》,提交"第二届传统中国研究国际学术研讨会"论文,上海,2007年7月21日-23日,刊余太山、李锦绣主编《欧亚学刊》第9辑,中华书局,2009年12月,页266-278;见拙著《中古华化祆教考述》,页121-135。

〔3〕姜伯勤《中国祆教艺术史研究》,三联书店,2004年,页121-154。杨巨平《虞弘墓祆教文化内涵试探》,载《世界宗教研究》2006年第3期,页103-111。

〔4〕荣新江《隋及唐初并州的萨保府与粟特聚落》,原载《文物》2001年第4期,此据其著《中古中国与外来文明》,页169-179。

〔5〕姜伯勤《萨宝府制度源流论略——汉文粟特人墓志考释之一》,页302。

〔6〕朱雷《东晋十六国时期姑臧、长安、襄阳的"互市"》,原载《古代长江中游的经济开发》,武汉出版社,1988年,收入作者《敦煌吐鲁番文书论丛》,甘肃人民出版社,2000年,页327-336。

悉推谢。唐初卒也,七十馀矣。[1]

其二为《梁书》卷18《康绚传》记载了刘宋初年一次粟特人的大迁徙:

> 康绚字长明,华山蓝田人也。其先出自康居。初,汉置都护,尽臣西域,康居亦遣侍子待诏于河西,因留为黔首,其后即以康为姓。晋时陇右乱,康氏迁于蓝田。绚曾祖因为符坚太子詹事,生穆,穆为姚苌河南尹。宋永初中,穆举乡族三千馀家,入襄阳之岘南,宋为置华山郡蓝田县,寄居于襄阳,以穆为秦、梁二州刺史,未拜,卒。绚世父元隆,父元抚,并为流人所推,相继为华山太守。……(入齐后,康绚)推诚抚循,荒馀悦服。迁前军将军,复为华山太守。[2]

荣先生根据这两则材料指出:"在魏晋南北朝时期,襄阳位于一个特殊的南北交界地带,从交通上来看,它北通长安,南达江陵,通过江陵可以沟通巴蜀和淮阳,因此粟特商人、僧侣多经停此地,加上康绚一族的迁入,更使这里成为粟特人的一大聚居地了。"[3]尽管上述学者考证的襄阳一带有粟特人聚居的时间较早,但智𫖮家族累居于襄阳十余世,直至唐初,这也为我们理解后世襄阳地区有粟特人聚居提供了背景资料。湖湘地区在唐代就已有祆教活动,见于唐人笔记《柳毅传》:

> 毅谓夫曰:"洞庭君安在哉?"曰:"吾君方幸玄珠阁,与太阳道士讲火经,少选当毕。"毅曰:"何谓火经?"曰:"吾君,龙也。龙以水为神,举一滴可包陵谷。道士,乃人也。人以火为神圣,发一灯可燎阿房。然而灵用不同,玄化各异。太阳道士精于人理,吾君邀以听言。"[4]

《柳毅传》,亦见《太平广记》卷419,注云"出《异闻集》"[5]。原题无

---

〔1〕《续高僧传》卷28,见《高僧传合集》,上海古籍出版社影印,1991年,页350中、下;日本《大正新修大藏经》卷50,台北佛陀教育基金会,1990年,页676中、下。字下点为引者所加。

〔2〕《梁书》卷18《康绚传》,中华书局,1976年,页290。字下点为引者所加。

〔3〕荣新江《魏晋南北朝隋唐时期流寓南方的粟特人》,收入韩升主编《古代中国:社会转型与多元文化》,上海人民出版社,2007年,页143-144。

〔4〕〔唐〕李朝威撰《柳毅》,载汪辟疆校录《唐人小说》,上海古籍出版社,1978年,页75-76。字下点为引者所加。

〔5〕《太平广记》,中华书局,1961年,页3417。

"传"字,鲁迅编《唐宋传奇集》收之,增"传"字,盖依明人《虞初志》、《说郛》等所标而从之。考宋曾慥编《类说》卷 28、宋无名氏编《绀珠集》卷 10 所收《异闻集》,均收此篇,《类说》题作《洞庭灵姻传》。[1] 陈寅恪先生在阅读《柳毅传》时批注"火祆教"三字;[2]另杜甫在潭州(古长沙之名)所作《清明》诗二首之一有"胡童结束还难有,楚女腰肢亦可怜"句,陈寅恪先生指出:"'胡童'之'胡'必作'胡人'之'胡'解无疑,不论杜公在潭州所见之胡童为真胡种,抑仅是汉儿之乔妆,以点缀饰物嬉娱者,要皆足证成潭州当日必有胡族杂居。若不然者,则其地居民未尝习见胡童之形貌,何能仿效其妆束,以为游戏乎?故依杜公此诗,潭州当日之有胡商侨寓,可以决言。"[3]蔡鸿生先生据此而揭示出火祆教向湖湘地区的传播。[4] 按,《柳毅传》作者李朝威,生于贞元(785—804 年)、元和(805—820 年)年间,[5]则传奇内容所反映的史实当早于此时。考虑到襄阳地区作为中古时期中西交通要道的地理位置及入华粟特人聚居的史实,则说不定其地就是湖湘地区火祆教传播的一个中心地,缘因火祆教之入华往往是与粟特人东迁并建立聚落相一致的。[6]

润州有祆祠,见于张邦基《墨庄漫录》卷 4 的记载:"镇江府朱方门之东城上,乃有祆神祠,不知何人立也。"[7]关于此座祆祠,《至顺镇江志》卷 8 有更详细的记录:

> 火祆庙,旧在朱方门里山冈之上。张舜民集:"汴京城北有祆庙。祆神出西域,自秦入中国,俗以火神祠之,在唐已血食宣武矣。"前志引宋《祥符图经》:润帅周宝

〔1〕周绍良《唐传奇笺证》,人民文学出版社,2000 年,页 138 - 154。另见程毅中《唐代小说史话》,文化艺术出版社,1990 年,页 115 - 121。李剑国《唐五代志怪传奇叙录》上册,南开大学出版社,1993 年,页 286 - 292。

〔2〕陈寅恪《读书札记二集》,三联书店,2001 年,页 232。

〔3〕陈寅恪《金明馆丛稿初编》,三联书店,2001 年,页 363 - 364。

〔4〕蔡鸿生《读书不肯为人忙——学习陈寅恪先生的〈读书札记〉》,见其著《学境》,香港博士苑出版社,2001 年,页 97 - 98。

〔5〕汪辟疆校录《唐人小说》,页 69。

〔6〕参阅拙文《唐宋祆祠分布辑录》,刊纪宗安、汤开建主编《暨南史学》第 5 辑,暨南大学出版社,2007 年,页 184 - 195,见拙著《中古华化祆教考述》,页 27 - 38,49 - 56。

〔7〕〔宋〕张邦基著,孔凡礼点校《墨庄漫录》,页 111。

婿杨茂实为苏州刺史,立庙于城南隅。盖因润有此庙,而立之也。宋嘉定(1208—1224年)中,迁于山下。郡守赵善湘以此庙高在山冈,于郡庠不便,遂迁于山下,庙门面东,郡守祝板,故有"祆神不致祆"之句。端平(1234—1236年)间毁。端平乙未(1235年),防江寨中军作变,有祷于神,其神许之。事定,郡守吴渊毁其庙。[1]

文中提及的《祥符图经》应为北宋大中祥符年间诏修的李宗谔苏州《图经》,该书今不传,其部分内容赖宋朱长文(1041—1098年)《吴郡图经续记》的引文而保存,如上引杨茂实于苏州立祆庙事,即见于《吴郡图经续记》记载:

> 中和二年(882年),僖宗狩蜀,润帅周宝以子婿杨茂实为苏州刺史,溺于妖巫,作火妖(引者按:疑为"祆"之误)神庙于子城之南隅,祭以牲牢,外用炭百馀斤燃于庙庭。自是,吴中兵火荐作,亦被发伊川之先兆欤?[2]

由上述记载可知,苏州的祆神庙立于唐末僖宗年间,而在此前润州即唐时镇江已有祆庙了。虽然到了宋代,文献记载所描述的已经是地道的汉人信仰,但人们在追溯祆神起源时,还会追溯到西域,或可说明该庙初建之时应为西域移民所用。

由以上论述可知,米芾家族迁徙的路线,与唐宋时代祆祠分布的区域正相吻合。米芾更在镇江居住多年,想来其对镇江的这所祆庙不会一无所知,说不定他还经常参与庙中的祭祀活动呢。如根据《宋人轶事汇编》卷13所引《睽车志》记载,"米元章知无为军,喜神怪,每雨旸致祷,则设宴席于城隍祠,东向坐神像之侧,举酒若相献酬,往往获应。每得时新茶果之属,辄分以馈神,令典客声喏传言以致之。间有得缗钱于香案之侧,若神以劳送者"[3],或以为此处颇有祆教火正酬神的余风。[4]

---

〔1〕〔元〕俞希鲁编纂,杨积庆等校点《至顺镇江志》上册,江苏古籍出版社,1999年,页328。
〔2〕〔宋〕朱长文撰,金菊林校点《吴郡图经续记》卷下,江苏古籍出版社,1999年,页83。
〔3〕丁传靖辑《宋人轶事汇编》下册,页675。
〔4〕姜伯勤《唐会昌毁祆后的祆神祆祠与祆僧》,页221。

6.3 米芾之"好洁成癖"

米芾身具祆教遗风的另一证据是其有"好洁之癖"。陈寅恪先生在《刘复愚遗文中年月及其不祀祖问题》一文中曾指出:"藤田(丰八)氏以刘为伊斯兰教徒习用名字之音译,固不可信,而桑原氏以广州通商回教徒之刘氏实南汉之赐姓,今若以复愚之例观之,其说亦非是。鄙见刘与李俱汉唐两朝之国姓,外国人之改华姓者,往往喜采用之,复愚及其他伊斯兰教徒之多以刘为姓者,殆以此故欤? 关于复愚氏族疑非出自华夏一问题,尚可从其文章体制及论说主张诸方面推测,但以此类事证多不甚适切,故悉不置论,谨就其以刘为氏,而家世无九品之官,四海无强大之亲,父子俱以儒学进仕至中书舍人礼部尚书,而不祭祀先祖,及籍贯纷歧,而俱贾胡侨寄之地三端,推证之如此。"[1]强调论中古胡人华化应注重世代层次。蔡鸿生先生受此文启示,特别强调"胡姓作为标帜性的符号,如果脱离礼俗体系,就会失掉认知价值"[2]。因此,我们不可仅据米芾姓氏而遽断其为粟特后裔,更重要的是要看其习俗中是否有胡俗的遗迹。

就米芾有洁癖,学人多将其视为回人的证据。最著名者当为前引日本著名史学家桑原骘藏氏了。[3] 就米芾是否为回人,早年陈垣先生是存疑的:"回教人著述有以米芾为回回人者,以尚无确据,姑置之。"[4]而前引刘中玉先生文曾力辨米芾非伊斯兰教徒,颇有说服力,此处不赘。

米芾好洁,时人多有记载,如《宋史》卷444《文苑六》:

冠服效唐人,风神萧散,音吐清畅,所至人聚观之。而好洁成

---

〔1〕陈寅恪《金明馆丛稿初编》,页365-366。

〔2〕蔡鸿生《〈陈寅恪集〉的中外关系史学术遗产》,载其著《仰望陈寅恪》,页75-85。

〔3〕桑原骘藏《隋唐时代に支那に来往した西域人に就いて》,载《桑原骘藏全集》第2卷,页336-338。何建民中译本《隋唐时代西域人华化考》,页91-93。王桐龄中译本《隋唐时代西域归化人考》,页149-152。

〔4〕陈垣《元西域人华化考》,页18。

·欧·亚·历·史·文·化·文·库·

癣,至不与人同巾器。[1]

《西塘集耆旧续闻》卷 3 记载:

> 世传米芾有洁病,初未详其然。后得芾一帖,"朝靴偶为他人所持,心甚恶之,因屡洗,遂损不可穿"。以此得洁之理。靴且屡洗,馀可知矣。又芾方择婿,会建康段拂,字去尘,芾择之,曰:"既拂矣,又去尘,真吾婿也。"以女妻之。[2]

因为米芾好洁,当时人遂戏称他为"水淫"(淫同淫,浸淫、浸渍之意)。如《宣和书谱》中即记载:"文臣米芾……博闻尚古,不喜科举,性好洁,世号'水淫'。"[3]米芾甚至还因癖洁获罪罢官:"[米芾]有好洁之癖,任太常博士,奉祠太庙,乃洗去祭服藻火,而坐是被黜。"[4]当时人甚至还曾疑其真伪而试验之:

> 其(米芾)知涟水军日,先公为漕使,每传观公牍,未尝涤手。余昆弟访之,方授刺,则已须盥矣。以是知其为伪也。宗室华源郡王仲御家多声妓,尝欲验之。大会宾客,独设一榻待之,使数卒鲜衣袒臂奉其酒馔,姬侍环于他客,杯盘狼藉。久之,亦自迁坐于众宾之间。乃知洁疾非天性也。[5]

从一个侧面说明了有关米芾好洁之说流传甚广。

不过,以上米芾好洁的记载,多与生活中的琐事有关,很难看出其具有什么样特别的宗教内涵;但是考虑到其粟特后裔,及其为火正后人的身份,我们又很难不将其与祆教信仰联系起来。张雨作《中岳外史小传》曾记载:"[米芾]性至洁,置水其傍数盥而不帨,未尝与人同服器。客请阅法书,对设两案,手为舒卷,惧客手袖触之,则一装洗之也。"[6]"吕居仁云:元章盥手以银为斗,置长柄,俾奴仆执以泻水于手,

---

〔1〕《宋史》卷 444《文苑六》,中华书局,1977 年,页 13124。

〔2〕〔宋〕陈鹄撰,孔凡礼点校《西塘集耆旧续闻》卷 3(《师友谈记·曲旧闻·西塘集耆旧续闻》,唐宋史料笔记丛刊),中华书局,2002 年,页 316－317;又参陈鹄《西塘集耆旧续闻》,上海古籍出版社,1993 年,页 23。

〔3〕《宣和书谱》,载《中国书画全书》(二),上海书画出版社,1993 年,页 36 下。

〔4〕〔宋〕庄绰撰,萧鲁阳点校《鸡肋编》卷上(唐宋史料笔记丛刊),中华书局,1983 年,页 7。

〔5〕〔宋〕庄绰撰,萧鲁阳点校《鸡肋编》卷上,页 7。

〔6〕〔明〕范明泰辑《米襄阳志林》卷 1《世系》,页 409 上。

呼为水斗。已而两手相拍至干,都不用巾拭。"[1]也就是说,米芾洗手时是使用银方斛舀水浇在手上,然后两手相拍,直至手干,都不用布巾揩拭。这种情形倒是与琐罗亚斯德教仪式中的净礼细节颇为相似。如1963—1964年,英国伦敦大学著名伊朗学家玛丽·博伊斯(Mary Boyce)教授在伊朗的琐罗亚斯德教村落进行田野调查,当地教徒在举行净礼时,即由负责人用一个系在长竹竿上的勺为受洗者倒水清洗,而非受洗者自己动手入水中清洗。[2]

当然,琐罗亚斯德教极为崇尚洁净,乃源于其特别的宗教信仰。按照琐罗亚斯德的说教,所有善端的创造者是善神奥尔马兹达(Ohrmazd),其对立者是恶灵阿里曼(Ahriman)。教众的任务就是通过善思、善言、善行,进行规定的礼拜仪式,举行净礼,和造物主奥尔马兹达以及众属神(Amahraspands)一起反抗阿里曼。这样,他们死后才能超升,进入天堂,并帮助拯救整个世界。可见琐罗亚斯德教关于净礼的规定与实践,主要体现了这种善恶斗争的教义。[3] 由于文献记载阙略,仅从米芾好洁的记载看,很难看出其是否反映琐罗亚斯德教这种善恶斗争的教义。但是考虑到其族源与身份,则亦无法排除其好洁或受祆教净规净礼的遗风遗俗影响。

当然,以上所论三点,若将任何一点作为米芾信仰祆教的证据,都难免有孤证难立之嫌,然而将三者联系起来看,则益使我们相信米芾身具祆教痕迹。不过,我们论述米芾先世来自粟特米国,其身上带有祆教徒的某些味道,并不是表示米芾就是一个祆教徒了。特别是到了宋代,粟特人入华日久,其生活习惯或信仰习俗因应汉地传统而发生变异是很正常和自然的事情。米芾也不例外,其汉化的一个重要表现是奉佛。

[1]〔明〕范明泰辑《米襄阳志林》卷4《洁癖》,页420上。

[2]Mary Boyce,*A Persian Stronghold of Zoroastrianism*,Oxford University Press,1977,repr. University Press of America:Lanham·New York·London,1989,pp. 127 – 130. 中译本见〔英〕玛丽·博伊斯原著,张小贵、殷小平译《伊朗琐罗亚斯德教村落》,中华书局,2005年,页136 – 139。

[3]Jamsheed K. Choksy,*Purity and Pollution in Zoroastrianism*,University of Texas Press,1989.

6.4 米芾之佛教信仰

米芾自小即与佛僧结缘,"少与禅人摩诘游,诘以为得法。其逝不惺,作偈语"[1]。虽然其佛理修为如何,修心是否至诚,很难判断,但文献不乏其深具慧根的记载。如米芾在《书紫金砚事》中云:"苏子瞻携吾紫金砚去,嘱其子入棺。吾今得之,不以敛。传世之物,岂可与清静圆明、本来妙觉、真常之性同去住哉?"[2]

另外,有关米芾坐化涅槃的记载亦颇多,不妨列举一二。如程俱《北山小集》卷16《题米元章墓》:

> 将没,预告郡吏以期日,即具棺椁,置便坐,时坐卧其间,阅案牍,书文檄,洋洋自若也。至期,留偈句,自谓来从众香国,其归亦然。异归,葬丹徒五州山之原,遵治命也。[3]

又《米襄阳志林》记载:

> 米元章晚年学禅有得,知淮阳军。未卒,先一月区处家事,作亲朋别书,焚其所好书画奇物,造香楠木棺,饮食坐卧书判其中。前七日,不如荤,更衣沐浴,焚香清坐而已。及期,遍请郡寮,举拂示众曰:"众香国中来,众香国中去。"掷拂合掌而逝。[4]

综上所论,米芾显然与佛教关系密切,甚至说他是一位妙通禅理、修行虔诚的居士亦不为过。米氏佛教信仰的倾向显然并非来自其中亚米国,缘因无论是文献记载还是考古发现都很难证明在粟特人东迁时代,粟特本土已有佛教盛行[5]。相反,我们却可看到入华粟特人从中

---

[1]〔明〕范明泰辑《米襄阳志林》卷1,见蔡肇《米公墓志》,页411下。

[2]魏平柱《米芾年谱简编》,载《襄樊学院学报》第25卷第1期,2004年1月,页94。

[3]程俱《北山小集》卷16,《四部丛刊续编本·集部》,61册,上海涵芬楼依江安傅氏双鉴楼藏景宋写本景印,1985年,叶6B。参阅陈高华编《宋辽金画家史料》,文物出版社,1984年,页557。

[4]〔明〕范明泰辑《米襄阳志林》卷12《杂纪》,页482下。另外,《米海岳年谱》引述这段记载,略有改动,见〔清〕翁方纲编《米海岳年谱》,页11-12。

[5]Boris I. Marshak, "Sogdiana", B. A. Litvinsky, Zhang Guang-da & R. S. Samghabadi eds., *History of Civilizations of Central Asia*, Vol. Ⅲ, Paris: UNESCO Publishing, 1996, p. 243, 245. 参阅马小鹤译《中亚文明史》第3卷,中国对外翻译出版公司,2003年,页204-205。

土接受佛教的例子。经学者们研究,20世纪初考古发现的一批6至9世纪的粟特文佛经,就是入华粟特人直接从汉文本译成的。例如 Dirghanakhasutra(《长爪梵志请问经》)就是对汉文佛经的忠实翻译。[1] 日本大谷探险队曾从敦煌得到三纸粟特文佛经,系译自汉文《法王经》。[2] 另有一份粟特语"头陀"文献,逐字翻译来自敦煌的一份中国禅宗的伪经《佛为心王菩萨说头陀经》。[3] 张广达先生认为,此类粟特文佛经乃转译自汉文,可看做入华的粟特人在汉地的精神大环境中,对佛教信仰的靠拢。[4] 米苔作为久居汉地的粟特后裔,其也如同很多入华的粟特先辈一样,皈依佛门,自不足奇。而且,米苔信仰佛教与我们上文所述其为祆教徒后裔并不矛盾,而是符合宗教传播发生变异的规律的。

在有宋一代,祆教华化的例子并不鲜见。东京开封就有祆庙庙祝汉化的实例。事见北宋张邦基《墨庄漫录》卷4:

> 东京城北有祆(呼烟切)庙,祆神本出西域,盖胡神也。与大秦穆护同入中国,俗以火神祠之,京师人畏其威灵,甚重之。其庙祝姓史,名世爽,自云家世为祝累代矣,藏先世补受之牒凡三:有曰怀恩者,其牒唐咸通三年(862年)宣武节度使令狐给,令狐者,丞相绹也;有曰温者,周显德三年(956年)端明殿学士权知开封府王

〔1〕R. Gauthiot, "Sūtra du religieux ongles-longs(*Dîrghanakhasūtra*)", *Mémoires de la Société de Linguistique de Paris*, 17, 1912, pp. 257 – 367. Frederich Weller, "Bemerkungen zum soghdischen *Dirghanakha-sutra*", *Asia Major*, 10, 1935, pp. 221 – 228.

〔2〕吉田丰《大谷探险队将来中世イラン语文书管见》,载《オリエント》28 – 2, 1985, 页 50 – 65。

〔3〕D. N. MacKenzie, *The Buddhist Sogdian Texts of the British Library*, Acta Iranica 10, Tehran – Liege, 1976, pp. 33 – 51, plates 37 – 66. 伊吹敦《〈心王经〉について——ソゲド语译された禅宗系伪经》,载《驹泽大学禅研究所年报》1993 年第 4 号, 页 12 – 39。方广锠编《藏外佛教文献》第 1 辑, 佛教文化出版社, 1995 年, 页 251 – 318。Y. Yoshida, "The Sogdian Dhûta Text and its Chinese Original", *Bulletin of the Asia Institute* 10, 1996, pp. 167 – 173。

〔4〕Zhang Guangda, "The Role of the Sogdians as Translators of Buddhists Texts", in Annette L. Juliano and Judith A. Lerner eds., *Nomads, Traders and Holy Men along China's Silk Road. Papers Presented at a Symposium Held at the Asia Society in New York, November 9 – 10*, 2001, Turnhout, Belgium: Brepols, 2002, pp. 75 – 78. 中译本《粟特人在佛经翻译中的作用》,收入张广达《文本、图像与文化流传》,广西师范大学出版社,2008 年,页 290 – 294。

所给,王乃朴也;有曰贵者,其牒亦周显德五年(958年)枢密使权知开封府王所给,亦朴也。自唐以来,祆神已祀于汴矣,而其祝乃能世继其职,逾二百年,斯亦异矣。[1]

蔡鸿生先生曾提示笔者对史姓庙祝受补牒官一事进行考察,以窥祆教汉化之深。[2] 近日,蔡先生又撰文,对史姓庙祝之华化续有阐发:

> 从历史上看,庙祝职事的稳定性取决于主客观条件:自身的信念和外界的信众。关于前者,由于唐宋三封官牒均已佚失,史姓庙祝对祆神的宗教属性和神话功能究竟抱什么样的信念,无从窥测。至于后者,则据"俗以火神祠之"一语,可知汴京信众是将祆神视为"祝融之神",因怕火而敬火,完全失去西域奉火的本意了。[3]

这里,说的是史姓祆祝所居的祆庙如何被看做中国传统的火神信仰,是祆教融入中土民间信仰的反映。而米氏佛化则不失为其华化的另一种表现形式。

正如陈寅恪先生在考释白乐天和元微之的世系时所指出:"吾国中古之时,西域胡人来居中土,其世代甚近者,殊有考论之价值。若世代甚远久,已同化至无何纤微迹象可寻者,则止就其仅馀之标帜即胡姓一事,详悉考辨,恐未必有何发见,而依吾国中古史'种族之分,多系于其人所受之文化,而不在其所承之血统'之事例言之(见拙著唐代政治史述论稿及隋唐制度渊源略论稿),则此类问题亦可不辨。故谓元微之出于鲜卑,白乐天出于西域,固非妄说,却为赘论也。"[4]通过上文考察可以看出,米芾为粟特后裔,难免带有本族先祖某些习俗,但其入华已历世代,自幼生活在华文化的环境中,像许多儒士那样,以佛教为精神寄托。

(原刊《中华文史论丛》2010年第3期)

---

〔1〕张邦基《墨庄漫录》,页110。

〔2〕拙文《唐宋祆祠庙祝的汉化——以史世爽家族为中心的考察》,页72-76。

〔3〕蔡鸿生《唐代胡姓术士事迹》,待刊。

〔4〕陈寅恪《元白诗笺证稿》,三联书店,2001年,页317。

7 澳门巴斯墓葬俗略考

在鸦片战争前后的珠江口岸,活跃着一群来自孟买的印度人,他们既是舶商又是债主,以"港脚商人"之名显露头角。按其宗教信仰,实即印度的琐罗亚斯德教徒(Zoroastrians),称帕尔西人(Parsis),在清代广州文献上,被按粤音译为"巴斯"。大约在公元 8—10 世纪期间,波斯本土的部分琐罗亚斯德教徒为逃避伊斯兰教的迫害,移徙到印度西部海岸定居,在当地形成了一个新的族群,即巴斯人。[1] 1771 年,法国东方学家迪佩农将巴斯人所信奉的琐罗亚斯德教经典《曾德—阿维斯陀经》翻译出版,[2]标志着近代研究巴斯人之开始。两百多年来,国际学界对巴斯人的研究取得了长足的进展,广涉其历史、宗教习俗、社会生活及商业活动等等;除对聚居印度的巴斯人进行研究外,就其散布英国、加拿大、美国、澳大利亚、南亚、港澳等地区的群体也多有研究。20 世纪 80 年代,广州黄埔巴斯墓地的发现是巴斯商人研究的一个里程碑。其时,广州市博物馆的黄汉纲先生发表的有关报导与研究[3],使国内学者重新注意广州的巴斯商人。90 年代初,郭德焱先生复对墓地进行了详细调查,就其中所反映的琐罗亚斯德教葬俗进行深入探讨。其间也提及澳门的巴斯墓地,以资比照。[4] 有关澳门巴斯墓地的

〔1〕林悟殊《印度的琐罗亚斯德教徒》,收入其著《波斯拜火教与古代中国》,台北新文丰出版公司,1995 年,页 11 - 22。

〔2〕Anquetil du Perron, *Zend-Avesta, Ouvrage de Zoroastre*, 3 vols, Paris, 1771.

〔3〕黄汉纲《拜火教在广州的遗迹》,载《广州日报》1983 年 1 月 28 日第 4 版;《广州的无声塔》,载《世界宗教研究》1985 年第 2 期,页 148 - 153。

〔4〕郭德焱《鸦片战争前后广州口岸的巴斯商人》,载蔡鸿生主编《广州与海洋文明》,中山大学出版社,1997 年,页 356 - 412;《广州黄埔长洲岛巴斯遗址图录》,中山大学宗教文化研究所专刊,2000 年 12 月;《清代广州的巴斯商人》,中华书局,2005 年,页 160 - 178 及所附图版。

·欧·亚·历·史·文·化·文·库·

情况更详细的研究,见陈颖川先生于 2005 年发表的文章。[1] 陈泽成先生从文物保护的角度详细介绍了巴斯墓地的现状,并附清晰图版,极便学者参考。[2] 本文拟在前人研究基础上,对澳门巴斯墓地所反映的宗教信仰略作考察,祈请方家指正。

7.1　墓地概况

有关澳门巴斯人墓地的情形,可见于民初诗人汪兆镛(1861—1939年)《澳门杂诗》中《竹枝词》的记载:

> 红毛白头西洋坟,
> 衰杨萧瑟摇斜暉。
> 从来墟墓足凄怆,
> 何事游客常纷纷。

并注曰:

> 西人坟有西洋、红毛、白头三处,冢石上皆刻文字,或琢石为神像,或作十字架,形式不一,雕镂精洁。时有游人往观。

章文钦先生对此诗笺注时指出:"白头坟:在松山半腰,岭南中学附近。建于 1829 年,门前额书:'白头坟,Parsee Cemetery。' Parsee 译为帕西人或巴斯人,公元 7 世纪以后移居印度的伊朗拜火教徒。18 世纪末至广州、澳门贸易,为英国港脚商人的一部分,清代文献称为摩罗或巴社白头回。"[3]

根据文献记载,墓地为时在珠江口岸从事贸易的巴斯人以协会的名义购入,位于东望洋山,"琐罗亚斯德教香港、广州和澳门信托基金会"的文献指出时间为 1822 年。[4] 而根据澳门巴斯墓地大门左右上

---

〔1〕陈颖川《澳门与中国十九世纪的琐罗亚斯德社群(下)》,载《澳门杂志》第 44 期,2005年,页 84－97。

〔2〕陈泽成《澳门白头坟场(琐罗亚斯德教墓地)的保护》,载《文化杂志》中文版第 47 期,澳门特别行政区文化局,2003 年,页 138－146。

〔3〕章文钦笺注《澳门诗词笺注》(民国卷上),澳门特别行政区政府文化局、珠海出版社,2003 年,页 56。

〔4〕陈颖川《澳门与中国十九世纪的琐罗亚斯德社群(下)》,页 88。

方字样,其建于 1829 年。[1] 这表明墓地于 1822 年购入,建成使用则为 1829 年。复据澳门 18 世纪末的地图和 19 世纪初的绘画作品,墓地位于当时葡人的居住范围之外。[2]

澳门巴斯墓地共包括 14 座墓,均面向珠江口的东方,寓意第一时间接触到晨曦的光线和旭日的光芒。墓地与传统琐罗亚斯德教墓葬达克玛(dakhma,圆塔)的形制并不相符,但有石制的围墙环绕,并沿山坡而下呈锯齿形状,学者认为其"明显表明他们在异地环境的限制下,仍最大限度地遵守 Vendidad(《文迪达德》,即《辟邪经》——笔者注)要求的'立一建筑物,以安放死尸,避开野兽'的规定,忠诚于自己的信仰。这一点上,遵守程度比广州的琐罗亚斯德教徒仅能在墓地周围绕以篱笆较高一筹"[3]。

7.2　墓刻铭文

巴斯墓地的第一座墓,属于 1829 年逝世的架赊治·化林治(Cursetjee Framjee)。墓顶平石上用英语刻着志文,云:"纪念已故的架赊治·化林治(孟买人),他逝世于 1829 年 3 月 17 日,享年 50 岁。"[4] 然后下半部刻有一首诗,云:

> The light is sweet, and a pleasant thing it is
> for the eyes to behold the Sun. But if a
> man live many years, and rejoice in
> them all, yet let him remember the
> days of darkness, for they shall
> be many. All that cometh
> is vanity.[5]

---

〔1〕陈泽成《澳门白头坟场(琐罗亚斯德教墓地)的保护》。
〔2〕陈颖川《澳门与中国十九世纪的琐罗亚斯德社群(下)》,页88。
〔3〕陈颖川《澳门与中国十九世纪的琐罗亚斯德社群(下)》,页91。
〔4〕陈颖川《澳门与中国十九世纪的琐罗亚斯德社群(下)》,页90。
〔5〕陈泽成《澳门白头坟场(琐罗亚斯德教墓地)的保护》,9号墓图版。

有关此诗,郭德焱先生汉译曰:"光明诚甜,睹日生欢。人若畅享天年,请记住黑暗的每一天,黑暗常有,来世虚幻。"[1]陈颖川先生译为:"光明是美,看到太阳而欢欣;但人若享受天年,让他记住黑暗的日子,若其常有,全是来世的虚幻。"[2]同样的内容亦见于5号墓,该墓为1842年去世的孟买商人布约治·曼诺克治(Burjorjee Maneckjee)而建,其享年47岁[3]。观墓顶石刻内容,除死者姓名、生卒年月为墓碑铭文常见内容之外,尤其值得注意的是石刻纪年方式及石刻下半部宗教意味颇浓的诗句。前者已为学者所特别指出:"墓椁顶英语的字型采罗马式,富庄重之美,英语与古吉拉特语之间有纹饰以作分隔。十四位墓主中有十一位出生于孟买,比较靠中间的为最早入葬,墓地先启用第二层,然后向右展开,再右、左相置,有两墓椁刻上波斯萨珊王朝末代皇帝伊嗣俟纪年(Yazdezerd Ⅲ,或作 Yerdeperdy Ⅲ),表明巴斯人的遗民身份外,也流露对祖国的眷恋。"[4]而后种情况,学者也已注意:"此外,有两座墓椁顶上刻上相同的诗句,阐述对光明的追求。"[5]相似内容也见于晚唐入华波斯琐罗亚斯德教徒墓志。该墓志为1955年冬陕西省文物管理委员会在西安西郊大土门村附近发现。墓志主人为晚唐苏谅妻马氏,志文为巴列维文(Pahlavi,或译作婆罗钵文、帕拉维文)与汉文双语合璧,墓石为白色石灰石,略呈方形,宽39.5厘米,高35.5厘米,厚7厘米,无盖[6]。志面刻有两种志文:汉字刻在下半部,共7行,每行6至8字不等,最后一行3个字,共44字。志文为:

> 左神策军散兵马使苏谅妻马氏,己巳生,年廿六,于咸通十五

〔1〕郭德焱《粤港澳三地文献与巴斯在华史研究》,载《文化杂志》中文版第47期,澳门特别行政区文化局,2003年,页135。

〔2〕陈颖川《澳门与中国十九世纪的琐罗亚斯德社群(下)》,页90。

〔3〕陈泽成《澳门白头坟场(琐罗亚斯德教墓地)的保护》,5号墓图版。

〔4〕陈颖川《澳门与中国十九世纪的琐罗亚斯德社群(下)》,页91。

〔5〕陈颖川《澳门与中国十九世纪的琐罗亚斯德社群(下)》,页91。

〔6〕陕西省文物管理委员会《西安发现晚唐祆教徒的汉、婆罗钵文合璧墓志——唐苏谅妻马氏墓志》,载《考古》1964年第9期,页458。

年甲午岁二月辛卯建廿八日丁巳申时身亡,故记。[1]

志面上半为婆罗钵文,共6行,横书,与古汉字习惯的直书不同。马氏的婆罗钵文墓志表明其是虔诚的琐罗亚斯德教徒。为解读该志文,半个世纪以来,各国学者付出了大量努力,其中不乏歧异之处。[2] 张广达先生综合各家成果,概括婆文墓志大意为:

  1—2 行 此[乃]苏谅(Sūrēn?)家族之故兵马使×××的女儿、故马氏之墓。

  3—4 行亡于[已]故伊嗣俟之二百四十年(872年),唐朝之二六〇年(874年),永胜之君、至圣天子咸通十五年(874年)之 Spandarmat月 Spandarmat日

  5—6 行 建卯(?)二十八日。(下句动词 YHWWNT't/bavād 为祈愿语气)[愿]她归位于阿胡拉马兹达和诸天使[身侧],永生于天堂。愿她安息。[3]

志文最末两行明显表明墓主的宗教信仰,与我们讨论的澳门巴斯墓所刻祈愿光明的文字有些相似。这一点在中古(伊斯兰化以前)伊朗本土所发现的琐罗亚斯德教墓葬中亦得到体现。如马夫达什特(Marvdasht)平原的纳克什·鲁斯塔姆(Naqsh-i Rustam)和伊斯塔克尔(Istakhr)地区,当时的一般琐罗亚斯德教徒流行的一种墓葬方式为在山崖开凿洞窟或壁龛,以供收纳骨架之用。这种小洞穴式达克玛(dakhma)属萨珊晚期直到伊斯兰化早期。[4] 这些石洞穴往往刻有铭文:"(此达

  [1]作铭《唐苏谅妻马氏墓志跋》,载《考古》1964年第9期,页458–461;又收于《夏鼐文集》下卷,社会科学文献出版社,2000年,页108–111。

  [2]有关婆文墓志的语言学研究,可参看刘迎胜《唐苏谅妻马氏汉、巴列维文墓志再研究》,载《考古学报》1990年第3期,页295–305。张广达《再读晚唐苏谅妻马氏双语墓志》,载《国学研究》第10卷,北京大学国学研究院中国传统文化研究中心,2002年,页1–22;后收入其著《文本、图像与文化流传》,广西师范大学出版社,2008年,页250–273。

  [3]张广达《再读晚唐苏谅妻马氏双语墓志》,载《国学研究》第10卷,页16;《文本、图像与文化流传》,页267。

  [4]Dietrich Huff,"Archaeological Evidence of Zoroastrian Funerary Practices",in Michael Stausberg ed.,*Zoroastrian Rituals in Context*,Leiden·Boston:Brill,2004,p.596.

克玛)由某人为某人而建造,其灵魂必将因此而升入天堂。"[1]就墓刻祈愿光明文字这一点来看,远离故土的印度巴斯人还在执着地坚持古老的传统。根据文献记载,早在 14 世纪时,远离故土的印度巴斯人就返乡向波斯本土的祭司学习有关丧葬仪式的规定,[2]表明他们对本教传统的保存非常主动积极。因此,他们漂泊到异乡中国后,这一习俗也仍未替革,就不难理解了。

7.3 墓葬等级

从近代入华基督教信仰者的墓冢形状可以看出其贫富的差距,如澳门的比尔兄弟墓:兄丹尼尔·比尔死于 1827 年,因当时富裕,墓地非常豪华;弟托马斯·比尔因走私鸦片失败,经济上陷入困境,死时简单埋葬,与其兄的墓地形成鲜明对比。[3] 而澳门巴斯墓则与之不同,自始就给人留下充满平等的印象。如曾随葡萄牙公使罗沙(Thomas de Sousa Rosa)赴京签署第一个中葡条约的葡国贵族阿尔诺伯爵(Conde Arnoso,1855—1911 年)在其《世界周游记》(*Jornada pelo Mundo*)中记载:"澳门有三个坟场:天主教坟场、英国人坟场和回教坟场(澳门巴斯墓——引者注)。回教坟场内的坟墓完全一样,或者说辨别不出哪些是富人的坟墓,哪些是穷人的。这才是真正充满平等的坟场。"[4]澳门巴斯墓的平等形象,今天在黄埔长洲岛巴斯遗址中同样可以清楚地看到:9 座成人墓的大小、用料几乎是相同的。[5] 那么对澳门巴斯墓所反映出的平等形象应如何认识呢?

---

〔1〕G. Gropp & S. Nadjmabadi, "Eine Reise in West-und Südiran", *Archäologische Mitteilungen aus Iran* NS 3 ,1970 ,pp. 173 – 230. A. Hassuri, "Two Unpublished Pahlavi Inscriptions", *Zeitschrift der Deutschen Morgenländischen Gesellschaft* 134 ,1984 ,pp. 92 – 97.

〔2〕B. N. Dhabhar, *The Persian Rivayats of Hormazyar Framarz*, Bombay ,1932 ,p. 58.

〔3〕〔美〕亨特著,沈正邦译,章文钦校注《旧中国杂记》,广东人民出版社,1992 年,页 80 – 87。

〔4〕文德泉(P. Manuel Teideira)《阿尔诺伯爵笔下的澳门》,载《文化杂志》中文版 7/8 期,澳门文化司署,1989 年,页 68 – 69。转引自郭德焱《清代广州的巴斯商人》,页 172;陈颖川《澳门与中国十九世纪的琐罗亚斯德社群(下)》,页 91。

〔5〕郭德焱《清代广州的巴斯商人》,页 173。

根据琐罗亚斯德教史和教义的记载,该教殡葬方式在具体实行过程中存在着等级的区别。一般认为琐罗亚斯德教葬俗中最突出的外部特征是实行天葬。这一习俗始于何时,史无明载。有关的文献记载,最早似可追溯到公元前 5 世纪希腊作家希罗多德(Herodotus)的记录:

　　　　据说波斯人的尸体惟经狗或禽类撕裂后始可埋葬。Magoi 有此俗毋庸置疑,缘彼等于此乃公开不讳。[1]

据希罗多德的叙述,Magoi 僧侣的尸葬方式并未被波斯人所广为接受。例如,当时历代国王虽大力推行琐罗亚斯德教,但其死后并不遵照该教习惯,曝尸天葬。他们遵循着古代伊朗王族和贵族的传统,将尸体涂香防腐,安放在石制坟墓里。这种做法表现了其"渴望升入天堂,来日再生的愿望,这是贵族等级特有的权利"[2]。阿契美尼王朝开国君主居鲁士一世(Cyrus Ⅰ,公元前 640—600 年)就没有根据正统的仪式曝尸,表面看来似乎违背了琐罗亚斯德教的教义,然而他的陵墓经过仔细营造,使熏香的尸体与活着的生物之间不会发生联系,从而遵守了琐罗亚斯德教的教义。[3] 实际上不仅阿契美尼人,而且继起的帕提亚人(Arsacids,即安息人)和萨珊人(Sasanians)也坚持固有传统,均将国王的尸体涂香,安放在石制坟墓里。[4] 由此可见,在琐罗亚斯德教流行的时代,王族在不违背教义的情况下,为了维持其尊贵的地位,可以不曝弃尸体。而祭司和下层百姓则实行曝尸天葬。因而从表面形式来看,古波斯琐罗亚斯德教葬俗中的确存在着不平等。不过无论是国王与贵族使用石制坟墓安葬,抑或下层百姓曝尸天葬,都恪遵本教教义,即不让尸体直接与大地接触。根据该教律法,把死尸埋于地下,就会使土地不洁,乃是一种弥天大罪。《辟邪经》第 3 章第 3—4 节规定,把狗

　　〔1〕Herodotus, *The Histories*, transl. by Aubrey de Sélincourt, revised, with an introduction and notes by A. R. Burn, Penguin Books, Bungay, Suffolk, Great Britain, 1954, 1972, p. 99. 参阅王以铸译《希罗多德历史》上册,商务印书馆,1997 年,页 72。

　　〔2〕Mary Boyce, *A History of Zoroastrianism*, Vol Ⅰ, Leiden: E. J. Brill, 1975, p. 325.

　　〔3〕Mary Boyce, *Zoroastrians: Their Religious Beliefs and Practies*, London, etc., Routledge and Kegan Paul, 1979, 1984(with 2 pp. insertion "Additions and corrections"), 1998(3rd revised reprint), 2001, p. 52; *A History of Zoroastrianism*, Vol Ⅱ, Leiden/Köln: E. J. Brill, 1982, pp. 54 – 57.

　　〔4〕Mary Boyce, *Zoroastrians: Their Religious Beliefs and Practies*, p. 121.

或人的尸体埋于地里,半年不挖出者,罚抽一千鞭;一年不挖出者,抽两千鞭;两年不挖出者,其罪过无可补偿。[1] 这里值得注意的是,即使普通教徒曝尸天葬,其形式也存在着不平等之处。按照《辟邪经》中的规定,曝尸要经过两个步骤:第一步是在干燥荒芜的高地曝晒,以使身体中的可贵部分,亦即尸肉,迅速被鹰和野狗吞噬,这一步是必须的。第二步是处理干净的尸骨,这一步可以任选。[2] 经济条件允许的家庭,可以将尸骨收集起来,用特殊的骨瓮保存。经济条件不允许的家庭,则任由尸骨留在原地,自然腐烂。[3] 可见在最后收骨埋尸这一环节,身份地位或经济条件不同的家庭,实有不同选择。

由此看来,清末澳门、广州地区的巴斯墓所表现出来的整齐划一的平等形象,并不表示琐罗亚斯德教有关葬礼的规定是平等的。其平等形象似可从两方面来理解:一,墓葬主人具备足够的经济实力,在巴斯人协会的安排下,有能力支付建墓所需费用。二,即便入葬者中或有经济能力低下者,由于富有的巴斯人社团保持其一贯慈善的本色,愿意出资援建坟墓。巴斯人社团一贯积极从事慈善事业,于史有征。

从 16 世纪欧洲新兴资本主义国家相继在印度建立商业据点开始,巴斯人即与欧洲人打交道,帮助他们开展商业业务,并逐渐积累了大量财富。但正如巴斯学者卡拉卡所说:"巴斯商人能有今天的地位,得归功于英国人在印度的统治。"[4] 1736 年巴斯人劳治·瓦底亚(Lowji Wadia)从苏拉特来到孟买,成为巴斯史上富有转折意义的一个重要事件。英国一直以来都力图在印度殖民地寻找港口和造船厂。1736 年 1月 10 日,东印度公司理事会曾写信给苏拉特代理商,说需要一位优秀的木匠:"我们听说苏拉特有一位名叫劳治的人。如果他能来此处,他

---

[1] J. Darmesteter transl., *The Zend-Avesta*, Part Ⅰ, *The Vendīdād*, in F. Max Müller ed. *Sacred Books of the East* (*SBE*), Vol. Ⅳ, Oxford University Press, 1887; repr. Motilal Banarsidass, 1965, 1969, 1974, 1980, pp. 31 – 33.

[2] *SBE*, Vol. Ⅳ, *The Zend-Avesta*, Part Ⅰ, pp. 44 – 51.

[3] Dietrich Huff, "Archaeological Evidence of Zoroastrian Funerary Practices", pp. 593 – 594.

[4] Dosabhai Framji Karaka, *History of the Parsis*, *including Their Manners*, *Customs*, *Religion*, *and Present Position*, London: Macmillan and Co., 1884, p. 243.

将胜任所有工作。"[1]劳治真的去了,并为西部印度建造了孟买造船厂。他及其后代一直将造船厂经营到 1885 年。他们造的船性能优良,举世闻名,"大英人在孟买建战船,其白头人手艺甚妙,建船固美焉"[2]。劳治所属的瓦底亚家族,特别是佩当治·巴曼治(Pestonji Bomanji)与其他的巴斯人合作,主要包括瑞迪满力家族(Readymoneys)、卡马家族(Camas),后来又包括意之皮(Jamsetji Jijibhoy,1783—1859年),在 19 世纪发展了与中国、缅甸和东非的贸易。[3] 到 18 世纪末时,巴斯人的事业已经崭露头角。在 1789 年 12 月 17 日的一封未刊书信中,法曼(W. G. Farmer)写道:

> 你会看到公司运转一切顺利,除了已有的船只之外,他们也正以最快的速度在孟买、苏拉特、Damaun、Cochin 建造。有关贸易方面,是令人惊奇的,若公司考虑垄断贸易一事,我不知情况会如何。他们很容易看到公司每年为何未赚取大量利润,而将之留给一群巴斯人。在他们的福利中,政府未获分毫利润。他们也无时无刻不在剥夺公司的利益。公司的反对似乎只是为了捞取资本。[4]

尽管这段文字充斥对巴斯人的诋毁,但无疑反映出当时巴斯人在商业上已构成对东印度公司的威胁。到了 5 年之后,也就是 1794 年,海军上尉穆尔(Moore)记录道:

> 从其财富和人数来考虑,巴斯人是孟买岛屿上最主要的原住民。其不但拥有最庞大的私人物产,也占有大量的港口泊位……[5]

1804 年,一位欧洲旅行家乔治(George Viscount Valencia)记录道:

〔1〕Ruttonjee Ardeshir Wadia, *The Bombay Dockyard and the Wadia Master Builders*, repr. Bombay,1972,p. 126.

〔2〕爱汉者等编,黄时鉴整理《东西洋考每月统计传》,中华书局,1997 年,页 223。

〔3〕John R. Hinnells, "Anglo-Parsi Commercial Relations in Bombay Prior to 1847", *Journal of the K. R. Cama Oriental Institute*, Bombay,1978, No. 46,pp. 5 - 19; 此据 John R. Hinnells, *Zoroastrian and Parsi Studies, Selected works of John R. Hinnells*, Ashgate Publishing Ltd. 2000, p. 107.

〔4〕John R. Hinnells, *Zoroastrian and Parsi Studies, Selected works of John R. Hinnells*, p. 108.

〔5〕John R. Hinnells, *Zoroastrian and Parsi Studies, Selected works of John R. Hinnells*, p. 108.

他们富有、活跃而真诚，极大地促进了居住地的繁荣。他们几乎参与到每一间欧洲贸易公司的工作。通常确实是巴斯人产生了最大部分的资本……我认为他们是最有价值的。我坚信，除非遭到不公正待遇，他们必将成为抵抗更有权力的印度种姓的障碍。[1]

有学者作过统计，1828 年至 1829 年、1833 年至 1834 年间，通过巴斯商人出口到中国的印度产品中，棉布和鸦片所占比例分别是 32% 与 46%，可见澳门的巴斯人社群是由富有的商人组成的。[2] 18 世纪下半叶到 19 世纪末期间，广州、澳门和香港等口岸，富有的外国人流行油画肖像的风尚。巴斯人作为广东口岸最富裕的阶层之一，也与英国人、美国人、瑞典人一样向钱纳利（George Chinnery，1774—1852 年）订件，绘画油画肖像。[3] 前述澳门巴斯墓地的第一座墓葬，乃属逝世于 1829 年的架赊治·化林治（Cursetjee Framjee），他是孟买福布斯公司（Messrs. Forbes and Co.）的代理，为孟买最大的造船厂东主之一杰赊治·包曼治（Jamesetjee Bomunjee）的侄儿，因商业关系多次往来中国与印度之间。他与欧洲人建立的优良商业与人际关系成为当时当地的榜样之一。[4] 第 10 号墓属于裴当治·考瓦斯治（Pestonjee Cawasjee Darabsha Sethna Esqre，1842—1919 年），是巴伦治行（the fir. of Cawasjee，Pallanjee & Co. of China）创办人，被誉为巴斯人在远东，尤其是珠江三角洲历史上重要的人物。[5]

到 19 世纪，巴斯人已经成了印度社会的富有阶层。雄厚的经济实力，使他们得以更好地履行教主琐罗亚斯德"善行"的训示，大力兴办

〔1〕John R. Hinnells, *Zoroastrian and Parsi Studies*, Selected works of John R. Hinnells, pp. 109 – 110.

〔2〕陈颖川《澳门与中国十九世纪的琐罗亚斯德社群（下）》，页 87。

〔3〕陈颖川《澳门与中国十九世纪的琐罗亚斯德社群（下）》，页 87。

〔4〕陈颖川《澳门与中国十九世纪的琐罗亚斯德社群（下）》，页 90。

〔5〕陈颖川《澳门与中国十九世纪的琐罗亚斯德社群（下）》，页 91。

各种慈善事业。[1] 有关巴斯人从事慈善活动的动机,可从其宗教信仰中寻找根源。如阿尔塔·维拉兹在天堂之旅中,看到慷慨者的灵魂,比任何其他灵魂的地位都要崇高。[2] 一篇中世波斯语文献中也记载"至善之行即为慷慨"[3]。在琐罗亚斯德教的观念中,财富并不含有邪恶,只要其是诚实获得并仁慈慷慨地布施。[4] 一个人尽管履行了诸多责任,并完成了众多善行,但却没有施与穷人任何东西,则其灵魂并不能得到救赎。[5] 据说,"完美的欲望"即"不断行善,以促进正直的欲望"。[6] 清末来到珠江口岸从事贸易的巴斯商人也继承了巴斯人乐善好施的传统。1834 年巴斯人协会在广州成立,到 1845 年,居住广东的巴斯人越来越多,团体日渐增大,于是他们在广州集结,创立了一个大的协会(Anjuman),规模覆盖广州、香港和澳门,主要职责是设立和维护基地,以及向下层的巴斯人提供经济上的辅助。比如 1847 年,由英国官员出面与中方交涉,巴斯人协会以年租 25 两、为期 100 年的方式在黄埔长洲租下占地约 1000 平方米的小山岗作为教徒的墓地,即广州巴斯人墓地。[7]

18 世纪末以来,巴斯商人在经济上崛起,他们财力雄厚,因此死后所埋葬的墓棺才会制作考究,整齐划一。如学者所指出:"每一直角转折部分在时隔一百多年后仍十分清晰,而且在弧形线的运用上十分利落,像用电锯锯出来一样棱角分明;石与石之间的衔接条缝很细微,显现工匠们在制造前计算精确,工艺水平甚高。"而建造所用的带蓝点的

〔1〕John R. Hinnells, "The Flowering of Zoroastrian Benevolence: Parsi Charities in the 19th and 20th Centuries", in A. D. H. Bivar and John R. Hinnells eds. , *Papers in Honour of Professor Mary Boyce*, Leiden: E. J. Brill, 1985, pp. 261 – 326; John R. Hinnells, *Zoroastrian and Parsi Studies, Selected works of John R. Hinnells*, pp. 209 – 240.

〔2〕Martin Haug transl. , *The Book of Ardā Virāz Nāmag* 12: 1 – 6, Charles F. Horne ed. , *The Sacred Books and Early Literature of the East*, Vol. Ⅷ: *Ancient Persia*, 1917.

〔3〕E. W. West transl. , *Mēnōg ī Khrad* 4: 3. , in F. Max Müller ed. *SBE*, Vol. ⅩⅩⅣ, Oxford University Press, 1885; repr. Motilal Banarsidass, 1965, p. 26.

〔4〕E. W. West transl. , *Mēnōg ī Khrad* 15: 11, in F. Max Müller ed. *SBE*, Vol. ⅩⅩⅣ, p. 43.

〔5〕John R. Hinnells, *Zoroastrian and Parsi Studies, Selected works of John R. Hinnells*, p. 210.

〔6〕R. C. Zaehner, *Dawn and Twilight of Zoroastrianism*, London, 1961, p. 279.

〔7〕陈颖川《澳门与中国十九世纪的琐罗亚斯德社群(下)》,页 92.

大理石,"在综合巴斯人的财力、地理,以及坟场由购置到建成所经历的七年时间等因素下,我们不能排除石料或半制成品的墓椁用料是由外地输入的可能性"。[1] 雄厚的经济实力更有助于他们履行本教"善行"的传统。无论从哪个角度来理解,巴斯墓地所表现出来的平等形象,都表明他们对祖先古老信仰的固守与坚持。

7.4　殡葬方式

就巴斯墓葬的殡葬方式,陈颖川先生文中介绍道:"石棺椁的形制,与东印度公司于一八一四年在白鸽巢兴建的新教坟场大致相似,也是长方形的。墓地没有屯积泥土的现象,墓椁高九十厘米,这个空间并不用作盛载遗体。殡葬方式是先用木棺盛载遗体下葬,到一年后才以石建造石椁。"并在注释中指出,此"据香港琐罗亚斯德教祭司 Ervad Jimmy Sidhwa 2004 年 11 月 13 日见告于香港"。[2] 其中有关巴斯人殡葬方式是"先用木棺盛载遗体下葬"的描述,未免令人生疑。根据现代巴斯学者莫迪(J. J. Modi)的研究,在琐罗亚斯德教的丧葬仪式中是严禁使用木头的,因为根据该教的说教,木头多孔,富渗透性,能够携带并传染死者的各种病菌,因此在该教中用于抬放尸体的棺多为铁制或石制。[3] 而求之历来琐罗亚斯德教墓葬的情况,尽管时代不同,地区各异,却鲜有用木棺者。

前引琐罗亚斯德教经典《辟邪经》第 5 章第 3—4 节,训示琐罗亚斯德教徒"要把死尸放在达克玛上,让死者的眼睛朝向太阳;尸体在达克玛上被风吹雨淋,冲洗干净"[4]。第 6 章第 5 节也训示教徒:"立一

---

〔1〕陈颖川《澳门与中国十九世纪的琐罗亚斯德社群(下)》,页 91。

〔2〕陈颖川《澳门与中国十九世纪的琐罗亚斯德社群(下)》,页 91,页 97 注 66。

〔3〕Jivanji Jamshedji Modi, *The Religious Ceremonies and Customs of the Parsees*, 2nd, Bombay: Jehangir B. Karani's Sons, 1937, p. 60.

〔4〕*SBE*, Vol. Ⅳ, *The Zend-Avesta*, Part Ⅰ, pp. 52 – 54.

建筑物,安放尸骨,避开野兽,并不让雨水积聚。"[1]第 8 章第 10 节规定了具体放置尸体的方式:"由两位孔武有力之人抬起尸体,将其裸露的身体放在黏土、砖、石及砂浆之上。"[2]这两位孔武有力之人即中国古代文献所记载的波斯"不净人",他们专司在葬礼的最后阶段抬放尸体,将其放在该教的尸葬之塔"达克玛"中[3]。现代印度的琐罗亚斯德教徒即巴斯人依然按照这一方式处理尸体[4]。具体到这种"达克玛"的形制,19 世纪学者们于印度巴斯人住所得以窥见,其乃一种圆形建筑,有 20 英尺高的围墙,整座建筑皆是石砌:

> 里边有一个圆坑,周围环铺石头,深为六英尺,宽为七英尺,死尸便放在里面。四周还砌有石墙,约二十英尺高;墙侧有一小门,供运进死尸用。整座建筑物都是石砌的。[5]

对巴斯人的墓葬情况,晚清到过印度的人士也根据自身的耳闻目睹而有所记录。光绪辛巳年(1881 年),马建忠奉派访办鸦片事件,在其《南行记》中记述了孟买近郊所见的巴斯人的达克玛:

> 冈阴有一圆塔,塔顶平台,则包社人(巴斯人——引者注)死后陈尸之所。按包社人敬日月星,大暮罕谟回祖东侵包社,强其民人服教。其民人多有逃至印度者。千二百年,弃尸鸟食之俗未能替革。[6]

题为阙名著的《游历笔记》,所记墓葬见于"傍倍"(孟买):

> 波斯义冢,以砖石砌成大圈,中有铁栅分格,每栅置一尸,一任群鸟啄食,俟血肉尽,其骨即由铁栅落下,亦恶俗也。[7]

[1]SBE,Vol. Ⅳ,The Zend-Avesta,Part Ⅰ,p.73. Mary Boyce ed. and transl. ,Textual Sources for the Study of Zoroastrianism,Manchester University Press,1984,p.65.

[2]SBE,Vol. Ⅳ,The Zend-Avesta,Part Ⅰ,pp.95 – 96.

[3]参阅拙文《古波斯"不净人"考》,载《中山大学学报》(社会科学版)2002 年第 5 期,页 68 – 75。

[4]Jivanji Jamshedji Modi,The Religious Ceremonies and Customs of the Parsees,pp.65 – 66.

[5]Dadabhai Naoroji,The Manners and Customs of the Parsees,Bombay,1864,p.16.

[6][清]马建忠《适可斋纪言纪行》卷 3《南行记》下,见沈云龙主编《近代中国史料丛刊》第 16 辑,台湾文海出版社印行。

[7]《游历笔记》十三,[清]王锡祺辑《小方壶斋舆地丛钞》第十一帙,杭州古籍书店据清光绪十七、二十、二十三年上海著易堂印本影印,1985 年 11 月,第 15 册,页 572。

20世纪七八十年代,瑞典学者在印度巴斯人聚居的纳夫萨里(Navsari)考察,发现当地有5座达克玛;从发表的照片看,其形状与19世纪学者的记述大体相同。[1] 对于这种达克玛,前苏联宗教学者也有较具体的描述:

> 顶层呈凹状,四周有台阶,中央为井穴;塔顶分三层以放置尸体(外层置男尸,中层置女尸,内层置童尸)。有专营此事者,将尸体移于其上,均赤身露体,任鹰隼啄尽尸肉,骨殖则投入井穴。[2]

上引资料表明巴斯人的达克玛,特别是放置尸体的尸台为石制。同样的葬俗亦见于现代伊朗琐罗亚斯德教徒中。18世纪欧洲学者在伊朗的伊斯法罕(Isfahan)所看到的琐罗亚斯德教徒的达克玛,乃是一种建于城外偏僻地区的圆塔,也是以石头砌成的,高达25英尺,直径则为90英尺。[3] 现代伊朗的亚兹德(Yazd)也有两座琐罗亚斯德教徒使用的达克玛。一座建于1863年,得力于巴斯代理人的帮助;另一座则是晚近兴建,于1963年始投入使用。据说后者是按中古波斯语 Rivayats(《书信集》)记述的模式建造的,其基本结构都与印度巴斯人的达克玛类似,皆为石制,都有围墙。[4] 建于1829年的澳门巴斯墓园和建于1852年的香港巴斯墓园现仍保留着当时的围墙,印证了巴斯人殡葬习俗中"筑围墙"的重要性。而广州的巴斯人,因为中国民众反对,才被迫以竹篱代替砖墙。德国著名的伊朗考古专家胡夫(Huff)曾指出,在达克玛周围建以围墙,乃处于非琐罗亚斯德教统治下的一种必需的自我保护措施。[5]

正如郭德焱先生所指出,巴斯人葬俗"与其说是入乡随俗,不如说是远离故土受条件限制迫不得已。我们把黄埔巴斯墓的造形同巴斯

〔1〕Sven S. Hartman, *Parsism: The Religion of Zoroaster*, Leiden: E. J. Brill, 1980, Plate ⅩⅣ.

〔2〕〔苏〕谢·亚·托卡列夫著,魏庆征译《世界各民族历史上的宗教》,中国社会科学出版社,1985年,页378。

〔3〕J. Chardin, *Voyages en Perse et autres lieux de L'orient*, Vol. Ⅱ, Amsterdan, 1735, p.186.

〔4〕Mary Boyce, *A Persian Stronghold of Zoroastrianism*, Oxford University Press, 1977, repr. University Press of America: Lanham · New York · London, 1989, pp. 192–194. 中译本见〔英〕玛丽·博伊斯原著,张小贵、殷小平译《伊朗琐罗亚斯德教村落》,中华书局,2005年,页209–211。

〔5〕Dietrich Huff, "Archaeological Evidence of Zoroastrian Funerary Practices", pp. 621–622.

人在故土实行天葬的宗教内涵相比照,并结合当时的文献记载,可以得出这样的结论:广州口岸的巴斯人在异乡以灵活埋葬方式遵守了本教经典的规定,表达了故土天葬所反映的信仰"[1]。广州黄埔巴斯墓全部用石头做成,而周围相同时期的黄宅却留下了许多砖头,这说明当时巴斯人建墓时按宗教教义有意识地做了选择。[2] 因此,言巴斯人以木棺盛载尸体下葬,既有背教义,又无教史可循,颇令人疑惑。

近年来由于西北地区北朝隋唐时期胡裔墓葬的相继发掘,祆教研究一度受到学界关注。[3] 澳门巴斯墓与广州巴斯墓一样,无疑为国内目前的祆教研究提供了一个巴斯版的参照物。

(原刊《珠海、澳门与近代中西文化交流——"首届珠澳文化论坛"论文集》,北京社会科学文献出版社,2010 年)

---

〔1〕郭德焱《清代广州的巴斯商人》,页 160。
〔2〕郭德焱《清代广州的巴斯商人》,页 169。
〔3〕可参阅姜伯勤《中国祆教艺术史研究》,三联书店,2004 年。

8　清代"摩卢"人考

从 17 世纪末开始,摩卢人就活跃在广州的洋场上。有关摩卢人的形象与职业,可见清代广州十三行行商潘有度《西洋杂咏》的记载:

> 头缠白布是摩卢,
>
> 黑肉文身唤鬼奴。
>
> 供役驶船无别事,
>
> 倾囊都为买三苏。[1]

潘有度(1755—1820 年),字宪臣,号容谷,商名致祥。其父潘启(又名振承),为同文行创始人,乾隆中叶成为行商首领,西人称之为潘启官(Puankhequa Ⅰ)。乾隆五十二年十二月(1788 年 1 月)潘启死后,有度接办同文行,其后与万和行商蔡世文同为行商首领,西人仍称之为潘启官(Puankhequa Ⅱ)。潘有度平日喜观书吟诗,著有《义松堂遗稿》。其中《西洋杂咏》20 首大约作于嘉庆十八年(1813 年)前后,取材于在澳门和广州所见的西洋风物。他经营中西贸易数十年,在十三行商中居于重要地位,且多次来往澳门,对西洋事物的认识,多为前人所未及。[2] 潘有度对该诗的注解为:"摩卢,国名,人皆用白布缠头。""夷呼中国之酒为三苏,鬼奴岁中所获,倾囊买酒。"[3]其短短四句诗即道出摩卢人头缠白布、供役驶船及嗜酒等重要特征。本章拟在前贤研究基础上,对清代中西贸易领域的摩卢人进行考察。

8.1　摩卢人的身份与职业

"摩卢"亦书写作"么卢"、"摩罗",为葡文 Mouro 的音译,英文拼作

---

[1]潘仪增、潘飞声《番禺番氏诗略》第 2 册《义松堂遗稿》。

[2]详阅章文钦《清代广州十三行与澳门》,收入其著《广东十三行与早期中西关系》,广东经济出版社,2009 年,页 168 - 170。

[3]潘仪增、潘飞声《番禺番氏诗略》第 2 册《义松堂遗稿》。

Moor,又译作摩尔人。一般认为,Moor 一词起源于拉丁语 maurus,意为"摩卢人的",专指生活在北非毛里塔尼亚(Mauritania)地区的居民。古典作家经常对其记录。如斯特拉波《地理志》就记载其为"生活在伊比利亚正对面的利比亚部落"。[1] 不同时代的摩尔人有不同的含义:中世纪指西欧西班牙人和葡萄牙人对北非穆斯林的贬称;近代指欧洲人对非洲西北部地中海沿岸城市的伊斯兰教徒的统称;自 19 世纪末 20 世纪初法国入侵并统治西部非洲后,则专指生活在撒哈拉沙漠西部地区的居民集团。[2]

根据文献记载,摩卢人来自印度。林则徐《洋事杂录》云:"孟雅拉地方平地无山,并无金银矿。其地所用之银,名曰劳啤,形如洋钱,不过差小,字纹各别。字系么罗字,有花一朵似菊。分三等……汉人以么罗字似芽菜,故谓之芽菜银。"[3] 此处"么罗",无疑就是摩卢的异写。《洋事杂录》绘出了么罗国劳啤的图版。这种刻有么罗字的劳啤,即为印度的白银卢比。当时,印度、中国、英国之间存在三角贸易关系:英国用鸦片换取中国茶叶;用中国的白银去支付印度的出口商品和支持印度的货币体制。印度的白银卢比这时成了整个印度洋贸易区的中介物。[4]

据上引《洋事杂录》可知,摩卢应来自于印度的孟加拉国地区。这符合印度摩卢人的历史。在印度,"摩卢"一词泛指所有穆斯林阶层。当时的印度穆斯林被粗略地划分为西北地区穆斯林和沿海穆斯林。西北地区穆斯林不仅包括巴布尔及其继任者统治时期进入印度的莫

〔1〕Josiah Blackmore,*Moorings*,*Portuguese Expansion and the Writing of Africa*,Minneapolis,London: University of Minnesota Press,2009,pp. 2 – 3.

〔2〕Ivan Van Sertima,"The Moor in Africa and Europe",Ivan Van Sertima ed. ,*Golden Age of the Moor*,*Journal of African Civilizations*,Vol. 11,Fall. 1991,*Journal of African Civilizations Ltd.* ,1992,pp. 1 – 26. 刘芳辑,章文钦校《葡萄牙东波塔档案馆藏清代澳门中文档案汇编》上册,澳门基金会,1999 年,页 328.

〔3〕〔清〕陈德培手录,林永俣、孟彭兴校点《林则徐〈洋事杂录〉》,《中山大学学报》(社会科学版)1986 年第 3 期,页 25.

〔4〕参见理查德兹著,人禾译《鸦片生产与十九世纪印中英三角贸易》,载《世界历史研究动态》1982 年第 3 期。

卧儿人和波斯人,而且包括大量土生土长的穆斯林,即莫卧儿人到来之前的 5 个世纪里持续不断进入印度的移民后裔。沿海穆斯林主要是来自阿拉伯半岛和波斯湾的商人。在公元 1500 年之前的几个世纪期间,迁入印度的阿拉伯商人和波斯商人,通过与当地沿海印度教徒通婚混居,逐步形成了新的穆斯林族群,如西印度的"纳瓦亚特人",马拉巴尔德的"马塔拉人"或"莫普拉人",半岛东海岸的"鲁百人"或"拉百人"。早在新航路开辟之前,这些伊斯兰教徒就频繁地从事海上贸易。[1] 印度的外贸和商业最初由西海岸的穆斯林商人阶层组织,即使在葡萄牙人到达东部海域后,印度的外贸和商业仍然基本掌握在西海岸的穆斯林商人手中,外贸和商业在莫卧儿时期获得了巨大发展。印度在阿克巴统治时期,海上贸易的主要通道是坎八叶港口和苏拉特港口;孟加拉,特别是萨特港,是一个摩卢人城市中的集市城市,各种商品琳琅满目,应有尽有。[2] 摩卢人在印度,尤其是孟加拉国地区,以擅长海外贸易著称。他们也逐渐参与到西方殖民者与中国的海上贸易之中。也就是说,清代广州文献中的"摩卢"人应该就是来自印度从事海外贸易的穆斯林阶层。

摩卢人参与入华贸易,最早可追溯至 17 世纪末。如 1698 年和 1699 年,有关到澳门从事贸易的法国商船和英国商船的记录,都载有摩卢人和亚美尼亚人来到珠江三角洲从事与广州的贸易。1700 年,英国商船麦克尔斯菲尔德号(Macclesfield)到达黄埔时,船长发现一艘私人的英国船从印度马德拉斯港(Madras)来到并停泊在那里。法国商人称这是一艘来自苏拉特的"摩卢"船。[3] "摩卢"船有别于欧洲船,也与其他亚洲的平底帆船不同。[4]

〔1〕〔印〕斯迪芬·麦勒迪斯·爱德华兹·赫伯特·利奥纳德·奥富雷·加勒特著,尚劝余译《莫卧儿帝国》,青海人民出版社,2009 年,页 229 – 230。

〔2〕〔印〕斯迪芬·麦勒迪斯·爱德华兹·赫伯特·利奥纳德·奥富雷·加勒特著,尚劝余译《莫卧儿帝国》,页 209 – 210。

〔3〕H. B. Morse, *The Chronicles of the East India Company Trading to China* 1635 – 1834, Harvard University Press, 1926; reprint, Taipei: Ch'eng-wen Publishing Co., 1966, Vol. 1, p. 91.

〔4〕Carl T. Smith and Paul A. Van Dyke, "Muslims in the Pearl River Delta, 1700 to 1930", *Review of Culture*, 2004, 10, p. 8.

当时摩卢人所从事的一种重要职业就是给欧洲船只充当船员。这些印度的摩卢人水手通常被称为"拉斯卡尔"(Lascars),他们比欧洲水手更受欢迎。在18世纪早期,英国人洛克(Charles Lockyer)描述那些"拉斯卡尔",在亚洲"是优秀的水手,善于应对气候",他们"薪酬微薄,要比我们的水手廉价"。1704年,洛克到达中国后,记录道:"我们发现苏拉特人的一艘巨轮停在广州河,她在西班牙服务了12个月,参与了卢卡尼亚(Luconia)的战争。她在我们面前不停装卸,后来在马六甲海峡被荷兰人占领。"洛克亦提及苏拉特的摩卢人巨商福特(Abdella Ford),他的舰队由15或16艘轮船组成,吨位从100到500吨不等。他在中国所见的船可能更大,足以与同时代法国或英国船只作比。[1]

　　1726年,比利时奥斯坦德(Ostend)印度公司(GIC)的船只报道,有一艘摩卢人的船停在黄埔,奥斯坦德的船长要求摩卢人船长借给他12名水手,帮助修船,对方很乐意就答应了。[2] 可见,摩卢人水手很受欢迎。

　　像所有同时代的其他航船那样,这些来自印度的私商也遭受海难之苦。1727年8月中旬,奥斯坦德船只报道,一艘来自苏拉特的摩卢船到达黄埔。在本月上旬一到达中国,船只就在万山群岛(Ladrone Islands)附近遇到台风,损失惨重。当到达上游时,就丢失了船头的船桅、主中桅和船首斜桅。但是他们尽力保护所携带的棉花免受损害。尽管遭遇了这些挫折,但摩卢人能够进行必要的修补,出售了货物,并于11月底带回新货。许多记录表明1727年黄埔有两艘摩卢船,但另一艘被怀疑是假悬马拉巴尔旗帜的荷兰东印度公司(VOC)的船。[3] 1731年到达中国的首艘丹麦船,记载10月31日"摩卢人的船只从此起航",并且记载在黄埔的18艘船中有一艘摩卢船。从印度来的私船经常在10月或11月就离开黄埔,而东印度公司的船通常稍晚,12月

---

〔1〕Charles Lockyer, *An Account of the Trade in India*, London: S. Crouch, 1711, pp. 257 – 259.

〔2〕Carl T. Smith and Paul A. Van Dyke, "Muslims in the Pearl River Delta, 1700 to 1930", p. 8.

〔3〕Carl T. Smith and Paul A. Van Dyke, "Muslims in the Pearl River Delta, 1700 to 1930", p. 9, 15 n. 5.

·欧·亚·历·史·文·化·文·库·

或来年 1 月方始离开。[1]

1735、1748 和 1764 年的记载表明,摩卢人作为公司或私船水手来到广州是很普遍的事。1735 年 8 月,荷兰东印度公司的船 Alblasserdam 号在南中国海下沉,其中有两名摩卢人幸存。1748 年,广州的荷兰人雇佣了 32 名摩卢水手,去补给缺少人手的 Padmos 号。这些人随着海难而被遗忘。1764 年,摩卢船 Muxadavad 号也在去中国的途中下沉,最后有 76 名摩卢人到达广州。澳门的一位私商 George Smith 对 Muxadavad 号感兴趣,据说它被托管成孟加拉国总督的私人财产,这 76 名幸存者乘葡萄牙船只从澳门返回印度。[2]

摩卢人从事水手这一职业,也见于中文档案的记录。东坡塔澳门中文档案 515 号"判事官喑嚟为乞恩究追押迁黄怀贤欺占盗卖做遮屾嗳房屋事呈澳门同知周禀稿"记载:

（嘉庆十八年四月初二日,1813.5.1）

十八年四月初二日禀军民府周。

西洋国使△△△,禀为豪华欺占盗卖房屋,乞恩究追押迁事:

现据澳夷做遮屾嗳报称:夷有住屋一所,坐落三层楼地方,另房一间与夷住屋相连,租与华人黄姓居住,门外摆卖水果食物,每年租银六员零五钱。当日议定,此房坍坏破损,系夷房主修整。倘夷要回改造居住,即当归还。历来二十年,毫无异言。后黄姓身故,伊子黄怀贤仍然在内居住。

忽于本年三月中旬,怀贤向夷说称:伊现买备砖料,修补房屋。夷当即回复:此房如有破坏,俟缓数日,夷应带工匠修补。伊既买备砖料,照价退还。迨至二十六日夷前往看视,见该房业已动工拆卸改修,伊意将墙垣全行拆毁,改作华人房屋,将来占为已业。夷见此情形,随即向问,据怀贤云:有伊亲戚要此房开铺,是以拆卸改修。夷闻言以理论止,不料伊不依理论,反恶言辱骂。声称:伊今

〔1〕Carl T. Smith and Paul A. Van Dyke,"Muslims in the Pearl River Delta,1700 to 1930",p.9.

〔2〕Dutch National Archives,*The Hague*,Netherlands,Canton 10,73. Carl T. Smith and Paul A. Van Dyke,"Muslims in the Pearl River Delta,1700 to 1930",p.9.

必要改造,开张酒店,如有人阻挡,伊即殴打。等语。

且又探闻黄怀贤已将此房转卖与人,今系华人亚君租赁修造,每年租银六十员。夷闻此言,殊觉骇异,复向怀贤理说,见其言语含糊,想必私卖情真,但未见确据,不敢指实,若再阻止,恐生事端。

惟思此房系夷己业,黄怀贤等何得盗卖私租?兼亚君开张酒店,卖与吕宋、噬嚧各水手人等食饮,将来难免聚积匪徒滋事,且夷现要改修此房,自己居住,情迫不已,只得隐忍投诉案下,恳为转禀究追。等情。

据此,喟思澳门地方华夷杂处,夷人房屋租与华人贸易居住者甚多,若似此强横欺占,夷人苦累何堪?势着据情禀赴台阶,伏乞恩准究追押迁,屋归原主,俾习风不致日长,华夷两相乐便。不独该夷感戴鸿恩,即阖澳夷人咸沾厚德于无涯矣。切赴

大老爷台前作主施行。

(0780/C0608—113/Cx.02,R.06/不详)[1]

荷兰海牙国家档案馆藏广州档案 89 号记载,1779 年英国私商亚伯拉罕·莱斯利(Abraham Leslie)无法收回破产行商陈科官(Coqua)所欠债务,于是他手持枪械,带着三四条巨犬,在几名孟加拉国来的摩卢人帮助下,占领了科官的商馆,夺取了里面全部的茶叶和瓷器。他将自己的名字写在门上,并挂起一面蓝旗,上面用中英文写着"Leslie,一名英国商人,占据了这座商馆,直到他得偿所有债务"(Leslie, an English merchant, has taken possession of this factory until he is paid)。[2] 从此段记载可以看出,同莱斯利一起去讨债的正是几名来自孟加拉国的水手摩卢人。这些记载均表明,摩卢人从事水手这个职业是很普遍的事情,正印证了潘有度诗云"供役驶船无别事,倾囊都为买三苏"的形象。

1809 年,东印度公司董事会曾禁止其员工担任推销鸦片的代理

〔1〕刘芳辑,章文钦校《葡萄牙东波塔档案馆藏清代澳门中文档案汇编》上册,页282。

〔2〕Paul A. van Dyke, *The Canton Trade: Life and Enterprise on the China Coast*, 1700 - 1845, Hong Kong University Press, 2007, pp. 97 - 98.

商。当时拜令行（Baring & Co.）的拜令先生曾提出抗议，认为他本人担任鸦片货主的代理人，与他对于公司的职责并没有关系，因为他如果不做，孟加拉国商人也可以将他们的鸦片委托给声名狼藉的葡萄牙人去做。监理委员会讨论了这个问题："帕特尔先生（Mr. Pattle）认为同鸦片贸易的这种瓜葛会使人不信任公司，因为公司并不能割断它自己同它的员工的行为；并且宣布拜令行曾经强制一个行商——关成发——参与一宗鸦片贸易，在这个交易中行商大亏其本，他警告董事会说这种行为对于公司利益是一种真正的危害。喇弗图先生（Mr. Robarts）……表示他的意见如下：以公司的大班充当散商的代理人，对于散商是一个很大的方便；已经发现，将棉花委托给印度土著、印度祆教徒或印度回教徒代理商是有害于广州的贸易的；因此鸦片只能委托给公司能绝对控制其行动的英国代理商；而且葡萄牙人对于把现在进入广州的这一部分贸易赶到澳门去的任何的变迁都是欢迎的。"[1]此处的印度祆教徒是指巴斯人，回教徒应该就是摩卢人，也表明摩卢和巴斯同时参与了印度与中国之间的贸易。

8.2　摩卢人的白头形象

有关摩卢人的形象，上引潘有度《西洋杂咏》云"头缠白布是摩卢"，表明头缠白布是摩卢人重要的外部特征。上文已指出，摩卢人应是来自印度的从事海外贸易的穆斯林阶层，而众所周知的是，回族穆斯林的帽饰亦多为白色，"五色之中，唯白最洁。因其本来清洁，并无制作因由，皆非诸色可及也"。帽饰原为阿拉伯人防暑用的头巾，伊斯兰教兴起后，缠头即列为圣行，阿拉伯语为"尔玛麦"，波斯语为"戴斯塔尔"、"泰斯台"。回族的帽饰一般呼为白帽；然因地域不同，有的叫"顶帽"、"孝帽"，有的叫"小花帽"、"回回帽"，有的叫"礼拜帽"、"号帽"，还有的称之为"巴巴帽"。"巴巴"乃伊斯兰称谓，阿拉伯语音译为

"君"和"先生"。"巴巴帽"是对戴白帽的穆斯林的敬称。《海国图志》卷22记载:"即杜国在淡项北,疆域稍大,由淡项水路顺风约二日可到。风俗民情与盆几里诸国略同。土产鸦片、海参、鱼翅,俱运往苏辣、孟买贩卖。自明牙喇至此,西洋人谓之戈什(峡)[嗒],总称为印度海。土人多以白布缠头,所谓白头回也。"[1]这一"白头回"应是对当地穆斯林的称呼。既然摩卢人是指印度的穆斯林阶层,那么他们戴白帽自在情理之中。

不过,由于摩卢人惯戴白帽,时人也多将其与同来自印度的另一族群巴斯人(Parsee)相混淆。因为巴斯人的祭司和成员皆以白布围头,穿白袍。徐继畲(1795—1873年)《瀛寰志略》卷5曰:"粤东呼(波斯)为大白头,印度为小白头,两地皆有白布缠头之俗,因以为名者也。"[2]概称印度为小白头,并未专指印度的哪一族群。雷碧嘉·基士文在日记中说,巴斯人"衣饰很简单和平实,夏天穿白色,但现在(六月),穿着浅褐色或褐色的大衣,衣服没有领,以别于中国僧人,但最丑的是头上戴着由白棉布制成的帽子"[3]。《英国议会文件》将中文的"白头夷"译作"white-head(Parsee)Foreigners"。[4]

除了文献记载之外,英国旅行家图古特·唐宁(Toogood Downing)在《1836—1837年中国环游记》中称,他在中国画家蓝阁(关乔昌)的画室中看到墙面上挂满了模特儿肖像画,其中就有衣着气派、戴着巴斯绅士礼帽的富人。[5]这种礼帽,同治九年(1870年)十月初一癸亥,清代同文馆首届毕业生张德彝作过非常仔细的观察,正是"白头"的特

---

〔1〕〔清〕魏源撰,陈华等点校注释《海国图志》,岳麓书社,1998年,页746。

〔2〕〔清〕徐继畲撰《瀛寰志略》,见《续修四库全书》第743册,上海古籍出版社,2002年,页62上。

〔3〕雷碧嘉·基士文1844年6月4日的信函/日记,见C. J., "Rebecca Chase: an American in Macau", in *Revista Macau*, September 2002, Macau, pp. 38 – 53. 转引自陈颖川《澳门与中国十九世纪的琐罗亚斯德社群(下)》,载《澳门杂志》第44期,2005年,页88。

〔4〕*British Parliamentary Papers*: China, Vol. 36, pp. 476 – 477.《清代外交史料》(道光朝三),页40。

〔5〕图古特·唐宁《1836—1837年中国环游记》卷2,页90 – 117,转引自胡光华《一种特殊的中西绘画交流形式:关乔昌(蓝阁)与钱纳利的艺术竞争》,载澳门《人文杂志》中文版第35期。

征:"同船有南印度孟买之商人十馀名,皆灰面乌须,有剃秃者,有剪发者,咸着泰西衣履。头顶花油布帽,其色白紫,形如笔筒,高约六寸,有细黄油布如倭瓜形者,有红黄黑三色花席如碗形者。皆能华、英语。有名裴当智者,年约三旬,自言来由印度,终年贩卖鸦片、棉花、绸缎等物。询其教,则曰邹欧拉斯达兰,乃拜日月五星者也。"[1]此处"邹欧拉斯达兰"当为琐罗亚斯德之异写,因此裴当智无疑为巴斯人。正是因为巴斯人重要的外部特征是头戴"白帽",才容易使人将文献记载的"白头摩卢"比定为巴斯人。

近代人王韬(1828—1897年)曾将巴斯人称为白头教人:

白头教人

西士湛氏曰:古波斯国即今白头人之祖,周以前居葱岭西、印度北。其教与婆罗门为敌,常称彼之神为鬼,彼之鬼为神。境与中国相去不远。

古有梭鲁华舌者,生春秋时,白头人之经即其手著。道与《书经》略相似,《洪范》陈九畴,梭鲁亦言五行、五福、五极、五征之类。又有五行之神与九壤之说,所云最尊大者,两仪之分,举凡有无、光暗、生死、善恶等,皆为两仪之神所主。所可异者,以阳神为善而无始终,以阴神为恶,常与阳神相争,必为所灭。且言阳神之下有六大神,即五行神与谷神,此亦与《虞书》"六府"相类也。其馀分吉凶、测象纬,亦无大异。此白头教与华人教同源之一证。

异哉所闻!近书中无有及之者[2]

王韬对琐罗亚斯德教教义的介绍,看来是根据西方学者的一些转述,而以中国传统文化牵强附会,[3]可反证时人对巴斯人"白头"的内涵并无过多了解。其实,琐罗亚斯德教徒中头戴白帽者往往为祭司,我们从

---

[1]张德彝《随使法国记》(《三述奇》),载钟叔河主编《走向世界丛书》,岳麓书社,1985年,页330-331。

[2]王韬著,陈成国点校《瓮牖余谈》卷5,岳麓书社,1988年,页139-140。

[3]林悟殊《中古三夷教辨证》,中华书局,2005年,页343。

学者们对现代琐罗亚斯德教徒举行仪式的描述中即可窥见。[1] 另外,孩童受洗时也往往头戴白帽。[2] 但平信徒则似乎并不强制戴白帽。伦敦皇家亚洲学会收藏了一幅香港巴斯人的照片,其摄于 1860—1862 年,从照片来看,三位巴斯人所戴的帽子显然并非白色。[3] 19 世纪的一些著名巴斯商人,如 Sir Jamsetjee Jejeebhoy(1783—1859 年)、Jamsetjee Nusserwanjee Tata(1839—1904 年)、Sir Dinshaw Manakji Petit(1823—1901 年)、Framjee Nasserwanjee Patel(1804—1892 年)、Nowrozjee Furdoonjee(1817—1885 年)、Manockjee Cursetjee Shroff(1808—1887 年)等等,从他们的照片(或画像)来看,也并非戴白帽。[4] 而且,戴白帽亦并非巴斯人或琐罗亚斯德教所专有。与巴斯人同源于古波斯的摩尼教(Manichaeism)就尚白,其徒非止戴白帽,且以穿白衣为尚。宋僧志磐在其《佛祖统纪》卷 54《历代会要志》第十九之四《事魔邪党》节下,明确记录了摩尼(末尼)教徒念《二宗经》、白衣白冠等特征:

> 大历三年(768 年),勅回纥及荆、扬等州奉末尼,各建大云光明寺。六年,回纥请荆、扬、洪、越等州置摩尼寺。其徒白衣白冠。[5]

因此,断不可因"白头"而简单地定"摩卢"为"巴斯"人。此外,从称谓译音的角度来看,亦可看出摩卢和巴斯的明显不同。

8.3 "摩卢"与"巴斯"

按,Parsees,即印度的琐罗亚斯德教徒(zoroastrians)。公元 7—9

---

〔1〕D. F. M. Kotwal and J. W. Boyd, *A Persian Offering*, *The Yasna: A Zoroastrian High Liturgy*, Paris, Association Pour l'Avancement des études Iraniennes, 1991, p. 41, pp. 45 – 48, 51 – 52, 54 – 57.

〔2〕Jesse S. Palsetia, *The Parsis of India*, *Preservation of Identity in Bombay City*, Leiden · Boston · Köln, 2001, 图版 11。

〔3〕中国国家图书馆、大英图书馆编《1860—1930:英国藏中国历史照片》,国家图书馆出版社,2008 年,页 101。

〔4〕Jesse S. Palsetia, *The Parsis of India*, *Preservation of Identity in Bombay City* 所附图版。

〔5〕《佛祖统纪》卷 54,见《日本大正新修大藏经》第 49 册,页 474 下。

世纪,随着阿拉伯征服伊朗,一部分固守传统的伊朗人离乡背井,逃到印度西海岸定居繁衍,逐渐发展成为今天的 Parsees。今天,广州黄埔长洲岛 Parsee 坟场周围尚立有界碑石,上面刻有英语"Parsee Ground"和汉语"巴斯墓界"。按名从主人的原则,郭德焱先生选择"巴斯"为 Parsee 的标准对音,以保持译名的历史特色。[1] 也就是说,无论"摩卢",抑或"巴斯",乃是音译自不同西文,它们在语源上并无法勘同。这一推论也可以从其他清代文献的"巴斯"异名中得到印证。

道光十年(1830 年),三位巴斯人化林治(Framjee)、钮罗治(Nowrojee)、任些治(Jamsetjee)打死荷兰人美坚治(Makenzie)。这三位 Parsees,英国外交部藏中文档案称之为"八思"。[2] 另外,尚有拖欠行商债款不还的奥勿治(Hormusjee 或 Aomatchee),英国外交部藏中文档案称其为"八师夷人"。[3] 很显然,无论"八思"或"八师",都是当时中国人对 Parsee 的音译称呼,与"巴斯"乃同名异写而已。

谢清高《海录》卷上"孟买"条:"孟买在盎叽哩北少西,相去约数十里,为英吉利所辖地,有城郭。土番名叭史,颜色稍白,性极淳良,家多饶裕。"冯承钧先生在《海录注》中认为:"'叭史'疑为 Parsi 之对音。《瀛涯胜览》榜葛剌条作吧儿西,乃波斯之火祆教徒,东迁至印度者,非孟买土著。特其地商业操自此辈手,故清高误以其为土番。"[4] 此颜色稍白之"叭史",亦即巴斯,与潘有度诗云"黑肉文身唤鬼奴"的摩卢人形象显不相符。

香港巴斯墓园(Parsee Cemetery)围墙上现仍保留着 1852 年建墓时的中文说明:"此园内系巴士国人所建安葬本国之人,他人不得侵葬。建立于本国纪一千二百二十二年,耶稣一千八百五十二年。特启。"由此可知,当时香港人称 Parsee 为巴士。[5]

---

〔1〕郭德焱《清代广州的巴斯商人》,中华书局,2005 年,页 38。

〔2〕佐佐木正哉编《鸦片战争前中英交涉文书》,见沈云龙主编《近代中国史料丛刊续辑》第 39 辑,台北文海出版社有限公司,1983 年,页 147。

〔3〕佐佐木正哉编《鸦片战争前中英交涉文书》,页 70。

〔4〕安京《海录校释》,商务印书馆,2002 年,页 94－95。《海国图志》卷 22 引用,页 746。

〔5〕郭德焱《清代广州的巴斯商人》,页 39。

另外,也有将巴斯称为巴社的,见梁廷枏在《英吉利国记》中的记载:"巴社者,回回祖家,俗称白头番,亦即入市中国之港脚也,船用英吉利旗号,称属地。"[1]梁氏在《夷氛闻记》卷2中亦记载:"上年英取阿付颜尼(阿富汗),俄夷出兵助其恢复,攻巴社,以撼印度。""巴社白头国为西印度。"其在原文中注"巴社"为"即用英旗来粤之港脚"。邵循正先生注文中的"巴社"为"Parsee,原伊朗人移居印度"[2]。

清人也有译Parsee为"包社"的,见马建忠《南行记》的记述:

冈阴有一圆塔,塔顶平台,则包社人死后陈尸之所。[3]

以上诸文献所见八思、八师、叭史、巴社、包社等等称谓,皆可与巴斯勘同,对此,郭德焱先生已经详辨,不赘[4]。尽管在有的文献中可能出现此类名称同时指称印度和波斯的混同情况,但不可否认的是它们虽然书写各异,但读音极为接近,都可溯源于Parsee。从这一点来看,"巴斯"与"摩卢"实无法在对音上勘同。

另外,就具体人名的汉译书写特征来看,也可以看出"摩卢"与"巴斯"的区别。《中国丛报》曾列举鸦片战争前后各年度在华外侨名单,其中的巴斯人名,带有非常明显的特征,即词尾或是jee,或是bhoy。Jee又拼作ji,在印度古吉拉特语中是"先生"的意思,相当于英语的"Mr."[5]。《英国议会文件》中就保存了巴斯人名汉译的例证:

H. & N. Cursetjee 架赊治

Tamooljee Rustomjee,esq. 担姆治·罗心治

Nasserwanjee Biccajee,esq. 拿舍湾治·别歌治[6]

巴斯人名词尾的bhoy,又拼作bhai,中文文献译之为"皮"。如当

〔1〕《史料旬刊续编》第52辑,页69。

〔2〕梁廷枏著,邵循正校注《夷氛闻记》卷2,中华书局,1959年,页40。

〔3〕〔清〕马建忠著《适可斋纪言纪行》卷3《南行记》下,沈云龙主编《近代中国史料丛刊》第16辑,文海出版社印行。

〔4〕郭德焱《清代广州的巴斯商人》,页38-40。

〔5〕*The Chinese Repository*,Vol.10,p.661.

〔6〕*British Parliamentary Papers:China*,Vol.31,p.273.

时著名的鸦片贩子打打皮(Dadabhoy)、意之皮(Jeejeebhoy)等。[1] 而反观有关摩卢人名的词尾信息,则无巴斯人名中"治"、"皮"等常见用词,益可证明两者并不能等同。葡萄牙东波塔所藏澳门中文档案,曾有关于摩卢人名的珍贵信息,见 1389 号"香山县丞朱鸣和为传集眼见蕃人质讯噎嚧人吵喹控蔡亚大抢银案下理事官谕"(乾隆五十八年十二月二十日,1793 年 1 月 21 日):

> 香山分县朱,谕夷目唔嚓哆知悉:

> 本月十四日,据该夷目禀称:噎嚧夷人吵喹投称:本月十二晚八点钟候,行至三巴下地方,被吉仔围唐人蔡亚大抢银四十员,乞转禀追给。等情。

> 据此,哆等查据蔡亚大称:该夷少欠数目。等语。但该夷果欠数目,自应投明哆等,押令清还。何以八点钟时分在路抢取? 殊属不合,禀恳拘追。等情。到本分县。

> 据此,当即饬令差役传讯去后。兹据差役带到蔡亚大前来,讯据蔡亚大供:小的本名蔡茂立,今年三十九岁,在吉仔围开杂货铺,有七八年了。与噎嚧夷人名㕼咋即吵喹素相认识,因㕼咋向作水手头目,众水手所欠钱文,俱是他一人出头担认,所以零星赊欠,共积银四十八员,有账簿呈阅。㕼咋约小的于本月十一晚六点钟时到三巴下割耳夷人屋中清还。小的是晚前去,㕼咋无银交还,说须再迟一礼拜,方能寔有。小的与他相吵一场是有的,并无抢他银子的事,当时㕼咋有同行站立,夷人数人均各看见,小的一人焉能行抢? 后来㕼咋将小的推出门外,闭门不纳,小的站在门外,适有李志奇经过该处,小的告诉前情,李志奇说:既是没有,再迟一礼拜便是。将小的劝回。小的曾将此情告诉库官,通事、番书亦俱知道。等供。据此,本分县饬唤李志奇到案,禀称:蔡亚大十一日曾在割耳夷人门外站立,经伊劝回。等供。

---

[1] 林则徐《信及录》,神州国光社,1946 年,页 32 – 33;*British Parliamentary Papers*:*China*,Vol. 30,p. 638.

现届封篆,除将蔡亚大暂行取保外,本分县查夷人哆喤禀控蔡亚大抢银四十员,据供并不曾抢,且欠伊银两,有簿为凭。加以刑吓,矢口不移。查据蔡亚大供称:当时有夷人数名一同站立,蔡亚大一人似难行抢,合行谕查。谕到该夷目,即传割耳房主及同时站立之夷人,与哆喤公同质讯明确,讯取切供,据寔另禀,以凭察核另示。特谕。

乾隆五十八年十二月二十日谕

(0971/C0606－035/Cx.01,R.04/0570)[1]

此处"嚟嚧夷人"无疑即摩卢人的异写,其名哆喤,又名啾吒,明显与巴斯人名常带的词尾"治"、"皮"不同。

由上述可知,摩卢人与巴斯人不同,他们是来自印度的穆斯林阶层,水手是他们所惯常从事的职业;他们与巴斯人相似,头戴白帽。到了中法战争期间,摩卢人又成为法国侵略中国的追随者,见李鸿章光绪十年十一月十八日辰寄译署的电文:

闽抚刘由泉州转寄十月二十九来电:十月十四、二十二两电到否。二十二基隆到法船二只,添么罗黑鬼五百,声言尚有续到。二十五猛扑乌嵿尖土勇营,围攻一时,得练丁并曹部救解,各有伤亡。敌连日修营安炮,颇欲蠢动。刘道议捐全台二百万,绅民哗然,万做不到,空言大话,遽请奏咨。朝廷俯念台危,饬各省济饷,倘将来左相据刘道禀奏,各省皆不协济,至绝饷援。台南六月报存库款八十万,台北仅用七万,不肯接济。台北若无内地济饷,万不能支,办捐非一时能集事,究不能抑勒限定数目,尚未举办,先自铺张,具禀请奏,不知何意。石帅允饬藩司解大批饷接济,若不能来,汇兑颇难,现向各商议兑(上图底本作"借")银票,能行,稍可展转。将士伤病之后,气衰力竭,土勇有胆耐劳,只能倚山守险,难当大敌,法兵再增即难支持。旨令迅复基隆,精锐无多,难以力取。敌有兵船守护营垒,攻固难,守尤难。兵锐不能稍挫,一败不可收

〔1〕刘芳辑,章文钦校《葡萄牙东波塔档案馆藏清代澳门中文档案汇编》下册,页714－715。

拾。惟相机防剿,期保危局。请转电总署。鸿[1]

除了参与对华贸易之外,摩卢人也曾是法国侵略中国的帮凶。不过这些摩卢人不是来自印度,应是来自北非。可见摩卢与中国关系的复杂性,值得我们进一步考索。

(原刊《韦卓民与中西方文化交流——"第二届珠澳文化论坛"论文集》,北京社会科学文献出版社,2011年)

---

[1]《李鸿章全集》第21册,电报一,安徽教育出版社,2008年,页397–398。

下编

迷评

9　玛丽·博伊斯教授
与伊朗学研究

2006 年 4 月 4 日,当代世界著名的伊朗学家玛丽·博伊斯教授(Mary Boyce)在英国伦敦去世,终年 86 岁。

玛丽·博伊斯于 1920 年 8 月 2 日生于印度大吉岭,早年就读于剑桥大学新汉姆学院(Newnham)。1943 年,博伊斯取得学士学位后,师从米诺斯基(V. Minorsky)教授研究波斯。1944 年,博伊斯任伦敦大学皇家霍勒威学院(Royal Holloway College)盎格鲁撒克逊文学与考古学助理讲师,并在伦敦大学亚非学院(SOAS)从事波斯研究。同时,在著名伊朗学家亨宁教授(W. B. Henning)指导下,她开始学习古波斯语和其他古伊朗语言。这期间她英译注释了波斯语 *History of Tabaristān*(《塔巴里斯坦历史》)中所保存的一份萨珊文献 *Letter of Tansar*(《坦萨尔书信》)。

1947 年,博伊斯出任伦敦大学亚非学院新设立的伊朗学讲师,1958 年,晋任伊朗学高级讲师。1962 年,博伊斯接替亨宁教授任伦敦大学伊朗学教授。从 20 世纪 50 年代起,博伊斯长期担任英国伊朗铭文基金会(Corpus Inscriptionum Iranian)秘书和司库,在亨宁教授领导下,负责法律和财政等事务,并负责编辑会刊。1956—1960 年,1965—1968 年,她还两度当选皇家亚洲学会理事会理事。1962—1975 年,担任《大亚洲报》(*Asia Major*)编委。1964 年以后,由于脊椎病痛,博伊斯教授不得不大部分时间留在英国。但在 1976—1977 年,她作为帕顿(Paton)客座教授,到印第安纳(Indiana)大学访问了 5 个月,在乌拉尔和阿尔泰研究系讲授琐罗亚斯德教。由于博伊斯教授在伊朗学领域的突出贡献,1972 年她被皇家亚洲学会授予波尔顿纪念奖章(Burton Memorial Medal),1975 年当选为美国东方学会(the American Oriental Society)荣誉会员,1978 年被选为丹麦科学与文学研究院(the Danish Academy of Sciences and Letters)外籍院士。1985 年,她被亚洲皇家学会授予帕西爵士(Sir Percy Sykes)纪念奖章。

　　早期,博伊斯的主要研究领域为古代摩尼教。1946 年,博伊斯重返剑桥大学东方学院攻读博士学位,在亨宁教授和贝利教授(H. W. Bailey)的指导下,以《摩尼教帕提亚文赞美诗》(*The Manichaean hymn-cycles in Parthian*,Oxford University Press,1954)为题撰写博士论文。论文所依据的原始资料是普鲁士科学院(the Preussische Akademie der Wissenschaften)授权亨宁教授带到英国的写本残片照片。这些写本是德国中亚探险队在吐鲁番发现的,现收藏在柏林。它们不仅为摩尼教研究提供了宝贵资料,而且由于写本并非使用琐罗亚斯德教帕拉维语文书的累赘书写体,而多采用帕提亚语和萨珊时代的中古波斯语,书写清晰,故对认识整个伊朗帝国的语言特色贡献甚巨。博伊斯的论文对吐鲁番发现的两首最古老的帕提亚文赞美诗进行了整理和释读,卷首有长篇导言加以评述,卷末并附有词汇表,为学界所称道。博伊斯的研究直接继承了导师亨宁教授,其成果不但为摩尼教研究本身提供了帮助,其对语言学和文本的分析,对于探讨伊朗和拜占庭帝国孰为文明先驱这一问题也不无帮助。在这一文字研究领域,博伊斯教授无疑是其天才导师亨宁教授的卓越继承者。该书于 1954 年出版后,博伊斯教授及其他各国学者继续从吐鲁番出土的写本残片中,检索甄别并研释出这两首赞美诗的另一些残片。直到 1990 年,德国著名粟特文专家宗德曼教授在前人研究基础上,重新综合整理了这两首赞美诗的残片。(*The Manichaean Hymncycles Huyadagmān and Angad Rōšnān in Parthian and Sogdian*,London:SOAS,1990.)

　　完成博士论文之后,在亨宁教授的建议下,她着手编写 *A Catalogue of the Iranian manuscripts in Manichaean script in the German Turfan collection* (《德国收藏的吐鲁番伊朗文摩尼教手抄文献目录》,Berlin,1960)。该书记录了德国吐鲁番摩尼教文献的收藏概况。这项研究也以亨宁教授收集的大量照片为基础,然而为了完成工作,博伊斯连续几年往返于汉堡和柏林,核对原件,对这些残片进行辨认和重新归类。博伊斯教授有关摩尼教的另一重要著作是 *A Reader in Manichaean Middle Persian Parthian*(《摩尼教中古波斯文和帕提亚文读物》,Leiden,1975)。该书选辑了一批中古波斯文和帕提亚文的摩尼教文书残片,加以详尽的注释,是研习吐鲁番摩尼教文献的重要参考书。在导言中,作者还结合书中所辑录的文献,对摩尼教的历史、教义、经典、文字等作了简明的介绍。为帮助读者研习这本书，作者还编纂了 *A Word-List of Manichaean Middle Persian and Parthian*（《摩尼教中古波斯文和帕提亚文词目》，Leiden，1977）。有关中国摩尼教的研究，20 世纪初敦煌所发现的 3 篇汉文摩尼教经典为极重要的原始文献；然而由于各种原因，直到世纪之交，中国学者对该等经典的语言学研究方有较大进展。中国学者若要进一步解读此类经典的内涵，特别是将其与其他文本的摩尼教内典进行比对，进而揭示摩尼教东传过程中的变异情况，则上引博伊斯教授诸著作都是不可或缺的重要参考书。

博伊斯早期研究的另一重点是伊朗古代文学。她早年曾师从口传文学的世界性权威查德韦克（H. M. Chadwick）教授，接受了古伊朗口传文学的严格学术训练，颇有得益。博伊斯曾发表多篇有关古代伊朗文学的论文，对古代伊朗史的研究贡献至巨。例如氏文"The Parthian gōsān and Iranian minstrel tradition"（《帕提亚 gōsān 和伊朗的吟游诗人传统》，*JRAS*，1957，1 – 2，10 – 45），对波斯史诗的起源及其本质的考察，迄今无人企及。文章不仅引导我们关注吟游诗人在帕提亚社会和宫廷中所担当的角色，更阐明欧洲中世纪吟游诗人现象在帕提亚社会中早已出现。同时，她强调了波斯神话中寓言的重要性，认为寓言故事作为对波斯史诗中非历史性情节的解释，可能比任何现存的前历史时期的记忆，或者吟游诗人和故事叙述者所创作的纯传说更为重要。寓言对波斯民族神话的整个暗示，可供作进一步研究。

博伊斯教授投入更多精力，取得巨大成就的另一领域是波斯琐罗亚斯德教研究。早期的学者因特殊的基督教背景，多关注该教形而上的哲学层面，从而把信仰的宗教（religion of faith）和书面的宗教（religion of work）对立起来，常把仪式与迷信等同视之。博伊斯教授在研究中，则更关注宗教中的仪式层面。她确信必须把琐罗亚斯德教看做一个整体，其信仰与仪式、宗教和礼拜之间是和谐的。这方面的突出成果是她对保留在现代伊朗的琐罗亚斯德教村落所进行的调查研究。1963 年，她不顾刚刚出现的背痛，甘冒伤痛加剧的危险，前往伊朗，与当地的琐罗亚斯德教村民生活在一起，进行深入的田野调查。此前，学者对现存琐罗亚斯德教徒的研究，主要依赖印度孟买和古吉拉特（Gujarat）的帕尔西（Parsis）社团。由于搬迁之后生活环境的改变以及其他原因,印度的琐罗亚斯德教徒发生了某些变化。与之相反,在克尔曼琐罗亚斯德教社区,特别是亚兹德地区的教徒们,则靠耕种干旱的土地艰难为生,并在穆斯林邻居的压力及严峻的生活条件和外部条件下,仍虔诚地保持本教古老的传统。但是,随着现代社会的发展,乡村教徒的数量日益减少,德黑兰和其他大城市吸引了许多年轻人搬往城市。很明显,面对这种压力,琐罗亚斯德教社区已很难继续维持正统,他们对节日、传统和仪式逐渐淡忘;幸好 1963—1964 年,尚不见伊朗的经济发展及反复革命对其产生影响。博伊斯教授近一年的调查,为我们保存了这份宝贵的文化遗产。在这次调查以后,博伊斯教授又出版了有关琐罗亚斯德教的系列著作。1975 年,她应邀在牛津大学的卡特拉克(Ratanbai Katrak)系列讲座上作了 6 篇报告,后扩充刊行为 *A Persian Stronghold of Zoroastrianism*, *based on the Ratanbai Katrak Lectures* 1975(《伊朗琐罗亚斯德教村落》,Oxford University Press,1977,repr. Universities of America Press,1989),即为是次田野工作的主要成果。该书明显表达了博伊斯教授对生活其间的人们的情感,既描述了琐罗亚斯德教徒日常生活的点点滴滴,也包含了她以历史学家的眼光对这些重要仪式所得出的卓识。这些论著为后世研究琐罗亚斯德教提供了丰富的素材。

她从伊朗回来后撰写的许多著作,主要是讨论琐罗亚斯德教的各种礼仪。如对琐罗亚斯德教日历及其改革的重要研究,对琐罗亚斯德教中火的宗教含义的解释,对历经数代的仪式传播的讨论等等。这些文章不仅大大加深了这一具体的专题研究,而且奠定了一些基本理论,是所有从事该教研究的学者都必须重视的。宗教研究通常强调仪式的保守性。在许多宗教中,仪式比信条保留了更多的虔诚成分。强迫改变仪式,或者进行改革,都比改变各种信条更易激起反抗。博伊斯教授认识到琐罗亚斯德教的祭司传统的保守性,从而强调宗教信条体现在仪式之中,唯此才能被感知和学习,其主要内容也借此代代相传而不改变。这样,宗教才可能保持正统,才可能尽量排除外部影响。基于此种认识,她认为应该用沙里发巴特村遥远而古老的正统——当然还包括其他教内外文献——去重建该教古老的信仰与仪式。

近年来随着中国西北考古的相继重大发现,祆教研究逐渐成为学界热潮。传统上,一般将中古中国流行的火祆教比定为源于波斯的琐罗亚斯德教,但近年来学界的研究已日益证明两者之间并不能简单等同,而是存在着较大差异。博伊斯教授的有关调查研究,恰为我们提供了琐罗亚斯德教的现代伊朗版,为进一步考察祆教与琐罗亚斯德教的渊源异同提供了重要参照。

有关琐罗亚斯德教的研究,长期以来学界多从语言学、文书学及宗教哲学的角度着手。与之不同的是,博伊斯教授更重视从历史层面去研究。1979 年,她出版了 *Zoroastrians*: *their religious beliefs and practices*(《琐罗亚斯德教徒:他们的信仰与习俗》,London,1979,1984,1988,2001),从宏观上对琐罗亚斯德教的长期历史进行了全面考察。该书涵盖内容从远古直至现代社会,既包括伊朗本土的教徒,也包括印度的帕尔西社团。如此宏观而又简明扼要地描述该教的历史发展及其巨大成就与影响,无疑超越了前人,为从总体上认识该教的发展史,并进一步深入研究提供了重要基础。该书多次再版重印,日本学者山本由美子也将该书日译刊行(山本由美子译,ゾロアスター教:三五〇〇年の历史,筑摩书房,1983 年)。该书亦有俄文译本行世。后来,博伊斯教授又出版了"Zoroastrianism,a shadowy but powerful presence in the Judaeo-Christian world"(Lecture / Friends of Dr. Williams's Library,1987)长文与 *Zoroastrianism*:*Its Antiquity and Constant Vigour*(*Columbia Lectures on Iranian Studies*,No. 7,1992)等著作,继续从宏观上探讨琐罗亚斯德教发展的历史。尤其是后者,描述了自公元前1000 多年前先知传教直到 20 世纪该教发展的历史,其中特别强调了西亚伊斯兰化后该教顽强的生命力。该书于 1998 年在德黑兰出版了波斯文本。

多卷本 *A History of Zoroastrianism*(《琐罗亚斯德教史》,Vol. Ⅰ,Leiden,1975;Vol. Ⅱ,Leiden,1982;Vol. Ⅲ,Leiden,1991),堪称博伊斯教授有关琐罗亚斯德教研究的代表作。本书现已出版 3 卷,被誉为近百年来琐罗亚斯德教研究的集大成著作。本书第 1、2 卷为作者独立完成,第 3 卷则与法国著名中亚考古专家葛乐耐(F. Grenet)教授合作。葛氏长期从事中亚考古,熟悉前苏联学界的研究成果,他参与撰写自使该书更臻全面系统。由于琐罗亚斯德教的文献繁复、庞杂、隐晦,多为残简断碑,难于勾勒完整清晰的画面,以往的学者不得不回避诸多问题,无法开展全面的研究。在这方面,博伊斯教授迎难而上。历来学界对琐罗亚斯德教教义聚讼纷纷,但博伊斯教授在最广泛地占有文字和文物材料的基础上,作出了合理公允、令人折服的评论;加上其文笔优美,条理清楚,更使研究增色不少。《琐罗亚斯德教史》为以后学者的进一步研究提供了一个不可多得的范本。可惜的是,本书第 4 卷尚未完成,博伊斯教授已经辞世,所幸余下的工作将由荷兰莱顿大学的 Albert de Jong 教授继续完成(据闻该书计划共出版 6 卷)。

无论是对该教仪式的研究还是对历史的考察,博伊斯教授的论著都是建立在坚实的文献基础之上的。关于琐罗亚斯德教经文的翻译,已历经数百年,随着时间的推移和研究的深入,学界深感译文的许多内容尚待改进。为此,博伊斯教授翻译并编辑了 *Textual sources for the study of zoroastrianism*(《琐罗亚斯德教研究文献资料》,Manchester University Press,1984,repr. Chicago,1990.),既对经典文献作了权威性译注及导读,也对各国学者的研究著述加以评介,不但方便初学者,对进行深入研究的学者也不无裨益。

博伊斯教授卓著的学术建树,早已受到学界肯定。1985 年,博伊斯教授 65 岁生日之时,各国学者为了纪念她对伊朗学研究的卓越贡献,编辑出版了 *Papers in honour of Professor Mary Boyce*(《玛丽·博伊斯教授纪念文集》,E. J. Brill:Leiden,1985)。也是在此前不久,博伊斯教授从伦敦大学的正式教职上荣休,但是她并未停止研究,仍然不顾病痛,继续从事《琐罗亚斯德教史》的撰写与修订,直至病逝。

(原刊《敦煌吐鲁番研究》第 10 卷,上海古籍出版社,2007 年)

10　谈祆说化一家言

——蔡鸿生教授祆教研究的思路

蔡鸿生先生长期关注火祆教研究,对祆教在不同时间不同区域传播过程中发生的变异进行了理论概括,同时对入传中国祆教的汉化途径进行了提示,显示出与众不同的研究特色,既给我们方法论上的启示,对未来的研究也多有提示和导向。以下结合蔡先生有关论著及历次讲谈,对先生祆教研究的思路略陈己见,以就教高明。

10.1　祆教版本说与祆教民俗化的猜想

与众多专论中古祆教的学者有所不同的是,蔡先生并非"就祆论祆",而是十分注重将火祆教与其文化本原作比较,注意分析其在不同时期不同区域的传播特色,并在此基础上提出祆教版本说。

祆教虽导源于古代伊朗,然而入传中国的祆教其信仰载体却是以粟特民族为主的古代中亚民族。因此只有廓清中亚地区的祆教流行情况,才能对中古中国流行的祆教进行实事求是的分析。这方面,汉文有关记载与中亚考古发现互相参证,对加深历史的认识颇多帮助。蔡先生在探讨唐代九姓胡的文化时,曾提请注意汉文史籍记载曹国流行的得悉神崇拜,有助于我们了解粟特地区祆教实行偶像崇拜的情况。[1] 蔡先生也注意到中亚祆教的葬俗与波斯琐罗亚斯德教葬俗之间的差异,利用前苏联中亚考古的研究成果,对康国"无棺椁"的葬俗进行了别开生面的解读,认为康国葬俗虽"埋殡无棺椁",但仍有"收骸骨"的葬具,即盛骨瓮(ossuary);并引用了巴托尔德(V. V. Barthold)

---

〔1〕蔡鸿生《唐代九姓胡与突厥文化》,中华书局,1998 年,页 11 – 14。

·欧·亚·历·史·文·化·文·库·

的研究成果,点出"俄属突厥斯坦的火祆教,与波斯火祆教不同的地方特点,就表现在葬式上流行盛骨瓮"[1]。这表明,蔡先生对火祆教葬俗的关注,一开始就注意到了中亚祆教与波斯琐罗亚斯德教的区别所在。

早在1995年,蔡先生在为业师林悟殊先生《波斯拜火教与古代中国》作序时就已指出:"唐宋火祆教与其文化本原相比,或因'辗转间接'而染上中亚色彩,已非波斯本土之正宗,而为昭武九姓之变种。"[2]虽然这一推测在当时还处于"亦未可知"的阶段,但近年来考古发现及学界的深入研究,已证明蔡先生这一推测之不诬。蔡先生却并不将其归功于自我的发明,而是认为直接来源于史学大师陈寅恪先生的启示。陈先生在读慧皎《高僧传》时所作有关中古文化间接传播及其利弊的精辟论述,[3]无疑引起了蔡先生关于古代异质文化传播路径的思考。的确,中古时代的文化传播,既是渐进的,又是曲折的。由于当时物质技术条件的限制,来自"文化本原"的直接传播不可能起主导作用,"辗转间接"才是普遍存在的方式。只有看到了文化因缘在空间上展开的"中间环节",才称得上对历史事实的尊重。而要取得这种认识上的突破,则需要开阔的国际眼界和精深的辩证思维。[4]

正是因为蔡先生认识到"中间环节"的重要性,才能看到传入中国的火祆教乃染上中亚色彩的变异了的粟特祆教。就粟特祆教与波斯本土琐罗亚斯德教的差异,蔡鸿生先生曾作出精彩概括:

> 琐罗亚斯德教,中国文献上称祆教,一般说法可以这么叫,因没有一个对应的称呼。但是二者是有差别的,目前认识所及,至少有下面三条:
>
> (1)神谱。琐罗亚斯德教,最大的神叫阿胡拉·马兹达,主神

---

[1]蔡鸿生《唐代九姓胡与突厥文化》,页26。

[2]蔡鸿生《〈波斯拜火教与古代中国〉序》,收入其著《学境》,香港博士苑出版社,2001年,页154-155。

[3]陈寅恪《读书札记三集》,三联书店,2001年,页307-308。

[4]蔡鸿生《〈陈寅恪集〉的中外关系史学术遗产》,原载林中泽主编《华夏文明与西方世界》,香港博士苑出版社,2003年,页1-6;收入蔡鸿生《仰望陈寅恪》,中华书局,2004年,页76-77;其著《中外交流史事考述》,大象出版社,2007年,页415-416。

是天神,还有六个辅神辅助它,故可以说,琐罗亚斯德教基本上是一神教。祆教不一样,有拜琐罗亚斯德教的神,也吸收了印度早期的神,如四条手臂的娜娜(Nana)神,起源于西亚两河流域,从贵霜进中亚。在中亚,还有一些本地的神。所以祆教是多神教,与波斯的琐罗亚斯德教是有区别的。

(2)形象。琐罗亚斯德教不搞偶像崇拜,但祆教从出土文物看,起码有两种偶:木偶、陶偶。从偶像来看,一种搞偶像崇拜,一种不搞。

(3)葬仪。琐罗亚斯德教是天葬,让鸟兽处理尸体,有尸台。祆教,则是在死尸自然风化后,将遗骨放到骨瓮里。

也许还有其他差别,但从以上三条看,祆教显然不完全是琐罗亚斯德教。祆教源于琐罗亚斯德教,但不等于,不能画等号[1]尽管有关粟特祆教与波斯琐罗亚斯德教之间的差异尚待具体的考察,但蔡先生的论断无疑具有提示和导向的作用。就此一点,林悟殊先生指出:"这一新的认识,对于澄清祆教研究中的某些误解,甄别祆教的原始文物或文献资料,无疑有很大的帮助。对尔后祆教研究,将起着重要的导向作用:引导学者们把更大的注意力投向古代中亚民族,尤其是粟特人的社会历史、经济文化,特别是其民俗、宗教信仰的研究。"[2]

中亚祆教只是琐罗亚斯德教变异过程中的一个版本,而整个祆教版本说,则是蔡先生在对宗教传播史研究方法进行思考时逐步形成的:"琐罗亚斯德教作为一个很古老的世界性宗教,随着时间、空间的推移,必定不断在发生变异。这种变异的结果,就是在历史上的不同时

---

[1]蔡鸿生先生于2006年4月5日下午在中山大学历史系中外关系史"学理与方法"讨论课上,评论了"粟特人在中国——历史、考古、语言的新探索"会议及同名论文集,对祆教与琐罗亚斯德教之间的区别作出了精彩概括。参见《"粟特人在中国"的再研讨》,载陈春声主编《学理与方法——蔡鸿生教授执教中山大学五十周年纪念文集》,香港博士苑出版社,2007年,页9-13;此据修订本,见其著《读史求实录》,广东人民出版社,2010年,页32。

[2]林悟殊《20世纪中国琐罗亚斯德教研究述评》,载余太山主编《欧亚学刊》第2辑,中华书局,2000年,页243-265;《三夷教·火祆教》,载胡戟等主编《二十世纪唐研究》,中国社会科学出版社,2002年,页577-585。

期、不同区域,产生了不同版本的琐罗亚斯德教。"[1]有关这一版本说,蔡先生又进一步进行了解说:

> 祆教是中古时代入华的三夷教之一。它与景教和摩尼教的不同之处,除没有汉译遗经传世外,尤其显著的特色是地区差异。从宗教文化的历史形态来看,可以说祆教在传播过程中出现过四大版本:原版是波斯的琐罗亚斯德教,印度版是巴斯教,中亚版是马兹达教,中国版就是祆教。[2]

既然正宗与变种并存,涉足中国祆教研究的人,如果不放眼世界,知同察异,就难免沦为"一孔之陋儒"了。

祆教由粟特地区传入后,其在中国的表现形式及传播命运如何呢?也就是说,中国版的祆教其形态为何呢?对这一问题,蔡先生曾作过很有见地的提示:

> 火祆教则从娘胎带来浓重的巫气,聚火祝诅,以咒代经,妄行幻法。作为宗教符号的西胡崇"七"之俗,也在民间蜕变成"七圣祆队"的神秘形态,面目全非。
>
> 时至今日,中古三夷教的汉化形式,仍然是个悬而未决的问题。深入的研讨,有待群策群力。如果暂作如下的猜想:摩尼教异端化,火祆教民俗化,景教方伎化,会不会庶几近之呢?[3]

可以说,祆教民俗化是蔡先生对入传中国的祆教的变异,亦即华化途径的思考。为了论证这一"猜想",蔡先生也进行了颇有新意的探索。

10.2　对祆教华化形态的考察

民为本,俗为风。要了解祆教在华传播的具体表现,必须对其信仰

---

〔1〕2005年9月29日,蔡鸿生先生在为中山大学历史系中外关系史专业的师生作"宗教传播史的研究方法"学术报告时,特别强调要注意传播过程里面的变异及变异的条件,并指出要注意祆教在西亚、中亚、印度和中国传播的具体情况有何不同。林悟殊先生在蔡先生论点启发下,对琐罗亚斯德教在不同历史时期、不同区域传播时所产生的不同版本进行了具体说明,见《〈伊朗琐罗亚斯德教村落〉中译本序》,载其著《中古三夷教辨证》,中华书局,2005年,页432–439。

〔2〕蔡鸿生《姜伯勤〈中国祆教艺术史研究〉序》,载姜伯勤《中国祆教艺术史研究》,三联书店,2004年,页1–3。

〔3〕蔡鸿生《〈唐代景教再研究〉序》,载其著《学境》,页156–159;《仰望陈寅恪》,页206–210;林悟殊《唐代景教再研究》,中国社会科学出版社,2003年,页1–4。

载体作实事求是的分析。根据文献记载,中古时期火祆教传入中国是由西往东,从于阗到鄯善再到沙州,经河西走廊,到达长安和洛阳,最后来到开封的。这一走向与胡人的活动走向是一致的。开封之后,火祆教的走向如何呢?以前学界似未多加注意。唐代笔记《柳毅传》记载洞庭湖主"与太阳道士讲火经",蔡先生根据陈寅恪先生《读书札记》的提示,提出应该注意火祆教向湖湘地区传播的问题。[1] 当然,要判定火祆教在湖湘地区的传播,首先必须考察当地是否具备传播的前提条件,即是否有胡人活动。蔡先生根据杜甫《清明》诗有"胡童结束还难有,楚女腰肢亦可怜"句,从胡童在当地玩耍而认为当地应有胡人聚落存在,由是证明火祆教在湖湘地区传播的实在可能性。[2] 另一个典型的例子是蔡先生对唐代"黄坑"宗教属性的判定。氏文《唐代"黄坑"辨》[3]对以往误为祆教葬俗的天竺古法进行了细致的考辨,就祆教礼俗的鉴别方法提供了示范。有关祆教葬俗在唐代社会的遗存,早已引起学界注意。早年岑仲勉教授曾力图证明唐代太原黄坑的祆教属性,[4]事见《旧唐书·李暠传》记载:

> 太原旧俗,有僧徒以习禅为业,及死不殓,但以尸送近郊以饲鸟兽。如是积年,土人号其地为"黄坑",侧有饿狗千数,食死人肉,因侵害幼弱,远近患之,前后官吏不能禁止。暠到官,申明礼宪,期不再犯,发兵捕杀群狗,其风遂革。[5]

考学界将其与祆教挂钩不外是根据"以尸送近郊以饲鸟兽","侧有饿狗千数,食死人肉"两大特征。蔡先生比较两唐书对此事记载的差异,将"黄坑"与康国别院及近代印度琐罗亚斯德教徒的达克玛作比较,力证太原黄坑是天竺古法"尸陁林"而非祆教葬俗。最后他指出:

〔1〕陈寅恪《读书札记二集》,三联书店,2001年,页232。

〔2〕蔡鸿生《读书不肯为人忙——学习陈寅恪先生的〈读书札记〉》,见其著《学境》,页97-98。杜甫诗见《全唐诗》卷233,中华书局,1960年,第7册,页2577。

〔3〕蔡鸿生《唐代"黄坑"辨》,载余太山主编《欧亚学刊》第3辑,中华书局,2002年,页244-250;收入其著《中外交流史事考述》,页60-67。

〔4〕岑仲勉《隋唐史》上册,中华书局,1982年,页319。

〔5〕《旧唐书》卷112,中华书局,1975年,页3335。

任何葬俗，都必须以一定的族群为载体。民为本，俗为风。回归到本文的主题，唐代"黄坑"的宗教属性，如果脱离当时的社会环境，在判断上就难免出现误差。按胡化程度而言，唐代的"三河"（河西、河北、河东）地区，以河东为最轻。西域的"兴生胡"入华行贾，历代均罕取河东道。当地城乡，未见有什么胡人聚落的痕迹。迄今已知的火祆寺分布状况，也都是远离太原的。因此，把"黄坑"看作"无言台"的变异，可以说完全缺乏种族文化的基础。

事实上，"户多侫佛"、"丧用浮屠"，才是中古时代三晋的民风[1]。蔡先生的这一论断同样来源于前贤的教导："外夷习俗之传播，必有殊类杂居为之背景"[2]，既然祆教传入中国主要以粟特移民为载体，则入华胡人聚落的存在，当为祆教传播的重要前提。

蔡先生受陈寅恪先生《刘复愚遗文中年月及其不祀祖问题》[3]一文的启示，特别强调"胡姓作为标帜性的符号，如果脱离礼俗体系，就会失掉认知价值"[4]。时下一些文章单凭一个胡姓就界定其人为胡人，而只要有若干胡姓人士出现在某一地区，就判定该地有胡人聚落，进而推断当地有祆教传播。蔡先生对这种定势思维很不以为然。他对祆教痕迹的判断是紧紧跟踪礼俗的表现。氏文《唐代九姓胡崇"七"礼俗及其源流考辨》，利用中西文献，对史载九姓胡崇"七"的礼俗及其与波斯琐罗亚斯德教神学体系的关系进行了详细考辨，多发前人所未发。而且，文末将九姓胡崇"七"礼俗与宋代社会"七圣祆队"作比较，认为这一游艺形式"无论角色、道具、演技还是服饰，都有祆教遗俗的鲜明特征"[5]，从而补充说明了前人关于"七圣刀乃是古代祆教的一种法事或法术"[6]的推测，也为祆教民俗化提供了重要的例证，从而进一

---

〔1〕蔡鸿生《唐代"黄坑"辨》。

〔2〕陈寅恪《元白诗笺证稿》，三联书店，2001 年，页 269。

〔3〕陈寅恪《金明馆丛稿初编》，三联书店，2001 年，页 365－366。

〔4〕蔡鸿生《〈陈寅恪集〉的中外关系史学术遗产》，载其著《仰望陈寅恪》，页 75－85；收入其著《中外交流史事考述》，页 415－421。

〔5〕蔡鸿生《唐代九姓胡崇"七"礼俗及其源流考辨》，载《文史》2002 年第 3 辑，总第 60 辑，页 105－111；收入其著《中外交流史事考述》，页 51－59。

〔6〕马明达《七圣刀与祆教》，见其著《说剑丛稿》，兰州大学出版社，2000 年，页 256－262。

步证实了有关祆教华化形态中"祆教民俗化"的猜想。

无论是对九姓胡崇"七"礼俗的考察,还是对太原黄坑宗教属性的考辨,都表明作者是十分重视从礼俗角度着手的。以礼俗为题,才能使考察对象落到实处,从而避免言之无物、探讨空疏。这一点,与国际琐罗亚斯德教研究的有识之士正好不谋而合。琐罗亚斯德教史研究的权威英国玛丽·博伊斯(Mary Boyce)教授评论西方学界的琐罗亚斯德教研究时,特别强调研究仪式的重要性:

> 他们以基督教为中心来审视琐罗亚斯德教,因此当新宗教吸收了琐罗亚斯德教的主要信条后,其重要性也随之完结。因此他们并不关心现存的琐罗亚斯德教仪式,也不关心其独特的信条。

> 西方琐罗亚斯德教研究的一个弱点是过分依赖文书⋯⋯在对宗教进行纯学术研究时,很可能会主观选择一些看似重要的部分;而根据与现实信仰的接触,可以使人们了解信徒对本教教义的理解,这些教义可能就体现在主要仪式中[1]

博伊斯教授这一观点显然已得到国际琐罗亚斯德教学界的呼应,近年有关这方面的研究已大有改观[2]。由于火祆教没有汉译经典出土,又缺乏明确的遗址遗物的发现,所以国人研究不乏模糊之处。以祆教礼俗为研究对象,无疑有助于让我们的立足点落到实处,从而全面和深入地认识祆教"辗转间接"传入中国后发生变异的过程及最终命运。

祆教习俗在当时社会生活中有何蛛丝马迹,由于文献记载阙略,较难探寻。学界为此不断努力。其中一个例子是武则天时期的安金藏曾剖腹表忠,学界多认为其所行为祆教法术,进而认为是粟特人的刺心剖腹幻法在唐代社会的遗存。蔡先生在讲课时则从以下四点论证了刺心剖腹实为儒家忠心的表现,与祆教无涉:[3]

---

〔1〕Mary Boyce, "The continuity of the Zoroastrian Quest", in W. Foy ed.: *Man's religious quest: a reader*. London, Croom Helm in association with the Open University Press,1978,p. 604,613.

〔2〕Michael Stausberg ed., *Zoroastrian rituals in context*, Leiden·Boston:Brill,2004.

〔3〕2004 年 12 月 20 日下午"学理与方法"课程,地点:中山大学历史系永芳堂四楼第二会议室,主题:《专门史与通识》。是次讲纪要见陈春声主编《学理与方法》,页 3–8;是文更详细的论证,见修订本《专门史与通识》,《读史求实录》,页 25–27。

一，人。从安金藏的父亲安菩墓志考察安氏的家世与信仰，认为其已经历突厥化、汉化（通过佛教信仰表现出来）。所以由此家世看不出有任何祅教的痕迹。从家庭与信仰来看，进入突厥汗国的六胡州已经突厥化、汉化。

二，事。此"案"，为唐代大案、要案，要由御史专办。当时控制御史台的是有名的酷吏来俊臣，因此用祅教幻术来蒙混过关是不可能的。且祅教幻术是不保密的，公开的，可参观的，西域有此幻法，长安有不少人知道。安金藏敢于出来证明，应是真刀真枪，不可能是糊弄。武则天认为此人忠诚，令御医救治，未死。伤为真伤，御医用药也为真。

三，例。在来俊臣时代有无他案可供参照？据《太平广记》卷 269 "诬刘如璿恶党"条记有"……时来俊臣党人。与司刑府史姓樊者不协。诬以反诛之。其子讼冤于朝堂。无敢理者。乃援刀自刳其腹……"[1]此与安金藏一模一样，为了鸣冤，不能不这样做。

四，证。事情过后，唐玄宗上台后追思安金藏的忠节，且下诏表彰，有《追封安金藏代国公制》，见于《全唐文》。[2] 故在此场合，安金藏所表现的是"忠"（儒家的），此前为佛，现为忠，表明其汉化之深，剖腹表忠。

蔡先生剖析这一个案，主要是借以强调专门史与通识的关系：研究粟特，是为专门史，而上述人、事、例、证四项的联系，则属于通识，涉及民族史、法制史、宗教史等多学科领域。所以要有整体观，不能孤立地看问题，要有世代感，看其突厥化、汉化，才不致单以一安姓将之附会，出现片面性的判断。蔡先生这一讲演告诉我们，不要仅从胡姓就去判断其为"粟特文化在唐代的遗迹"，而要注意随着其进入突厥汗国和唐代社会，已经逐步突厥化、汉化。

蔡先生在特别关注祅教传播的过程及其变异问题的同时，更强调要对变异的具体表现作出客观分析。为了更全面而客观地揭示祅教

---

[1]李昉等编《太平广记》第 6 册，中华书局，1961 年，页 2108 - 2109。
[2]〔清〕董诰等编《全唐文》卷 23，中华书局影印本，1983 年，页 270。

在华的传播过程及其社会走向,蔡先生曾提命笔者将学位论文题目定为《唐宋祆教的华化形态》,[1]并就唐宋祆教礼俗的华化表现作了提示:伊朗琐罗亚斯德教为原教形态,中亚祆教为胡化形态,中国则可用华化形态来概括。唐宋祆教华化何所指呢? 华化指的是民俗化、偶像化、功利化。到了宋代"有祝无巫"、"有神无教",就是华化的形态。研究宗教要有形态,基督教在罗马帝国时期为早期形态,中世纪为充分发展,近代则多样化。立形态一定要有具体内容。祆教传播过程中的变异就表现在其形态上,既与原教旨不同,又与胡化不同。比如,祆庙如何由一个崇拜中心变为私人约会的中心? 往其他生活领域渗透,是其民俗化的表现。[2] 本人博士论文对祆教华化形态的概括,正是得益于蔡先生这些提示。

蔡先生特别重视文献关于唐宋时代开封祆庙史姓庙祝变迁的记载。事见北宋张邦基《墨庄漫录》卷4,蔡先生曾提示笔者对史姓庙祝受补牒官一事进行考察,以窥祆教汉化之深。[3] 近日,蔡先生又撰文,对史姓庙祝之华化续有阐发:

> 从历史上看,庙祝职事的稳定性取决于主客观条件:自身的信念和外界的信众。关于前者,由于唐宋三封官牒均已佚失,史姓庙祝对祆神的宗教属性和神话功能究竟抱什么样的信念,无从窥测。至于后者,则据"俗以火神祠之"一语,可知汴京信众是将祆神视为"祝融之神",因怕火而敬火,完全失去西域奉火的本意了。[4]

蔡先生又将自晚唐经五代至北宋汴京祆庙的崇拜对象,与盛唐时期东都洛阳胡祆神庙的祈福仪式相比较,指出:

〔1〕见张小贵《唐宋祆教的华化形态》,中山大学博士学位论文,2006年6月。荣新江先生与林悟殊师则进一步提示笔者,应扩大为"中古祆教的华化形态"进行全面考察。

〔2〕2006年3月29日笔者的博士学位论文结题报告上指出,见陈春声主编《学理与方法》,页106-107。

〔3〕张小贵《唐宋祆祠庙祝的汉化——以史世爽家族为中心的考察》,载《中山大学学报》(社会科学版)2005年第3期,页72-76。

〔4〕蔡鸿生《唐代胡姓术士事迹》,待刊。

盛唐与晚唐,其时异也;洛阳与开封,其地异也;胡祆与祝融,其神异也。既然如此,可知史世爽及其祖辈虽然以庙祝为业,但已无祆教信念可言,只不过是谋生手段罢了。[1]

蔡先生所剖析的这一祆庙史姓庙祝世家,可说是"祆教华化形态"的一个最典型的实例。

10.3 师法二陈:与传统接轨

由提出祆教版本说,到倡导对祆教华化形态进行全面考察,蔡先生"谈祆说化",在火祆教研究的学术领域内别具一格。"祆教华化形态"的最终提出,是蔡先生长期关注外来文明华化问题的结果。他在反思目前学界粟特研究中存在的某些误区时曾指出:

就会议(指"粟特人在中国——历史、考古、语言的新探索"国际学术研讨会)的一些论文存在的问题看,还不是一个选题的问题,而是一个学术取向的问题。这个会议似乎有一个倾向:将中国文献的记载和出土文物称为粟特人在中国的文化遗迹。严格地说,粟特人的遗迹应是指入华粟特人所带来留下的东西,后来被发现的。现在能够见到的文书和墓葬,未必就是粟特人留下的粟特物。按墓志记述的世系和随葬品的形制,显然是一种华化的形态,不是原汁原味的粟特东西。对这一变异华化,是要特别注意的。如论文集中提到的房子,中亚的房子上面是平顶式的,中国的房子则是"人"字坡,不是平顶式的。另外,论文集提到的组合式屏风,也是中原特有的。把这些华化的东西当成粟特人带来的遗迹,是否合适,是可以斟酌的。

……

二十世纪二三十年代以来,陈垣写了《元西域人华化考》,冯承钧写了《唐代华化蕃胡考》,向达也有《长安西域人之华化》的专

---

〔1〕蔡鸿生《唐代胡姓术士事迹》,待刊。

论。"华化"一词,不是我杜撰出来的,是前辈学者研究提出来的。现常讲一个与国际接轨的问题。接轨是指不能与国外研究脱节。但我们有像陈垣、冯承钧和向达这些传统,所以不要为了与国际接轨,而与自己的传统脱轨。从华化的角度去考察,路子会越走越宽;若局限于从文化遗迹的角度去立论,路子会越走越窄。各人有各人的取向,"各有灵苗各自探",至于谁探出的东西近乎真谛,日后自会证明。最后,似乎应该点明题意:我们对"粟特人在中国"再研讨,是直抒己见,和而不同,与"渔梁渡头争渡喧"是大异其趣的。[1]

结合上文的有关论述可以看出,蔡先生有关外来文明"华化"的思路,乃来自于前辈学者,尤其是史学大师陈寅恪先生和陈垣先生的启示。

陈寅恪先生有关"化"的阐发,主要体现在他早期关于佛教中国化的论说中。如氏文《莲花色尼出家因缘跋》,就对佛教中国化的问题进行了精微阐发。[2]

氏文《支愍度学说考》,则对大乘佛教般若学的中国化及其义理和方法,作了匠心独运的发覆,[3]对理解佛教中国化至关重要。蔡先生对陈文有关文化交流中客体文化如何适应主体文化的宏论早有注意,[4]对陈先生著作的中外关系史学术遗产,更有专文归纳和阐释。[5]

对于陈垣先生有关中外关系的研究,日本著名东方学家桑原骘藏有总结性的评价:

陈垣氏研究之特色有二:其一为研究支那与外国关系方面之对象,从来支那学者研究关系外国之问题,皆未能得要领,故支那

---

[1]参见《"粟特人在中国"的再研讨》,载《读史求实录》,页34-35。

[2]陈寅恪《莲花色尼出家因缘跋》,原载《清华学报》第7卷第1期,1932年1月,此据其著《寒柳堂集》,三联书店,2001年,页174。

[3]陈寅恪《支愍度学说考》,原载《中央研究院历史语言研究所集刊》外编第一种《庆祝蔡元培先生六十五岁论文集》,1933年,此据其著《金明馆丛稿初编》,页159-187。

[4]蔡鸿生《从支愍度学说到支愍度话题》,载其著《仰望陈寅恪》,页59-65。

[5]蔡鸿生《〈陈寅恪集〉的中外关系史学术遗产》。

学者著作之关于此方面者,殆无足资吾人之参考;惟陈垣氏关于此方面研究之结果,裨益吾人者甚多。氏之创作以《元也里可温考》始,次如《国学季刊》所揭载之《火祆教入中国考》、《摩尼教入中国考》两篇,资料丰富,考据精确,为当时学界所见重。[1]

陈垣先生曾撰"古教四考",开国人系统研究古代外来宗教的先河。氏著《元西域人华化考》,考察了元代西域人移居中国内地,受中国文化熏陶影响,进而华化的过程表现。陈寅恪先生称:"先生是书之所发明,必可示以准绳,匡其趋向。然则是书之重刊流布,关系吾国学术风气之转移者至大,岂仅局于元代西域人华化一事而已哉?"[2]由此可见,二位"陈夫子"对外来文明的研究,均着重于其"华化"的考察,并留下了可资参照的方法与思路。蔡先生非常强调认真领会前辈学者治学的方法和思路,并告诫年轻学子要时时精读前辈学者的名著,"为自己的学业进补"。[3]

今日学界多讲与国际接轨。蔡鸿生先生则强调在与国际接轨的同时,不要忽视与传统接轨,蔡先生有关祆教华化的思路,可以说是其与传统接轨的典范。杜甫《偶题》诗云:"前辈飞腾入,馀波绮丽为。后贤兼旧例,历代各清规。"[4]蔡鸿生先生正是用自己的行动来传承学术薪火的。

从学理上讲,祆教研究既是宗教史研究的范畴,也是中外文化交流史的论题。要使这一专门史领域获得"通"的关照,就需要具有整体感和世代感的通识。蔡鸿生先生有关祆教的论述已为我们作了很好的示范。治学之旨,唯务求真。这一点始终贯穿在蔡先生治学的过程中。当然,求真是态度,也是目标。至于如何才能求真,按蔡先生对陈寅恪史学特色的理解,则在于"思",即加强加深历史思维的力度。个

---

〔1〕桑原骘藏著,陈彬和译《读陈垣氏之〈元西域人华化考〉》,见陈垣《元西域人华化考·附录》,上海古籍出版社,2000 年,页 145。

〔2〕陈寅恪《陈垣〈元西域人华化考〉序》,原载 1934 年至 1935 年励耘书屋丛刻本《元西域人华化考》,此据《金明馆丛稿二编》,三联书店,2001 年,页 270。

〔3〕蔡鸿生《为自己的学业进补》,载其著《学境》,页 122 – 131。

〔4〕邓魁英、聂石樵《杜甫选集》,上海古籍出版社,2012 年,页 312。

中心法,已见于蔡先生解读陈先生的多篇宏文中,而学界其他师长也多有论述,兹不赘述。

（原刊陈春声主编《学理与方法——蔡鸿生教授中山大学执教五十周年纪念文集》,香港博士苑出版社,2007年）

11 脱俗求真 锲而不舍

——《中古三夷教辨证》读后

林悟殊先生的《中古三夷教辨证》一书,作为蔡鸿生先生主编的《中外交流历史文丛》的一种,2005 年由北京中华书局出版了。身为作者的受业弟子,我们是书稿最早的读者;在作者生病住院期间,我们参与了书稿的校对工作,对该书的内容、结构、思路,可以说比一般读者更为熟悉。由于与作者接触的时间较长,得到作者的言传身教,我们对作者的治学方法和治学精神也许比一般读者有更多的理解,故而撰写此文,希望与大家分享个人的一些心得体会。

11.1 该书的结构特点及研究旨趣

有关中古三夷教(摩尼教、景教和火祆教),作者都有系列性的论文发表,且分别修订整合成专著出版(《摩尼教及其东渐》,中华书局,1987 年,台北淑馨出版社 1997 年增订再版;《波斯拜火教与古代中国》,台北新文丰出版公司,1995 年;《唐代景教再研究》,中国社会科学出版社,2003 年)。该书则是探讨中古三夷教的合集,所收文章最早为20 年前的作品,绝大多数为近年新作,大体反映出了作者 20 年来对这一领域孜孜不倦的探索,也反映出了这一领域目前的进展状况。书中各篇章内容,原先多曾以单篇论文的形式在国内外发表(参看氏著附录《本书作者相关论文目录》),该书也保持了作者既往专著的风格,就是将单篇论文进行仔细的修订再加以有机整合,最后以《文物篇》、《文献篇》、《历史篇》和《附篇》为纲,诠次而成。顾名思义,该书特色集中在"辨证"二字,即在前人研究基础上,对有关三夷教研究的疑难专题进行深入考察。各篇文章之间都有一定的联系,亦有共同的主旨,诚如该书责任编辑李解民先生所言:"以陈寅恪先生的文化传播变异论为指导,围绕三夷教,即祆教(火祆教、拜火教)、摩尼教(明教)、景教(大秦教)的华化,梳理文献,考证文物,探赜索隐,辨疑正误,沟通中外,融会古今,作多角度深层次具体考察,勾勒三夷教在古代中国传播演化的轨迹。"(《书品》2005 年第 5 辑)该书并非面面俱到的中古三夷教史,而是若干专题的深入探讨,各专题之间又互有内在联系;虽不能说体系完备,但却体现了作者对中古三夷教研究的通识,从见解到方法,都有很高的学术含量。书立题为《中古三夷教辨证》,乃效余嘉锡先生《四库提要辨证》,显明作者治学乃以考证为主,旨在脱俗求真。该书《后记》的结语"愿与年轻同仁共勉,效法前辈学者,力求厚积薄发,无与泡沫沾边"一句,正体现了作者这种旨趣。

从内容看,三夷教的华化是作者最为关注的问题。蔡鸿生先生在《〈唐代景教再研究〉序》中将中古三夷教的汉化形式归纳为"摩尼教的异端化、景教的方伎化和火祆教的民俗化"(参见《唐代三夷教的社会走向》),该书各篇章或考,或辨,或序,或评,便都是为了寻求三夷教在华的走向及其华化的表现。

11.2　对宋元时代东南沿海摩尼教走向的探讨

该书有关摩尼教研究的专文十余篇,可视为作者《摩尼教及其东渐》的续篇,除继续对汉文摩尼教经进行探讨外,主要从文物、文献、历史等各方面对宋元时代滨海地域,尤其是福建摩尼教的流行状况,特别是其走向进行了专题考察。以《福建明教石刻十六字偈考释》一文为例,该文写作酝酿时间颇久,其立意乃受到了蔡鸿生先生学术报告《陈寅恪史学的"支愍度"话题》的启发。陈寅恪先生《支愍度学说考》一文,详细剖析了"格义"的成因和流变,认为"其为我民族与他民族二种不同思想初次之混合物",对研究外来宗教经典汉译的问题颇具启发意义。三夷教源于波斯,经中亚而传入中国,其汉文经典的解读备受西方伊朗学家和汉学家的关注。在研究方法上,有一些西方学者总是试图将这些外来宗教的汉译经典与西方经典一一比对,甚至要从零星片段、只言词组中找到相应的中亚文字。但西人对中国文化、文字的理解毕竟有所隔阂,即便像沙畹这样的大汉学家,其名著《西突厥史料》中对一些汉文史料的理解,仍被岑仲勉先生认为"隔一层"。《福建明教石刻十六字偈考释》一文就中国摩尼教术语"清净"一词,指出:许多西方学者依据希腊文、中古波斯文、帕提亚文、拉丁文及科普特文种的摩尼教文献,将其比对为"神",并把"清净,光明,大力,智慧"与希腊文"父的四面尊严"一一对号入座。此种中西文机械"互证"的方法,便是西人不熟悉中国古代译经格义法之表现。其实,汉文经典中的一些思想内容,在中亚文献中并不可能有。从文化变异的角度看,中亚的经典教义传入中国后,必须经过很大的改装方可为汉人所接受。对一种外来文化专有术语的翻译,一般而言,应当先有音译才有意译;摩尼教术语的翻译同样是先有音译,再通过"格义",用本土语文意译而成。

该文还挖掘了十六字偈与唐代摩尼教经典的渊源,进一步质疑宋元滨海摩尼教海上传入的说法。早在 1985 年,作者就在《宋元明教与唐代摩尼教》一文中对宋元摩尼教的渊源进行了释疑,认为其乃源于唐代北方的摩尼教。但近几年来,在现实利益的驱动下,某些人无视历史发展的事实和逻辑,大力鼓吹海上传入说。作者以泉州摩尼教为个案,深入挖掘《闽书》等文献的历史信息,以文物和文献相印证,论证了泉州摩尼教与唐代摩尼教乃一脉相承,其间的差异则是由"宗教传播过程中因应当地社会环境嬗变所造成"的。作者不仅对宋元摩尼教做了溯本清源的工作,还努力挖掘滨海摩尼教华化的种种表现。如摩尼教经典如何提炼出以"瞑颂"为形式的"十六字偈","佛身道貌"的泉州摩尼光佛雕像如何不同于吐鲁番的摩尼画像(见《泉州草庵摩尼雕像与吐鲁番摩尼画像的比较》),温州明教徒"日每一食"所反映的宋元摩尼教对教规的坚持及对现实的适应(见《元〈竹西楼记〉摩尼教信息辨析》),以及摩尼教如何吸收佛道思想发展为偶像崇拜(见《元代泉州摩尼教偶像崇拜探源》),等等。每篇文章都爬梳剔理、发幽阐微,从固有的材料言他人所未言,给旧有文献赋予了新的历史内涵。若非对课题一直保持锲而不舍的钻研精神,断难达到如此深刻的认识水平。

除了对东南沿海摩尼教的考察外,作者继续进行对汉文摩尼教经典的研究工作。自 20 世纪初敦煌藏经洞发现三部汉文摩尼教残经以来,摩尼教在中国内地的流行便进入了学者的视野。近百年来,为解读该等经典,学界进行了多方面的努力;新一代的中国学者近几年来更就汉文经典中一些术语的语源、内涵进行了探讨。作者本人不仅身体力行,还通过对中国学术界近年成绩的述评,揭示该领域研究的前景,对未来的中国学界寄予希望(《敦煌汉文摩尼教写经研究回顾》)。

11.3 对入华火祆教民俗化走向的探索

自陈垣先生以来,学界一般将祆教比定为源于波斯的琐罗亚斯德教。随着研究的深入,学者们逐渐认识到波斯琐罗亚斯德教与中亚祆教之间的区别。该书收入的祆教研究论文,对两者之间的渊源流变作了较为系统全面的论述,阐明琐罗亚斯德教作为一个古老的世界性宗教,随着时间、空间的推移,不断在发生变异,由是,在历史上的不同时期、不同区域,产生了不同的版本。作者认为:"中国人所接受的琐罗亚斯德教,主要是民俗成分甚浓的粟特版宗教。唐会昌灭佛,祆教也受牵连而遭取缔。但根据宋代的文献,祆庙、祆祠已被纳入官方轨道,与泰山、城隍等传统祠庙一样,享受官方规定的祭祀标准。这说明祆神已进入了中国的万神殿,列位于民间诸神。"(《〈伊朗琐罗亚斯德教村落〉中译本序》)虽然对民俗中的游神赛会、七星剑的使用、驱魔赶鬼的迷信活动等所包含的粟特祆教因素,已有学者关注,但深入探讨琐罗亚斯德教东传过程中的传播与变异,仍需学界的长期努力。该书对有关问题的探讨,显然有导向的作用。

在该书有关祆教研究的若干篇文章中,最受学界注目的一篇恐怕是《波斯琐罗亚斯德教与中国古代的祆神崇拜》。该文原刊余太山主编《欧亚学刊》第 1 辑(中华书局,1999 年),随后被收入傅杰编《二十世纪中国文史考据文录》(云南人民出版社,2001 年)。文章首先从分

171

析元代俗文学中有关"祆庙"的诸多记载入手,阐明元代俗文学中以祆为典的现象,从而推断"祆神"崇拜在宋代的广泛流行。接着又进一步追溯了宋代祆神崇拜的流行及其与唐代火祆教的渊源。是文重点论证了中国的祆神崇拜并不等同于波斯的琐罗亚斯德教,认为"波斯琐罗亚斯德教并没有在深层文化上对中国产生重大的影响。但其体系中粟特版的祆神崇拜,作为西域胡人的习俗,却为中国人所吸收,并中国化,成为中国古代民间信仰之一",从理论上厘清了波斯琐罗亚斯德教与中国祆神崇拜的关系。

《唐季"大秦穆护祆"考》是一篇极见考证功夫和思维力度的文章。该文小题大做,对大秦究竟是教名还是地名、穆护祆与回教有无关系、回教在唐代中国的实际地位、"穆护"可能的涵义都作了详细的讨论。最后指出,"大秦"乃指景教徒,"穆护"是来自波斯的琐罗亚斯德教僧侣,"祆"指中亚的琐罗亚斯德教教徒,即火祆教徒;"大秦穆护祆"应该点断为"大秦、穆护、祆";并进一步指出应重视波斯琐罗亚斯德教与中亚祆教的区别。

《火祆教在唐代中国社会地位之考察》一文,从探讨"祆"字的创立窥见火祆教在唐人心目中的地位,并以摩尼教、景教为参照坐标,为唐代火祆教定位。此文眼界广阔,从多方位考察,文物文献互证,阐明了唐代火祆教优于摩尼教、景教的社会地位。

11.4　治学方法和治学态度

《中古三夷教辨证》充分体现了作者深刻的辩证思维,在治学方法和治学态度方面有许多值得我们学习的地方。

(1)对学术史的充分掌握。该书的每一篇论文都包含了丰富的学术史知识,这也是作者三夷教研究的一个特点。书中收录的三篇学术综述,《敦煌汉文摩尼教写经研究回顾》、《敦煌汉文景教写经研究述评》、《近百年国人有关西域祆教之研究》,便提供了一个科学撰写学术史的典范。做学术史回顾,不能满足于"点鬼薄"式的胪列论文和"公文摘由"式的节录论文提要,而应在全面梳理学术史的基础上,厘清发展脉络,寻找各阶段研究的特点、重点和不足,并揭示出日后的研究方向。唯有这样,对有关领域的研究才能起导向作用。

作者平时一再强调,要全面掌握课题既往的研究史,尽可能健全有关的信息库,包括原始文献、研究论著,且要一直跟踪,补充最新的信息。对此,作者本人一直都身体力行。早在 20 世纪 70 年代末 80 年代初,国内对外学术交流还刚刚起步的情况下,作者在搜集相关书目上便已不遗余力,其《摩尼教及其东渐》一书所附录研究书目之丰富,令当时西方学者也为之震惊。正因为长年不断的积累,作者才能保持高度的学术敏感性,不断发现问题。书中收录的几篇书评,正体现出这种精神。只有对相关学术史进行全面把握,才能对评介对象作出恰如其分、实事求是的评论,才能更严格地遵守学术规范。例如,常为学界所征引的宋代董迥《广川画跋》卷 4《书常彦辅祆神像》的记载,是证明宋代祆神崇拜的重要史料,作者引用时明确地注明是条史料最早为日本学者神田喜一郎所引录(《波斯琐罗亚斯德教与中国古代的祆神崇拜》注 10)。

(2)尊重前贤,不掠人之美。在《唐代三夷教的社会走向》一文中,就摩尼教受到武后青睐一事,作者提出了一个很有说服力的解释,即认为"武后在反叛'正统'上,与摩尼教心有灵犀一点通"。但文章明确地表明这一解释是受大师陈寅恪先生名作《武曌与佛教》的启示。即便是私下受到名师的指点,作者也一一写明。如关于"火烧祆庙"这一用典的阐释,颇为学界所称道,文章初次发表时,作者就明确交代,这一观点乃得益于蔡鸿生先生的启示。在修订整合进该书时,作者意犹未尽,又补充了如下一段话:

> 但(刘铭恕)先生生前曾就此文(按,指《元人杂剧中所见之火祆教》)致函笔者,点拨道:"元曲中的祆教,只是把火作为一个典故,丝毫都无史料价值。当时写此文,也是戏曲性的,非考史之作。"其用典的见解与蔡先生不谋而合。(《波斯琐罗亚斯德教与中国古代的祆神崇拜》,页 319)

原来,当年(1999年)收到刘铭恕先生函时,文章早已寄发《欧亚学刊》杂志,故未能及时补充,作者对此耿耿于怀;时隔6年,此段笔谈终得以公开。作者尊重前辈、实事求是的学术态度,确是值得吾辈年轻学子认真学习的。

(3)对某一课题的长期关注。诚如蔡鸿生先生在《总序》中所言:"精神生产的历史经验教导人们,要与时俱进,继往开来,才无愧于自己的时代。学海无涯,我们应当奋力潜研,敢于浮游的弄潮儿是没有出息的。"此处的潜研,也就是甘心坐冷板凳的精神。该书作者便是一位甘于寂寞、奋力潜研的学者。以摩尼教研究为例,长期以来,他都十分关注探寻宋元东南摩尼教与唐代北方摩尼教之间的关系。近两三年来,他依据泉州摩尼教以往及新近的考古发现,结合相关的文献材料,剖析了宋元摩尼教的来龙,进而揭示出整个东南沿海地区摩尼教的源头。作者思考这一问题长达20年,这启发我们,在学术研究上,只有长期坚持不懈,方能在认识上有所深化,甚至突破。

关于景教的研究也一样。作者有关的论文多已整合进《唐代景教再研究》一书,故该书景教研究的篇幅不多。但作者自与荣新江先生合作辨定著名的小岛文书为今人伪作后,便一直关注汉文景教经典的辨伪工作,收入该书的《景教富冈高楠文书辨伪补说》一文,再度体现了他对这一问题锲而不舍的钻研精神。是文将"富冈文书"、"高楠文书"两个文书视为一体,综合考证,指出了景教经典辨伪的新途径。

(4)加强思维力度,提高通识水平。刘知几提倡史家必备"史才、史学、史识"三才,为多数历史工作者所认同;"识"是三才中之最高境界。一个历史学家有无"识"见,关键看他是否有历史的思维。蔡鸿生先生在很多场合鼓励青年学生要认真读书勤于思考,指明除此之外学无快捷方式。一个"思"字,体现了历史科学研究的精髓(参看蔡鸿生《发覆的魅力》,《仰望陈寅恪》,中华书局,2004年)。《中古三夷教辨证》一书,便是作者历年来潜心思索、呕心沥血之作。中古三夷教不是主流宗教,文献非常有限。该书的每篇文章,实际都没有什么稀见材料,但作者能够深入思考,竭力从全方位、深层次对文献和史实进行考察,故能有所创新,发表独到见解。

　　三夷教研究属于历史研究中的专史,但作者在研究过程中十分注重专中求通。作者的每篇文章都充分运用比较宗教学的方法,不仅将三夷教互相参照,与中亚、波斯本教进行比较,更将其与佛教、道教,及至印度教、民间宗教等多种宗教相联系、比对,体现了作者广阔的学术眼界。由此,专门史终获"通"的关照,避免走上由专入偏的歧途。以有关福建涵江瑶岛祠神台及福州福寿宫的考察为例,对这些所谓的"摩尼教遗址",作者并未受到个人摩尼教情结的左右,而是本着求真求实的治学态度,进行严谨全面的考察。《"莆田市涵江新发现摩尼教文物古迹"质疑》、《福州浦西福寿宫"明教文佛"宗教属性辨析》两篇质疑论文,其结论都否定了所讨论遗迹的摩尼教属性。

　　最后,我们要特别提到,近年来海上丝路等诸多学术热潮的掀起,也影响到了三夷教这块纯学术研究的净土,使其多少被卷入世俗的现实利益。例如,有的地方官员就企图给滨海摩尼教的研究定调,导致相关国际学术会议夭折。该书作者则是一如既往,坚持学术操守,不媚俗,不曲学阿世。作者平日授课时,总是以陈寅恪先生等前辈学者为榜样,与我们共勉。他能在三夷教研究上取得公认的成就,自与这种淡泊名利、坚持脱俗求真的精神分不开。

　　(原刊《书品》第 6 辑,北京中华书局 2005 年,与殷小平博士合撰)

12 中外互证 重现巴斯

——读《清代广州的巴斯商人》

有关琐罗亚斯德教徒在华的活动,国人目光所及,主要集中在中古时期由西域进入中原的祆教徒;而对清代中外关系史、广州口岸史、鸦片战争史中以"港脚商人"面目出现,扮演着重要角色的巴斯人未多注意。2005年中华书局出版的郭德焱《清代广州的巴斯商人》一书,是我国第一部研究该群体的专著。

该书是作者在博士论文基础上酝酿了十年修订而成的。考虑到巴斯人身兼港脚商人与拜火教徒双重身份,作者将琐罗亚斯德教徒从伊朗迁移至印度的历史,及其移居印度后社会生活的"欧化"和与英国的"亲密"关系,作为巴斯商人来华的背景,辟有专章论述。其间重点强调了巴斯人能够生存并崛起于印度,走向世界的原因。书中强调巴斯人与英国的"亲密"关系,认为这种关系正是巴斯人来华的动力和在华商业成功的重要保证。巴斯人在华有近二百年的历史(1756年第一位巴斯商人入华,1923年在黄埔重修巴斯馆,二战时仍有巴斯人在中国),该书并非面面俱到,其重点在鸦片战争前后巴斯商人于广州口岸的活动。这段时期,正是巴斯商人对华贸易的"黄金时代"。

该书在回顾评介近百年来国内外学界相关研究时指出,"对华贸易中的巴斯人国内鲜有论及、国外研究不系统的一个重要原因,在于一直没有解决一个瓶颈问题:清代中文文献",因而特别强调了中外文献互证在本课题研究中的重要性。这一互证也就构成了该书最大的特色,其突出表现在第3章《对华贸易中的巴斯人》。作者在这一章中,首先对清代文献中巴斯人名的汉译进行考察,并结合西文原始文献,对清代各类汉文献有关"巴斯"的称谓进行梳理、分类,进而对中西文献中巴斯人的特征及其代表性事例等进行比对辨释,为深入研究清代广州巴斯商人的活动奠定基础。作者以《中国丛报》(*The Chinese Repository*)所列鸦片战争前后各年度在华外侨名单(参见该书附录二)为主,并证以外国档案、清代官方文书、清人笔记以及遗存实物中的巴斯人名,概括出巴斯人名词尾的 "*jee*" 和 "*bhoy*" 乃分别对应粤语译名的 "治" 和 "皮",遂使长期阻碍本课题研究进展的这一 "瓶颈" 迎刃而解。虽然清代文献中巴斯人名的汉译相对比较统一,有规律可循,但对 *Parsee* 或 *Parsi* 本身的翻译则五花八门。作者进一步将清人对巴斯的称谓进行了分类,并指出 "清人对巴斯名目繁多的称谓,反映出他们对巴斯人的认识参差不齐,总的水平是处于一个感性认识阶段,尚未形成完整的巴斯观。这种史实,就意味着今人鉴别文献得费一番功夫"。作者把中外文献所提到的巴斯人名字加以勘同,进而利用西方的研究成果,勾画出对华贸易中的巴斯豪族和巴斯名商的清晰轮廓,终将这一在近代历史上隐而不显的群体,重现在我们的面前。

按,清代广州有著名的十三行,与其对称者为十三夷馆,是外国商人之营业及居留所。十三夷馆中当有巴斯馆,但中外研究广东十三行之专家鲜有论及此馆者。作者爬梳了纷杂的各类中外文献,对巴斯馆的存在、位置、变迁等基本情况及馆中巴斯人的行为态度进行了探讨。作者分析了 "逞强滋事" 的巴斯人之所以敢于欺负在广州的他国 "夷人",除了其数量众多、贸易成功等原因外,也是英荷实力变化的欧洲国际局势在广州的缩影。

巴斯商人在广州口岸,按清政府的规定只能与行商打交道。巴斯商与行商的关系,主要是商业关系,其中尤以商欠现象特别突出。商欠对巴斯商人是一种诱惑,他们以此获得高利贷利润,以此与英籍港脚商共同破坏公行制度。然而,作者的论述并不止于此,"鸦片贸易所导致的鸦片战争,意味着英籍散商的胜利,同时宣告了巴斯在华 '辉煌' 贸易时期的终结。两者合作后截然不同的结局,在于他们完全不同的背景:英籍散商代表新兴工业资产阶级的利益,有产业革命作后盾;而巴斯的故土印度则为英属殖民地",正体现了作者辩证的历史思维。

关于鸦片贸易与鸦片战争,国内外学者已开展了非常深入、详尽的研究;但对巴斯商人与鸦片贸易的关系,国内学者则鲜有论及。作者根据中外文献,再现了巴斯商人在鸦片贸易中扮演的重要角色:第一,鸦片贩子从人数上讲,有相当一部分是巴斯人;第二,大鸦片贩子中,巴斯人占着不小的比例,如林则徐扣留的 16 名"惯犯"中,巴斯商人有 4 名,占 1/4;第三,林则徐禁烟时,巴斯商人交出的鸦片数量多,所占比例大;第四,巴斯商人参与了激化中英矛盾的活动,成为鸦片战争时期英国的帮凶。

饶有兴味的是,作者还辑集了巴斯人与中国文人交往的事例,揭示了 19 世纪下半叶至 20 世纪上半叶巴斯商人在华的动向:在华洋杂处的圈子里,巴斯逐步融入华人社会。从清代后期至二战时期,中国文人与巴斯商人交往的情况在诗文中屡有记载。作者以张德彝与张爱玲的作品为例,分析了不同时期中国文人的巴斯观:前者是印象式的"述奇",后者则追溯了一段社会变迁。

该书的最后一章,考察了作为拜火教徒的巴斯人在广州的物质遗存,显示出文献研究与田野调查相结合的特色。巴斯人比同时期其他"夷商"幸运的是,广州黄埔长洲岛至今基本完整地保存着两处遗址——巴斯楼和巴斯墓地。20 世纪 80 年代黄埔巴斯墓地的发现是巴斯商人研究的一个里程碑。1985 年,广州市博物馆的黄汉纲先生发表《广州的无声塔》(见《世界宗教研究》1985 年第 2 期),引起国内学者重新注意广州的巴斯商人,但在相当长的时期内,都不见有专题研究问世。作者于 20 世纪 90 年代初,便对墓地进行了详细的调查,逐一著录和译释了现存的 11 方墓碑,并记述了由墓界引发的民事纠纷。有关琐罗亚斯德教的葬俗,国际学界一致公认,实行天葬是其一大特征。但清代信仰琐罗亚斯德教的巴斯人在广州口岸实行的却是土葬。作者通过对墓地进行考察,发现其模式完全异于故土之天葬,但又坚守了本教葬俗戒律的底线,明确指出:"这与其说是入乡随俗,不如说是远离故土受条件限制迫不得已。我们把黄埔巴斯墓的造形同巴斯人在故土实行天葬的宗教内涵相比照,并结合当时的文献记载,可以得出这样的结论:广州口岸的巴斯人在异乡以灵活埋葬方式遵守了本教经典的规定,表达了故土天葬所反映的信仰。"该书对广州巴斯墓地的田野调查和研究结果,为国内目前的祆教研究热提供了一个巴斯版的参照物,这无疑也是一大贡献。

此外,书末附录的大事年表、各年度在华巴斯人名录、各年度在华巴斯商行、主要参考文献及丰富的图版,是经过作者条理化了的历史信息,得来不易,既有助于全面了解清代广州的巴斯商人,对进一步深入研究广州口岸洋商与行商的关系也不无裨益。

附 录

西文刊物缩略语
（Abbreviations）

AA	Artibus Asaie
Acta Ir.	Acta Iranica
Acta Or.	Acta Orientalia
AM	Asia Major
AMI	Archälogische Mitteilungen aus Iran
ArtsA	Arts Asiatiques
BAI	Bulletin of the Asia Institute
BEFEO	Bulletin de l'École française d'Extrême Orient
BSO(A)S	Bulletin of the School of Oriental (and African) Studies
CAAD	China Archaeological and Art Digest
CAJ	Central Asiatic Journal
E. Ir.	Encyclopaedia Iranica
EW	East and West
HJAS	Harvard Journal of Asian Studies
IA	Iranica Antiqua
IF	Indogermanische Forschungun
IIJ	Indo-Iranian Journal
IISHS	Indo-Iranian Studies, in Honour of Shams-ul-ullema Dastur Darab Peshotan Sanjana
JA	Journal Asiatique
JAOS	Journal of the American Oriental Society

·欧·亚·历·史·文·化·文·库·

JAAS	Journal of Asian and African Studies
JRAS	Journal of the Royal Asiatic Society
MIO	Mitteilungen des Instituts für Orientforschung
MS	Monumenta Serica
SBE	Sacred Books of the East
SRAA	Silk Road Art and Archaeology
St. Ir.	Studia Iranica
TP	T'oung Pao
TPS	Transactions of the Philological Society
ZDMG	Zeitschrift der Deutschen Morgenlandischen Gesellschaft
ZS	Zentralasiatische Studien

参考文献

一、中文书目(按作者姓氏拉丁拼音顺序排列)

阿合买提江·艾海提.西域拜火习俗的文化理解.西域研究,2001(3):95-101.

白建钢.祆教遗俗至今传.光明日报.1988-06-01(2).

毕波.信仰空间的万花筒——粟特人的东渐与宗教信仰的转换//荣新江,张志清.从撒马尔干到长安——粟特人在中国的文化遗迹.北京:北京图书馆出版社,2004:49-56.

毕波.粟特文古信札汉译与注释.文史,2004(2):73-97.

毕波.虞弘墓所谓"夫妇宴饮图"辨析.故宫博物院院刊,2006(1):66-83.

〔英〕玛丽·博伊斯.伊朗琐罗亚斯德教村落.张小贵,殷小平,译.北京:中华书局,2005.

蔡鸿生.唐代九姓胡与突厥文化.北京:中华书局,1998.

蔡鸿生.学境.香港:博士苑出版社,2001.

蔡鸿生.读史求识录.广州:广东人民出版社,2010.

蔡鸿生.论突厥事火//中国中亚文化研究协会.中亚学刊(第1辑).北京:中华书局,1983:145-149.

蔡鸿生.隋书康国传探微.文史,1986(26):103-108.

蔡鸿生.唐代九姓胡礼俗丛考.文史,1992(35):109-125.

蔡鸿生.唐代"黄坑"辨//余太山.欧亚学刊(第3辑).北京:中华书局,2002:244-250.

蔡鸿生.唐代九姓胡崇"七"礼俗及其源流考辨.文史,2002(3):105-111.

陈国灿.魏晋至隋唐河西人的聚居与火祆教.西北民族研究,1988

（1）:198－209,282.

陈国灿.从葬仪看道教"天神"观在高昌国的流行//敦煌吐鲁番学新疆研究资料中心.吐鲁番学研究专辑（内部资料）.1990:126－139.

陈海涛.敦煌粟特研究历史回顾.敦煌研究,2000（2）:160－167.

陈海涛.阿姆河宝藏及其反映的早期粟特文化.西域研究,2001（2）:62－68.

陈海涛.从葬俗的变化看唐代粟特人的汉化.文博,2001（3）:47－52,58.

陈海涛.来自文明十字路口的民族——唐代入华粟特人研究.南开大学博士论文,2001.

陈海涛,刘惠琴.来自文明十字路口的民族——唐代入华粟特人研究.北京:商务印书馆,2005.

陈继春.中国美术中琐罗亚斯德教因素研究——以南北朝至隋唐石窟、石棺床和丝绸纹样为中心.中央美术学院博士学位论文,2006.

陈继春.萨珊波斯与中国美术交流——中国美术中的琐罗亚斯德教因素.内蒙古大学艺术学院学报,2007（1）:39－44.

陈凌.突厥王冠考——兼论突厥祆教崇拜的有关问题//余太山,李锦绣.欧亚学刊（第8辑）.北京:中华书局,2008:127－157.

陈世良.天山之"天"与祆教之"祆"——西北地区宗教文化的一个侧面.敦煌研究,1990（4）:47－56.

陈晓露.西域回字形佛寺源流考.考古,2010（11）:79－90.

陈颖川.澳门与中国十九世纪的琐罗亚斯德社群（上）.澳门杂志,2004,43:82－91.

陈颖川.澳门与中国十九世纪的琐罗亚斯德社群（下）.澳门杂志,2005,44:84－97.

陈垣.火祆教入中国考//陈垣.陈垣学术论文集（第1集）.北京:中华书局,1980:303－328;陈垣史学论著选.上海:上海人民出版社,1981:109－132.

陈泽成.澳门白头坟场（琐罗亚斯德教墓地）的保护.文化杂志,

2003,47:138 - 146.

程林泉,张翔宇.西安北郊再次发现北周粟特人墓葬.中国文物报,2004 - 11 - 24(1).

程书林,郑喜梅,张兴民.太原清理一罕见隋代墓.中国文物报,1999 - 10 - 24(1).

程旭.从考古资料考察祆教女性的婚姻与财产状况.唐都学刊,2011,27(3):102 - 107.

程越.从石刻史料看入华粟特人的汉化.史学月刊,1994(1):22 - 27.

池田温.八世纪中叶敦煌的粟特人聚落.辛德勇,译//刘俊文.日本学者研究中国史论著选译(第9卷).北京:中华书局,1993:140 - 219.

崔世平."刻毡为形"试释——兼论突厥的祆神祭祀.敦煌学辑刊,2010(3):61 - 67.

崔岩.也谈唐代太原"黄坑"葬俗的宗教属性.洛阳大学学报,2003(3):22 - 24.

〔伊朗〕达乌德.《阿维斯塔》研究小史.元文琪,译.世界宗教文化,2000(1):30 - 32.

答小群,袁升祺.略论高昌回鹘王国多宗教共生并存的原因.吕梁高等专科学校学报,2009(4):21 - 24.

德凯琳,黎北岚.巴黎吉美博物馆展围屏石榻上刻绘的宴饮和宗教题材.施纯琳,译//张庆捷,李书吉,李钢.4—6世纪的北中国与欧亚大陆.北京:科学出版社,2006:108 - 125.

迪亚尔别克·阿力马洪.哈萨克族祆教信仰浅谈.新疆社科论坛,2011(2):60 - 62.

丁万录.匈奴休屠王"祭天金人"研究管窥.西北第二民族学院学报,2005(4):70 - 74.

董长君.马氏墓志.西安晚报,1986 - 11 - 4(3).

杜文.宋代陶塑玩具上所见"七圣刀"幻术.中原文物,2009(3):106 - 108.

樊圃.六到八世纪突厥人的宗教信仰.文史,1983(19):191-209.

费佩君.拜火教的兴衰.外国史知识,1985(5):23-24.

〔伊朗〕菲尔多西.列王纪——勇士鲁斯塔姆.张鸿年,宋丕方,译.南京:译林出版社,2000.

〔伊朗〕菲尔多西.列王纪全集.长沙:湖南文艺出版社,2001.

冯恩学.下颌托——一个被忽视的祆教文化遗物.考古,2011(2):62-67.

高永久.西域祆教考述.西域研究,1995(4):77-83.

高永久.西域古代民族宗教综论.北京:高等教育出版社,1997.

葛承雍.祆教东传长安及其在陕西的遗痕//北京大学国学研究院中国传统文化研究中心.国学研究(第10卷).北京:北京大学出版社,2002:23-38.

葛承雍.祆教圣火艺术的新发现——隋代安备墓文物初探.美术研究,2009(3):14-18.

葛承雍.隋安备墓新出石刻图像的粟特艺术//中山大学艺术史研究中心.艺术史研究(第12辑).广州:中山大学出版社,2010:1-13.

法兰兹·格瑞内.法国—乌兹别克考古队在古代撒马尔干遗址阿弗拉西阿卜发掘的主要成果.阿米娜,译//《法国汉学》丛书编辑委员会.法国汉学(第8辑,教育史专号).北京:中华书局,2003:510-531.

葛勒耐.北朝粟特本土纳骨瓮上的祆教主题.毛民,译//张庆捷,李书吉,李钢.4—6世纪的北中国与欧亚大陆.北京:科学出版社,2006:190-198.

葛勒内.粟特纳骨瓮上的歌舞和神祇.毛民,译.内蒙古大学艺术学院学报,2008(1):101-106+图版.

龚方震.西域宗教杂考.中华文史论丛,1986(2):259-273.

龚方震.融合四方文化的智慧.杭州:浙江人民出版社,1992:63-77.

龚方震.琐罗亚斯德教对犹太教和基督教的影响//叶奕良.伊朗学在中国论文集(第1集).北京:北京大学出版社,1993:15-20.

龚方震.隋唐歌舞曲名中所见粟特语//叶奕良.伊朗学在中国论文集(第2集).北京:北京大学出版社,1998:25-28.

龚方震.印欧人的密特拉崇拜//胡守为.陈寅恪与二十世纪中国学术.杭州:浙江人民出版社,2000:709-736;李国章,赵昌平.中华文史论丛(第63辑).上海:上海古籍出版社,2000:34-54.

龚方震.祆教的诚信观念//叶奕良.伊朗学在中国论文集(第3集).北京:北京大学出版社,2003:39-43.

龚方震,晏可佳.祆教史.上海:上海社会科学院出版社,1998.

古丽来多提.《玛纳斯》中的丧葬习俗与拜火教遗风.喀什师范学院学报,2010,31(2):44-46.

郭德焱.清代广州的巴斯商人.北京:中华书局,2005.

郭德焱.鸦片战争前后广州口岸的巴斯商人//蔡鸿生.广州与海洋文明.广州:中山大学出版社,1997:356-412.

郭德焱.广州黄埔长洲岛巴斯遗址图录.广州中山大学宗教文化研究所专刊,2000(12).

郭德焱.中国文献中的巴斯人.中山大学学报(哲学社会科学版),2001(3):62-65.

郭德焱.粤港澳三地文献与巴斯在华史研究.文化杂志,2003,47:125-137.

郭萍.从克孜尔石窟壁画看龟兹地区粟特艺术的传播.西域研究,2010(4):124-127.

郭物.中国祆教艺术中的鱼马兽//中国社会科学院考古研究所.新世纪的中国考古学——王仲殊先生八十华诞纪念论文集.北京:科学出版社,2005:667-680.

韩伟.北周安伽墓围屏石榻之相关问题浅见.文物,2001(1):90-101.

韩伟.圣彼得堡之旅.前进论坛,2002(6):14-15.

何方耀.他山之石,典范之作——玛丽·博伊斯《伊朗琐罗亚斯德教村落》汉译本评介.西域研究,2006(1):115-118.

何遂.唐故米国大首领米公墓志铭考.国立北平图书馆馆刊,1932, 6(2):141 - 144.

贺梓城.唐王朝与边疆民族和邻国的友好关系——唐墓志铭札记之一.文博,1984(1):56 - 60.

贺梓城.唐长安城历史与唐人生活习俗——唐代墓志铭札记之二.文博,1984(2):35 - 43.

侯会.二郎神源自祆教雨神考.宗教学研究,2011,3:195 - 203.

胡昌健."穆护歌"考.〔EB/OL〕http:∥hjj19560222. blog. 163. com/blog/static/43443223200922895430706/

胡宁.试论豫东地区的火神信仰与祆教之关系——以商丘火神台为中心.开封教育学院学报,2012(1):21 - 23,27.

胡瑞安.萨珊王朝"马兹达教"的积极倡导者——卡达尔.黑龙江史志,2009(23):169 - 170.

黄汉纲.拜火教在广州的遗迹.广州日报,1983 - 1 - 28(4).

黄汉纲.广州的无声塔.世界宗教研究,1985(2):148 - 153.

黄心川.琐罗亚斯德教简介.世界宗教资料,1984(4):25 - 30,14.

〔伊朗〕贾利尔·杜斯特哈赫.阿维斯塔:琐罗亚斯德教圣书.元文琪,译.北京:商务印书馆,2005.

姜伯勤.敦煌吐鲁番文书与丝绸之路.北京:文物出版社,1994.

姜伯勤.敦煌艺术宗教与礼乐文明.北京:中国社会科学出版社,1996.

姜伯勤.中国祆教艺术史研究.北京:三联书店,2004.

姜伯勤.敦煌白画中的粟特神祇∥敦煌吐鲁番学研究论文集.上海:汉语大词典出版社,1990:296 - 309.

姜伯勤.敦煌与波斯.敦煌研究,1990(3):1 - 15.

姜伯勤.论高昌胡天与敦煌祆寺.世界宗教研究,1993(1):1 - 18.

姜伯勤.介休祆神楼与宋元明山西的祆教.东洋学报,1999,80(4):423 - 450.

姜伯勤.萨宝府制度源流论略∥饶宗颐.华学(第3辑).北京:紫

禁城出版社,1998:290－308.

姜伯勤.山西介休祆神楼古建筑装饰的图像学考察.文物,1999(1):56－66.

姜伯勤.安阳北齐石棺床画像石的图像考察与入华粟特人的祆教美术//中山大学艺术史研究中心.艺术史研究(第1辑).广州:中山大学出版社,1999:151－186.

姜伯勤.隋检校萨宝虞弘墓石椁画像石图像程序试探//巫鸿.汉唐之间文化艺术的互动与交融.北京:文物出版社,2001:29－50.

姜伯勤.敦煌白画中粟特神祇图像的再考察//中山大学艺术史研究中心.艺术史研究(第2辑).广州:中山大学出版社,2000:263－291.

姜伯勤.唐敦煌城市的礼仪空间.文史,2001(55):229－244.

姜伯勤.唐安菩墓(所出)三彩骆驼所见"盛于皮袋"的祆神//荣新江.唐研究(第7卷).北京:北京大学出版社,2001:55－70.

姜伯勤.西安北周萨宝安伽墓图像研究——北周安伽墓画像石图像所见伊兰文化、突厥文化及其与中原文化的互动与交融//饶宗颐.华学(第5辑).广州:中山大学出版社,2001:14－37.

姜伯勤.图像证史:入华粟特人祆教艺术与中华礼制艺术的互动——MIHO博物馆所藏北朝画像石研究//中山大学艺术史研究中心.艺术史研究(第3辑).广州:中山大学出版社,2001:241－259.

姜伯勤.祆教画像石——中国艺术史上的波斯风.文物天地,2002(1):34－37.

姜伯勤.中国祆教画像石的"语境"//荣新江,李孝聪.中外关系史:新史料和新问题.北京:科学出版社,2004:233－238.

姜伯勤.隋检校萨宝虞弘墓祆教画像石图像的再探讨//中山大学艺术史研究中心.艺术史研究(第4辑).广州:中山大学出版社,2002:183－198.

姜伯勤.天水隋石屏风墓胡人"酒如绳"祆祭画像石图像研究.敦煌研究,2003(1):13－21.

姜伯勤.中国祆教画像石所见胡乐图像//郑培凯.九州学林.香港城市大学中国文化中心,2003,1(2):116-141.

姜伯勤.青州傅家北齐画像石祆教图像的象征意义——与粟特壁画的比较研究//中山大学艺术史研究中心.艺术史研究(第5辑).广州:中山大学出版社,2003:169-188.

姜伯勤.中国祆教画像石在艺术史上的意义.中山大学学报(社会科学版),2004(1):70-78,125-126.

姜伯勤.入华粟特人萨宝府身份体制与画像石纪念性艺术//《法国汉学》丛书编辑委员会.法国汉学(第10辑).北京:中华书局,2005:43-48.

姜伯勤.唐会昌毁祆后的祆神祆祠与祆僧//《华学》编辑委员会.华学(第7辑).广州:中山大学出版社,2004:219-222.

姜伯勤.吐鲁番所出高昌"祀天"文书考//季羡林,饶宗颐.敦煌吐鲁番研究(第8卷).北京:中华书局,2005:31-34.

姜伯勤.北周粟特人史君石堂图像考察//中山大学艺术史研究中心.艺术史研究(第7辑).广州:中山大学出版社,2005:281-298.

姜伯勤.我国发现的祆教画像石.中国民族报,2010-03-02(008).

解梅.唐五代敦煌地区赛祆仪式考.敦煌学辑刊,2005(2):144-149.

解梅.唐五代敦煌的祆教文化.社科纵横,2007(12):110-111.

金正录.莫把"祆教"当"祅教".咬文嚼字,2000(5):46.

康马泰.对北朝粟特石屏所见的一种神异飞兽的解读.毛民,译//张庆捷,李书吉,李钢.4—6世纪的北中国与欧亚大陆.北京:科学出版社,2006:166-189.

康马泰.萨珊艺术之最新考古发现与丝路胡风.毛民,译.内蒙古大学艺术学院学报,2007(1):45-49+图版.

康马泰.鲜卑粟特墓葬中的波斯神兽解读.毛民,译.内蒙古大学艺术学院学报,2007(3):52-59+图版.

郎保利,渠传福.试论北齐徐显秀墓的祆教文化因素.世界宗教研究,2004(3):114 - 122.

〔美〕乐仲迪.日本美穗博物院藏中国十一围屏双塔柱门石椁.苏银梅,译.宁夏社会科学,2003(1):84 - 88.

雷闻.割耳劓面与刺心剖腹——从敦煌 158 窟北壁涅槃变王子举哀图说起.中国典籍与文化,2003(4):95 - 104.

雷闻.割耳劓面与刺心剖腹——粟特对唐代社会风俗的影响//荣新江,张志清.从撒马尔干到长安——粟特人在中国的文化遗迹.北京:北京图书馆出版社,2004:41 - 48.

黎北岚.祆神崇拜:中国境内的中亚聚落信仰何种宗教? 毕波,郑文彬,译//《法国汉学》丛书编辑委员会.法国汉学(第 10 辑).北京:中华书局,2005:416 - 429.

黎国韬.二郎神之祆教来源——兼论二郎神何以成为戏神.宗教学研究,2004(2):78 - 83.

黎国韬.参军戏与胡乐补论.广州大学学报,2009(3):69 - 73.

黎国韬.末泥与胡乐西来.西域研究,2010(1):76 - 83,134.

黎蔷.西亚诸教对敦煌乐舞影响之研究.交响(西安音乐学院学报),1995(3):50 - 53;4:14 - 17.

李昂.中国古代祆教美术遗存的互文性及其意义的探究.东北师范大学硕士学位论文,2009.

李进新.祆教在新疆的传播及其地域特点.西域研究,2007(1):81 - 87.

李明.奇绝安伽墓.中国文物报,2000 - 08 - 30.

李青,高占盈.楼兰古墓粟特壁画艺术之新发现.艺术考古,2004(3):16 - 19.

李瑞哲.胡商在丝绸之路上的活动追踪//罗宏才.从中亚到长安.上海:上海大学出版社,2011:361 - 412.

李树辉.唐代粟特人移民聚落形成原因考.西北民族大学学报(哲学社会科学版),2004(2):14 - 19.

李淞. 香炉与火坛——六世纪祆教对中国艺术影响之一例 // 李淞. 长安艺术与宗教文明. 北京：中华书局，2002：511 - 519.

〔苏〕李特文斯基. 帕米尔塞人墓葬中的宗教信仰. 马苏坤，译. 李琪，校. 新疆文物，1989(3)：108 - 124.

李铁匠. 古代伊朗的种姓制度. 世界历史，1998(2)：67 - 74.

李铁匠. 波斯庄历史调查 // 叶奕良. 伊朗学在中国论文集（第 3 集）. 北京：北京大学出版社，2003：44 - 59.

李伟明. 粟特：雾里看花——评姜伯勤《中国祆教艺术史研究》. 敦煌研究，2005(1)：108 - 111.

李永平. 从考古发现看胡腾舞与祆教仪式 // 西安碑林博物馆. 碑林集刊(9). 西安：陕西人民美术出版社，2003：133 - 142.

李永平，周银霞. 围屏石榻的源流和北魏墓葬中的祆教习俗. 考古与文物，2005(5)：72 - 77.

李玉昆. 唐洛阳三夷教 // 洛阳市文物局，洛阳博物馆. 洛阳博物馆建馆四十周年纪念文集. 北京：科学出版社，1999.

李正宇. 敦煌傩散论. 敦煌研究，1993(2)：111 - 122.

梁鸿飞，赵跃飞. 中国隋唐五代宗教史. 北京：人民出版社，1994：156 - 170.

林梅村. 从陈硕真起义看火祆教对唐代民间的影响. 中国史研究，1993(2)：140 - 142.

林梅村. 唐长安城所出汉文—婆罗钵文双语墓志跋 // 林梅村. 西域文明. 北京：东方出版社，1995：251 - 258.

林梅村. 从考古发现看火祆教在中国的初传. 西域研究，1996(4)：54 - 60.

林梅村. 固原粟特墓所出中古波斯文印章及其相关问题. 考古与文物，1997(1)：50 - 54.

林梅村. 中国境内出土带铭文的波斯和中亚银器. 文物，1997(9)：55 - 65.

林梅村. 稽胡史迹考——太原新出隋代虞弘墓志的几个问题. 中

国史研究,2002(1):71-84.

林悟殊.摩尼教及其东渐.北京:中华书局,1987;台北:淑馨出版社,1997.

林悟殊.波斯拜火教与古代中国.台北:新文丰出版公司,1995.

林悟殊.唐代景教再研究.北京:中国社会科学出版社,2003.

林悟殊.中古三夷教辨证.北京:中华书局,2005.

林悟殊.中古华化夷教丛考.兰州:兰州大学出版社,2010.

林悟殊.敦煌文书与夷教研究.上海:上海古籍出版社,2011.

林悟殊.唐代长安火祆大秦寺考辨.西北史地,1987(1):8-12.

林悟殊.印度的琐罗亚斯德教徒.世界宗教资料,1987(1):1-5.

林悟殊.论高昌"俗事天神".历史研究,1987(4):89-97.

林悟殊.火祆教始通中国的再认识.世界宗教研究,1987(4):13-23.

林悟殊.唐人奉火祆教考辨.文史,1988(30):101-107.

林悟殊.祆教的原始经典《伽萨》.世界宗教资料,1989(1):10-14.

林悟殊.《阿维斯陀经》及其研究概况.西南亚研究,1989(1):46-48.

林悟殊.近代琐罗亚斯德教研究的滥觞.百科知识,1989(4):26-27.

林悟殊.火祆教的葬俗及其在古代中亚的遗痕.西北民族研究,1990(1):61-67.

林悟殊.中亚古代火祆教葬俗//张志尧.草原丝绸之路与中亚文明.乌鲁木齐:新疆美术摄影出版社,1994:229-237.

林悟殊.祆教净礼述略.辅仁大学神学论集(第102号),1994:619-634.

林悟殊.火祆教在唐代中国社会地位之考察//蔡鸿生.戴裔煊教授九十诞辰纪念文集:澳门史与中西交通研究.广州:广东高等教育出版社,1998:169-196.

林悟殊.唐朝三夷教政策论略//荣新江.唐研究(第4卷).北京:北京大学出版社,1998:1-14.

林悟殊.唐季"大秦穆护祆"考.文史,1999(48):39-46;1999(49):101-112.

林悟殊.波斯琐罗亚斯德教与中国古代的祆神崇拜//余太山.欧亚学刊(第1辑).北京:中华书局,1999:202-222.

林悟殊.泉州白耇庙属性拟证.海交史研究,1999(2):11-22.

林悟殊.陈垣先生与中国火祆教研究//龚书铎.励耘学术承习录:纪念陈垣先生诞辰120周年.北京:北京师范大学出版社,2000:170-179.

林悟殊.20世纪中国琐罗亚斯德教研究述评//余太山.欧亚学刊(第2辑).北京:中华书局,2000:243-265.

林悟殊.三夷教·火祆教//胡戟,等.二十世纪唐研究.北京:中国社会科学出版社,2002:577-585.

林悟殊.唐代三夷教的社会走向//荣新江.唐代宗教信仰与社会.上海:上海辞书出版社,2003:359-384.

林悟殊.《伊朗琐罗亚斯德教村落》中译本序//余太山.欧亚学刊(第4辑).北京:中华书局,2004:255-259.

林悟殊.西安北周安伽墓葬式的再思考.考古与文物,2005(5):60-71.

林悟殊.内陆欧亚祆教研究述评//余太山.内陆欧亚古代史研究.福州:福建人民出版社,2005:399-418.

林振辉(译).印度拜火教、信徒古来稀.世界日报,1994-09-25(16).

刘方.《纯常子枝语》与祆教研究//《中国典籍与文化》编辑部.中国典籍与文化论丛(第2辑).北京:中华书局,1995:413-419.

刘铭恕.元人杂剧中所见之火祆教.金陵学报,1941,11(1):35-50.

刘铭恕.火祆教杂考.世界宗教研究,1984(4):123-126.

刘铭恕.敦煌遗书中所见之祆教∥甘肃省社会科学院文学研究所.敦煌学术论集.兰州:甘肃人民出版社,1985:51-56.

刘文锁.姜伯勤《中国祆教艺术史》学记.西域研究,2004(3):119-120.

刘迎胜.唐苏谅妻马氏汉、巴列维文墓志铭再研究.考古学报,1990(3):295-305.

刘迎胜.古代中原与内陆亚洲地区的语言交往∥王元化.学术集林(七).上海:上海远东出版社,1996:181-185.

刘永增.莫高窟第158窟的纳骨器与粟特人的丧葬习俗.敦煌研究,2004(2):13-18.

刘再聪.吐蕃占领时期的敦煌宗教文明.丝绸之路,2000(1):82-84.

刘宗迪.摩睺罗与宋代七夕风俗的西域渊源.民俗研究,2012(1):67-97.

柳存仁."徐直事为"考∥香港中国语文学会.王力先生纪念论文集.香港:三联书店,1986:89-130.

柳存仁.唐代以前拜火教摩尼教在中国之遗痕∥柳存仁.和风堂文集.上海:上海古籍出版社,1991:495-554.

楼宇烈,张志刚.中外宗教交流史.长沙:湖南教育出版社,1998:151-159.

罗丰.固原南郊隋唐墓地.北京:文物出版社,1996.

罗丰.胡汉之间——"丝绸之路"与西北历史考古.北京:文物出版社,2004.

罗丰.中亚流传中国的拜火教与摩尼教之比较研究.固原师专学报,1989(4):57-63,70.

罗丰.萨宝:一个唐朝唯一外来官职的再考察∥荣新江.唐研究(第4卷).北京:北京大学出版社,1998:215-249.

罗绍文.米芾为西域人后裔考.历史研究,1988(2):92-95.

罗绍文.西域钩玄.兰州:兰州大学出版社,2002:15-19.

罗新. 元散曲所见祆教资料. 中国史研究, 2001(3):138.

马德.《敦煌廿咏》写作年代初探. 敦煌研究, 1983:179-186.

马国荣. 唐以前西域的丧葬文化. 西域研究, 1995(2):92-100.

马里千. 米芾民族和宗教信仰的疑问. 河北师范学院学报(哲学社会科学版), 1987(4):21-24.

马里千. 祆祠与波斯寺——中西交通史上的一个问题. 中国历史地理论丛, 1993(1):155-169.

马明达. 七圣刀与祆教 // 马明达. 说剑丛稿. 兰州:兰州大学出版社, 2000:256-262.

马苏第. 黄金草原. 耿昇, 译. 西宁:青海人民出版社, 1998.

满盈盈. 龟兹石窟波斯艺术元素与中外文化交流考论. 新疆师范大学学报(哲学社会科学版), 2012(3):53-58.

毛民. 天马与水神. 内蒙古大学艺术学院学报, 2007(1):31-38+图版.

毛民. 撒马尔罕古城:世界文明的纽带. 内蒙古大学艺术学院学报, 2006(2):42-44.

毛阳光. 洛阳新出土隋《安备墓志》考释. 考古与文物, 2011(5):84-88.

妹尾河童. 窥视印度. 姜淑玲, 译. 北京:三联书店, 2004:97.

孟西安. 西安再次发现北周粟特人墓葬证实:千年前长安已是国际性都市. 人民日报(海外版), 2004-11-25(7).

孟宪实. 麹氏高昌祀部班祭诸神及其祭祀制度初探. 新疆文物, 1991(3):71-79.

缪哲. 以图证史的陷阱. 读书, 2005(2):140-145.

牟钟鉴, 张践. 中国宗教通史. 北京:社会科学文献出版社, 2000.

裴建平. 再论北魏茹氏合邑一百人造像碑的宗教性质——兼与施安昌先生商榷 // 西安碑林博物馆. 碑林集刊(第10集). 西安:陕西人民美术出版社, 2004:69-76.

彭树智. 唐代长安与祆教文化的交往. 人文杂志, 1999(1):

96 – 103.

彭树智. 七圣刀与祆教关系一解//彭树智. 松榆斋百记——人类文明交往散论. 西安:西北大学出版社,2005:124 – 125.

彭无情,刁龙. 魏晋南北朝隋唐时期新疆宗教文化的特征探析. 兰州学刊,2011(1):150 – 153.

钱伯泉. 从祀部文书看高昌麹氏王朝时期的祆教及粟特九姓胡人. 新疆文物,1990(3):93 – 101.

邱紫华,李宁. 古代波斯宗教哲学的二元本体论及原型意象的审美阐释. 黄冈师范学院学报,2000,20(2):26 – 32.

饶宗颐. 穆护歌考//大公报在港复刊卅周年纪念文集(下卷). 香港,1978:733 – 771.

饶宗颐. 选堂集林·史林(中册). 香港:中华书局,1982:472 – 509.

饶宗颐. 塞种与 Soma——不死药的来源探索//刘东. 中国学术(第4辑,总第12辑). 北京:商务印书馆,2002:1 – 10.

荣新江. 中古中国与外来文明. 北京:三联书店,2001.

荣新江. 西域粟特移民聚落考//马大正,王嵘,杨镰. 西域考察与研究. 乌鲁木齐:新疆人民出版社,1994:157 – 172.

荣新江. 祆教初传中国年代考//北京大学中国传统文化研究中心. 国学研究(第3卷). 北京:北京大学出版社,1996:335 – 353.

荣新江. 安禄山的种族与宗教信仰//台北中国唐代学会编辑委员会. 第三届中国唐代文化学术研讨会论文集,1997:231 – 241;北京大学传统文化研究中心:北京大学百年国学文粹·史学卷. 北京:北京大学出版社,1998:762 – 769.

荣新江. 北朝隋唐粟特人之迁徙及其聚落//北京大学中国传统文化研究中心. 国学研究(第6卷). 北京:北京大学出版社,1999:27 – 85.

荣新江. 粟特祆教美术东传过程中的转化——从粟特到中国//巫鸿. 汉唐之间文化艺术的互动与交融. 北京:文物出版社,2001:51 – 72.

荣新江.高昌王国与中西交通∥余太山.欧亚学刊(第 2 辑).北京:中华书局,2000:73 - 83.

荣新江.隋及唐初并州的萨宝府与粟特聚落.文物,2001(4):84 - 89.

荣新江.书评:龚方震、晏可佳《祆教史》∥余太山.欧亚学刊(第 3 辑).北京:中华书局,2002:288 - 292.

荣新江.Miho 美术馆粟特石棺屏风的图像及其组合∥中山大学艺术研究中心.艺术史研究(第 4 辑).广州:中山大学出版社,2002:199 - 221.

荣新江.波斯与中国:两种文化在唐朝的交融∥中国学术.2002 年第 4 辑(总第 12 辑):56 - 76.

荣新江.西亚宗教的传播·祆教∥胡戟,等.二十世纪唐研究.中国社会科学出版社,2002:273 - 277;中国中古史研究十论.上海:复旦大学出版社,2005:82 - 92.

荣新江.北朝隋唐胡人聚落的宗教信仰与祆祠的社会功能∥荣新江.唐代宗教信仰与社会.上海:上海辞书出版社,2003:385 - 412.

荣新江.导言:唐代宗教信仰与社会——新问题与新探索∥荣新江.唐代宗教信仰与社会.1 - 12;中国中古史研究十论.195 - 211.

荣新江.佛像还是祆神?——从于阗看丝路宗教的混同形态∥香港城市大学中国文化研究中心.九州岛学林(1 卷 2 期).上海:复旦大学出版社,2003:93 - 115.

荣新江.萨保与萨薄:北朝隋唐胡人聚落首领问题的争论与辨析∥叶奕良.伊朗学在中国论文集(第 3 集).北京:北京大学出版社,2003:128 - 143.

荣新江.安史之乱后粟特胡人的动向∥纪宗安,汤开建.暨南史学(第 2 辑).广州:暨南大学出版社,2003:102 - 123.

荣新江.《释迦降伏外道像》中的祆神密斯拉与祖尔万∥华林(2).北京:中华书局,2002:201 - 213.

荣新江.从撒马尔干到长安——中古时期粟特人的迁徙与入居∥

荣新江,张志清.从撒马尔干到长安——粟特人在中国的文化遗迹.北京:北京图书馆出版社,2004:3-8.

荣新江.萨保与萨薄:佛教石窟壁画中的粟特商队首领//《法国汉学》丛书编辑委员会.法国汉学(第10辑).北京:中华书局,2005:49-71.

荣新江.四海为家——粟特首领墓葬所见粟特人的多元文化//上海文博论丛.2004(4):85-91,图1-11.

荣新江.历史时期的胡汉葬俗:吐鲁番的例证//余太山.欧亚学刊(第4辑).北京:中华书局,2004:177-181.

荣新江.西域粟特移民聚落补考.西域研究,2005(2):1-11,116.

荣新江.有关北周同州萨保安伽墓的几个问题//张庆捷,李书吉,李钢.4—6世纪的北中国与欧亚大陆.北京:科学出版社,2006:126-139.

荣新江.粟特与突厥——粟特石棺图像的新印证//周伟洲.西北民族论丛(4).中国社会科学出版社,2006:1-23.

荣新江.北朝隋唐粟特人之迁徙及其聚落补考//提交"古代内陆欧亚与中国文化国际学术研讨会"论文,中国上海,2005年6月24-26日;余太山,李锦绣.欧亚学刊(第6辑).北京:中华书局,2007:165-178.

荣新江.魏晋南北朝隋唐时期流寓南方的粟特人//韩升.古代中国:社会转型与多元文化.上海:上海人民出版社,2007:138-152.

荣新江.吐鲁番出土《金光明经》写本题记与祆教初传高昌问题//朱玉麒.西域文史(第2辑).北京:科学出版社,2007:1-13+图版1.

荣新江.从图像看历史——新发现的粟特图像及其解释//清华大学历史系,三联书店编辑部.清华历史讲堂续编.北京:三联书店,2008:158-174.

荣新江,张志清.从撒马尔干到长安——粟特人在中国的文化遗迹.北京:北京图书馆出版社,2004.

芮传明.粟特人在东西交通中的作用.中华文史论丛,1985(1):

49 – 67.

芮传明. 粟特人对东西交通的贡献 // 张志尧. 草原丝绸之路与中亚文明. 乌鲁木齐：新疆美术摄影出版社，1994：327 – 334.

芮传明. 关于古突厥人的敬天与事火. 铁道师院学报，1998（1）：59 – 65，10.

芮传明."萨宝"的再认识. 史林，2000（3）：23 – 39.

萨克塞娜. 巴斯商人对孟买和香港发展的贡献. 郭颐顿，译. 文化杂志，2007（64）：195 – 204.

桑原骘藏. 隋唐时代西域归化人考. 王桐龄，译. 师大月刊，1935（22）：317 – 334；1936（26 – 27）：138 – 169.

桑原骘藏. 隋唐时代西域人华化考. 何健民，译. 武汉大学文哲季刊，1936，5（2）：423 – 458，（3）：679 – 694，（4）：877 – 942；中华书局单行本，1939.

森安孝夫. 日本研究丝绸之路的粟特人的成就之回顾和近况. 徐婉玲，译. 张铭心，校订 // 朱玉麒. 西域文史（第 3 辑）. 北京：科学出版社，2008：325 – 353.

沙武田. 敦煌石窟粟特九姓胡人供养像研究. 敦煌学辑刊，2008（4）：132 – 144.

山西省考古研究所，太原市考古研究所，太原市晋源区文物旅游局. 太原隋代虞弘墓清理简报. 文物，2001（1）：27 – 52.

山西省考古研究所，太原市考古研究所，太原市晋源区文物旅游局. 太原隋虞弘墓. 北京：文物出版社，2005.

陕西省文物管理委员会. 西安发现晚唐祆教徒的汉、婆罗钵文合璧墓志——唐苏谅妻马氏墓志. 考古，1964（9）：458 – 461.

陕西省考古研究所. 西安北郊北周安伽墓发掘简报. 考古与文物，2000（6）：28 – 35.

陕西省考古研究所. 西安发现的北周安伽墓. 文物，2001（1）：4 – 26.

陕西省考古研究所. 西安北周安伽墓. 北京：文物出版社，2003.

邵明杰.莫高窟第 196 窟"甘州萨保"题记考述——兼论唐宋之际粟特民族的"伊斯兰化".山西师范大学学报(社会科学版),2009,36 (5):65 - 69.

邵明杰,赵玉平.莫高窟第 23 窟"雨中耕作图"新探——兼论唐宋之际祆教文化形态的蜕变.西域研究,2010(2):97 - 106,124.

〔日〕神田喜一郎. 祆教杂考. 沈嵩华,译. 史学,1933(2): 159 - 170.

沈爱凤.丝路中段巴克特利亚王国的希腊化艺术.丝绸之路,2009 (149): 68 - 70.

沈福伟.中西文化交流史.上海:上海人民教育出版社,1988.

沈睿文.夷俗并从——安伽墓和北朝烧物葬.中国历史文物,2006 (4):4 - 17 + 图版.

沈睿文.重读安菩墓.故宫博物院院刊,2009(4):6 - 21.

施安昌.善本碑帖论集.北京:紫禁城出版社,2002.

施安昌.火坛与祭司鸟神.北京:紫禁城出版社,2004.

施安昌.北魏冯邕妻元氏墓志纹饰考.故宫博物院院刊,1997(2): 73 - 85.

施安昌.北魏苟景墓志及纹饰考.故宫博物院院刊,1998(2): 21 - 29.

施安昌.北齐粟特贵族墓石刻考——故宫博物院藏建筑型盛骨瓮初探.故宫博物院院刊,1999(2):70 - 78.

施安昌.祆教礼仪所用植物考.故宫博物院院刊,2001(3): 12 - 16.

施安昌.圣火祆教图像考.故宫博物院院刊,2002(1):65 - 71.

施安昌.北魏茹小策合邑一百人造像碑考.故宫博物院院刊,2002 (4):32 - 37.

施安昌.六世纪前后中原祆教文物叙录//荣新江,李孝聪.中外关系史:新史料和新问题.北京:科学出版社,2004:239 - 246.

施安昌.北魏茹小策合邑一百人造像碑补考.故宫博物院院刊,

2003(4):68－74.

施安昌.对六世纪前后中国祆教艺术图像的认识//《法国汉学》丛书编辑委员会.法国汉学(第8辑,教育史专号).北京:中华书局,2003:498－509.

施安昌.北齐徐显秀、娄叡墓中的火坛和礼器.故宫博物院院刊,2004(6):41－48,157.

施安昌.河南沁阳北朝墓石床考——兼谈石床床座纹饰类比//《法国汉学》丛书编辑委员会.法国汉学(第10辑).北京:中华书局,2005:365－374.

施安昌.北齐吴莲花法义三十八人造像考.艺术,2009,3(总第51期):88－93.

施萍婷.本所藏《酒帐》研究.敦煌研究,1983:142－155.

宋晓梅.我看高昌"俗事天神":兼谈祆教的东传.中国历史博物馆馆刊,1998(2):23－32.

宋晓梅.高昌国民的"天神"信仰//宋晓梅.高昌国——公元五至七世纪丝绸之路上的一个移民小社会.北京:中国社会科学出版社,2003:233－255.

苏航.北朝末期的萨保品位.西域研究,2005(2):12－24,116.

素兰.摩尼教和火祆教在唐以前入中国的新考证.明报,1973(12):72－76.

孙昌武.隋唐五代文化志(中华文化通志历史文化沿革典).上海:上海人民出版社,1998.

孙培良.祆教杂记//中国世界中世纪史研究会.中国世界中世纪史研究会首届年会学术论文集.西宁:青海人民出版社,1982:35－45.

孙武军.北朝隋唐入华粟特人死亡观研究——以葬具图像的解读为主.考古与文物,2012(2):89－97.

谭蝉雪.敦煌祈赛风俗.敦煌研究,1993(4):61－67.

谭蝉雪.《君者者状》辨析——河西达怛国的一份书状//敦煌研究院.1994年敦煌学国际研讨会文集——纪念敦煌研究院成立50周年

(宗教文史卷,下).兰州:甘肃民族出版社,2000:100-114.

唐长孺.魏晋杂胡考//唐长孺.魏晋南北朝史论丛.北京:三联书店,1955:382-450.

滕磊.祆教在华遗存考.北京大学硕士研究生学位论文,2001.

滕磊.西域圣火——神秘的古波斯祆教.北京:人民美术出版社,2004.

滕磊.关于在华祆祠的几点认识.敦煌研究,2006(5):89-93,116.

滕磊.中国祆教艺术中的犬神形象.故宫博物院院刊,2007(1):96-105,158.

滕磊.一件海外回流石棺床之我见.故宫博物院院刊,2009(4):22-32,158-159.

藤田丰八.萨宝//藤田丰八.西域研究.杨炼,译.北京:商务印书馆,1937:27-50.

万毅.山西介休洪洞之宋元祆教遗痕.未刊稿.

万毅.西域祆教三联神崇拜与山西介休祆神楼//荣新江,李孝聪.中外关系史:新史料和新问题.北京:科学出版社,2004:259-269.

万毅.巴黎吉美博物馆展胡人石棺床图像试探//中山大学艺术史研究中心.艺术史研究(第12辑).广州:中山大学出版社,2010:15-37.

王川.广州"巴斯"研究的创新佳作——评郭德焱博士《清代广州的巴斯商人》.学术研究,2008(12):157-158.

王丁.南太后考——吐鲁番出土北凉写本《金光明经》题记与古代高昌及其毗邻地区的那那信仰与祆教遗存//《法国汉学》丛书编辑委员会.法国汉学(第10辑).北京:中华书局,2005:430-456.

王丁.吐鲁番安伽勒克出土北凉写本《金光明经》及其题记研究//季羡林,饶宗颐.敦煌吐鲁番研究(第9卷).北京:中华书局,2006:35-55.

王甲红.在伊朗寻找"拜火教"遗迹.人物,2012(2):83-87.

王青.论西域文化对魏晋南北朝道教的影响.世界宗教研究,1999

（2）:33 – 42.

王青. 石赵政权与西域文化. 西域研究,2002(3):91 – 98.

王睿."阿揽"与"浮咽". 历史研究,2011(3):78 – 90,190 – 191.

王素. 魏晋南朝火祆教钩沉. 中华文史论丛,1985(2):225 – 233.

王素. 高昌火祆教论稿. 历史研究,1986(3):168 – 177.

王素. 也论高昌"俗事天神". 历史研究,1988(3):110 – 118.

王韬. 白头教人//〔清〕王韬,著,陈戍国,点校. 瀛壖杂志瓮牖馀谈. 长沙:岳麓书社,1988:139 – 140.

王维坤:从北周粟特人墓和罽宾人墓的葬制与葬俗来看"汉化"过程//罗宏才. 从中亚到长安. 上海:上海大学出版社,2011:324 – 341.

王小甫."弓月"名义考//李铮,蒋忠新. 季羡林教授八十华诞纪念论文集. 南昌:江西人民出版社,1991:351 – 363;王小甫. 唐、吐番、大食政治关系史. 北京:北京大学出版社,1992:224 – 242.

王小甫. 弓月部落考//王小甫. 唐、吐番、大食政治关系史. 北京:北京大学出版社,1992:243 – 256.

王小甫. 拜火教与突厥兴衰——以古代突厥斗战神研究为中心. 历史研究,2007(1):24 – 40,189 – 190.

王小甫. 由草原突厥石人看东西文化交流//袁行霈. 国学研究(第23卷). 北京:北京大学出版社,2009:1 – 20;王小甫. 中国中古的族群凝聚. 北京:中华书局,2012:210 – 229.

王小甫. 突厥与拜火教//王小甫. 中国中古的族群凝聚. 北京:中华书局,2012:1 – 36.

王小甫. 吐蕃与本教//王小甫. 中国中古的族群凝聚. 北京:中华书局,2012:37 – 75.

王永平. 论唐代民间道教对陈硕真起义的影响——兼与林梅村同志商榷. 首都师范大学学报,1995,1:100 – 107.

王玉平. 出土文物透露:祆教曾在固原盛行. 宁夏日报,2012 – 11 – 02(013).

魏庆征. 古代伊朗神话. 太原:北岳文艺出版社,1999.

薛宗正.论高昌国的天神崇拜.中南民族大学学报（人文社会科学版）,2009(5):59-65.

吴羽.书评:姜伯勤《中国祆教艺术史研究》//中山大学历史人类学研究中心,香港科技大学华南研究中心.历史人类学学刊(第3卷第2期).香港:香港科技大学华南研究中心,2005:162-166.

伍联群.夔州"穆护歌"考辨.黄钟(武汉音乐学院学报),2010(1):115-120.

西安市文物保护考古所.西安市北周史君石椁墓.考古,2004(7):38-49.

西安市文物保护考古所.西安市北周凉州萨保史君墓发掘简报.文物,2005(3):4-33.

向达.唐代长安与西域文明.北京:三联书店,1957.

〔苏〕谢·亚·托卡列夫.世界各民族历史上的宗教.魏庆征,译.北京:中国社会科学出版社,1985.

徐岩红.太原北齐娄叡墓葬艺术中祆教图像解析.文艺研究,2012(4):146-147.

阎万钧.唐代昭武九姓之宗教的东传.世界宗教研究,1988(1):132-140.

颜廷亮.敦煌文化中的祆教、摩尼教和景教//段文杰.敦煌学与中国史研究论集:纪念孙修身先生逝世一周年.兰州:甘肃人民出版社,2001:418-429.

杨富学.古代柯尔克孜人的宗教信仰.西北民族研究,1997(1):130-137.

杨富学.回鹘文献与回鹘文化.北京:民族出版社,2003.

杨富学.回鹘祆教小考.敦煌吐鲁番研究,2003(1):130-133.

杨泓.北朝至隋唐从西域来华民族人士墓葬概说//新疆吐鲁番地区文物局.吐鲁番学研究——第二届吐鲁番学国际学术研讨会论文集.上海:上海辞书出版社,2006:269-273.

杨巨平.虞弘墓祆教文化内涵试探.世界宗教研究,2006(3):

103 – 111,158.

杨巨平.娜娜女神的传播与演变.世界历史,2010(5):103 – 115.

杨军凯.西安又发现北周贵族史君墓.中国文物报,2003 – 9 – 26.

杨军凯.关于袄教的第三次重大发现——西安北周萨宝史君墓.文物天地,2003(11).

杨军凯.北周史君墓石椁东壁浮雕图像初探//中山大学艺术史研究中心.艺术史研究(第5辑).广州:中山大学出版社,2003:189 – 198.

杨军凯.入华粟特聚落首领墓葬的新发现——北周凉州萨保史君墓石椁图像初释//荣新江,张志清.从撒马尔干到长安——粟特人在中国的文化遗迹.北京:北京图书馆出版社,2004:17 – 26.

杨军凯.西安北周史君墓石椁图像初探//《法国汉学》丛书编辑委员会.法国汉学(第10辑).北京:中华书局,2005:3 – 17.

杨青香.新疆塔吉克服饰艺术解读.新疆艺术学院学报,2011(9)(2):17 – 19.

杨万翔.巴斯人在穗港澳.羊城晚报,2005 – 03 – 15(B4).

杨宪益.萨宝新考//杨宪益.译馀偶拾.北京:三联书店,1983:317 – 337.

姚崇新.中古艺术宗教与西域历史论稿.北京:商务印书馆,2011.

姚崇新.“火神庙”非袄庙辨.世界宗教研究,2009(3):125 – 135.

姚崇新.中古时期巴蜀地区的火袄教遗痕//朱凤玉,汪娟.张广达先生八十华诞祝寿论文集.台北:新文丰出版公司,2010:997 – 1028.

叶奕良.伊朗历法纵谈//叶奕良.伊朗学在中国论文集(第2集).北京:北京大学出版社,1998:122 – 133.

伊藤义教.西安出土汉·婆合璧墓志婆文语言学的试释.考古学报,1964(2):195 – 202.

尹申平.安伽墓展现的历史画卷.中国文物报,2000 – 08 – 30.

殷小平,张小贵.脱俗求真锲而不舍——《中古三夷教辨证》读后//徐俊.书品(第6辑).北京:中华书局,2005:49 – 56.

影山悦子.粟特人在龟兹:从考古和图像学角度来研究.毛民,译//《法国汉学》丛书编辑委员会.法国汉学(第 10 辑).北京:中华书局,2005:191 - 204.

余光仁,余明泾.拜火教在中国的文化印记(上)——粟特人的丧葬文化.东方收藏,2010(12):44 - 48.

余光仁,余明泾.拜火教在中国的文化印记(下)——中原器物的"胡化"现象.东方收藏,2011(1):38 - 43.

余军,李彤.考古人类学视角下的粟特胡的人种问题//罗丰.丝绸之路上的考古、宗教与历史.北京:文物出版社,2011:214 - 226.

于卫青.从历史交往看祆教的早期发展.中东研究,2000(36):39 - 42.

羽离子.唐代穆护及其首次遭逢灭教.海交史研究,1992(1):34 - 44.

羽田亨.中世纪中亚地方的诸宗教及其典籍.林玖,译.中国新论,1937,3(3):45 - 51.

元文琪.二元神论:古波斯宗教神话研究.北京:中国社会科学出版社,1997.

元文琪.琐罗亚斯德如是说//中国社会科学院外国文学研究所.外国文学研究集刊(第 10 辑).北京:中国社会科学出版社,1985:257 - 281.

元文琪.波斯古经《阿维斯塔》.外国文学研究,1986(1):55 - 61,99.

元文琪.《阿维斯塔》神话与琐罗亚斯德教哲理.世界宗教研究,1987(4):1 - 12.

元文琪.琐罗亚斯德教与摩尼教的比较研究.世界宗教研究,1997(3):58 - 70.

元文琪."水中之火"与"水中之光"的原型意义//叶奕良.伊朗学在中国论文集(第 2 集).北京:北京大学出版社,1998:134 - 140.

元文琪.波斯神话精选.北京:中国少年儿童出版社,1991.

张爱春,张运祥,王胜.塔吉克族生活中的祆教遗存初探.新余学院学报,2012(2):43 - 45.

张爱民.鲁斯塔姆形象及其在中国的影响.枣庄学院学报,2009,26(3):47 - 52.

张广达.文本、图像与文化流传.桂林:广西师范大学出版社,2008.

张广达.祆教对唐代中国之影响三例//李学勤,龙巴尔.法国汉学(第1辑).北京:清华大学出版社,1996:143 - 154.

张广达.唐代祆教图像再考//荣新江.唐研究(第3卷).北京:北京大学出版社,1997:1 - 17.

张广达.吐鲁番出土汉语文书所见伊朗语地区宗教的踪迹//季羡林.敦煌吐鲁番研究(第4卷).北京:北京大学出版社,1999:7 - 11.

张广达.再读晚唐苏谅妻马氏双语墓志//北京大学国学研究院中国传统文化研究中心.国学研究(第10卷).北京:北京大学出版社,2002:1 - 22.

张广达,荣新江.有关西州回鹘的一篇敦煌汉文文献——S.6551讲经文的历史学研究.北京大学学报,1989(2):24 - 36.

张鸿年.波斯文学史.北京:北京大学出版社,1993.

张鸿年.波斯古代诗选.北京:人民文学出版社,1995.

张乃翥.中原出土文物与中古祆教之东浸.世界宗教研究,1992(3):29 - 39.

张乃翥.洛阳新见北魏石棺床雕刻拓片述略//中山大学艺术史研究中心.艺术史研究(第10辑).广州:中山大学出版社,2008:131 - 137.

张倩仪.魏晋南北朝升天图研究.北京:商务印书馆,2010.

张倩仪.从虞弘墓看敦煌经变天宫乐舞图像来源——祆教、佛教、中土传统融合一例//饶宗颐.华学(第9、10辑)(二).上海:上海古籍出版社,2008:693 - 702.

张庆捷.民族汇聚与文明互动——北朝社会的考古学观察.北京:商务印书馆,2010.

张庆捷.太原隋代虞弘墓石椁浮雕的初步考察∥巫鸿.汉唐之间文化艺术的互动与交融.北京:文物出版社,2001:3−28.

张庆捷.《虞弘墓志》中的几个问题.文物,2001(1):102−108.

张庆捷.虞弘墓石椁图像中的波斯因素∥叶奕良.伊朗学在中国论文集(第3集).北京:北京大学出版社,2003:237−255.

张庆捷.虞弘墓石椁图像整理散记∥中山大学艺术史研究中心.艺术史研究(第5辑).广州:中山大学出版社,2003:199−222.

张庆捷.入乡随俗与难忘故土——入华粟特人石葬具概观∥荣新江,张志清.从撒马尔干到长安——粟特人在中国的文化遗迹.北京:北京图书馆出版社,2004:9−16.

张庆捷,李书吉,李钢.4—6世纪的北中国与欧亚大陆.北京:科学出版社,2006.

张士智.神秘的拜火教.羊城晚报,1983−1−2(4).

张淑琼.琐罗亚斯德教的现代伊朗版——读《伊朗琐罗亚斯德教村落》中译本∥徐俊.书品(第6辑).北京:中华书局,2005:57−61,69.

张湘宾.袄教在新疆的传播及其影响.新疆师范大学硕士学位论文,2012.

张小贵.中古华化袄教考述.北京:文物出版社,2010.

张小贵.古波斯"不净人"考.中山大学学报(社会科学版),2002(5):68−75.

张小贵.唐代九姓胡奉火袄教"诣波斯受法"考∥林中泽.华夏文明与西方世界.香港:博士苑出版社,2003:63−74.

张小贵."粟特人在中国——历史、考古、语言的新探索"国际学术研讨会综述∥郝春文.敦煌学国际联络委员会(ILCDS)通讯.北京,2004(1):25−27;郝春文:2002—2005敦煌学国际联络委员会通讯集刊.上海:上海古籍出版社,2005:147−150.

张小贵.唐宋袄祠庙祝的汉化——以史世爽家族为中心的考察.中山大学学报(社会科学版),2005(3):72−76.

张小贵.“派提达那”非“屏息”辨//余太山,李锦绣.欧亚学刊(第5辑).北京:中华书局,2005:49-62.

张小贵.祆教内婚及其在唐宋社会的遗痕//余太山,李锦绣.欧亚学刊(第6辑).北京:中华书局,2007:113-129.

张小贵.谈祆说化一家言——蔡鸿生教授祆教研究的思路//陈春声.学理与方法——蔡鸿生教授中山大学执教五十周年纪念文集.香港:博士苑出版社,2007:246-258.

张小贵.康国别院“令狗食人肉”辨.西域研究,2007(3):77-85.

张小贵.玛丽·博伊斯教授与伊朗学研究//季羡林,饶宗颐.敦煌吐鲁番研究(第10卷).上海:上海古籍出版社,2007:383-395.

张小贵.唐宋祆祠分布辑录//纪宗安,汤开建.暨南史学(第5辑).广州:暨南大学出版社,2007:184-195.

张小贵.唐伊吾祆庙“素书”非塑像辨.中华文史论丛,2008(2):321-338.

张小贵.祆教释名//饶宗颐.华学(第9、10辑)(二).上海:上海古籍出版社,2008:677-692.

张小贵.中古粟特祆神崇拜及其源流考辨//余太山,李锦绣.欧亚学刊(第8辑).北京:中华书局,2008:117-128.

张小贵.胡裔墓葬与入华祆教葬俗//中山大学人类学系,中国社会科学院边疆考古研究中心.边疆民族考古与民族考古学集刊(第1集).北京:文物出版社,2009:173-186.

张小贵.虞弘墓祭火图像宗教属性辨析//余太山,李锦绣.欧亚学刊(第9辑).北京:中华书局,2009:266-278.

张小贵.澳门巴斯墓葬俗略考//珠海、澳门与近代中西文化交流——“首届珠澳文化论坛”论文集.北京:社会科学文献出版社,2010:471-485.

张小贵.宋代米芾族源及其信仰.中华文史论丛,2010(3):371-393,401-402.

张小贵.古波斯“烧铁灼舌”考.西域研究,2011(1):108-

115,144.

张小贵.清代"摩卢"人考//韦卓民与中西方文化交流——"第二届珠澳文化论坛"论文集.北京:社会科学文献出版社,2011:179-192.

张小贵.祆神密特拉形象及其源流考//罗丰.丝绸之路上的考古、宗教与历史.北京:文物出版社,2011:244-260.

张小贵.摩醯首罗与唐宋祆神//单周尧.东西方研究.上海:上海古籍出版社,2011:60-67.

张小贵.从血祭看唐宋祆教的华化//荣新江.唐研究(第18卷).北京大学出版社,2012:357-374.

张云.上古西藏与波斯文明.北京:中国藏学出版社,2005.

张云.本教古史传说与波斯祆教的影响.中国藏学,1998(4):70-80.

张桢.来华胡人石质葬具的发现与研究//罗丰.丝绸之路上的考古、宗教与历史.北京:文物出版社,2011:175-183.

张总.祆教艺术双璧.世界宗教文化,2001(1):19-20.

赵晶.中国境内发现的石质葬具"人首鹰身"图像剖论//罗宏才.从中亚到长安.上海:上海大学出版社,2011:342-360.

赵玉平.敦煌壁画"雨中耕作图"与唐五代赛祆祈雨活动.新疆艺术学院学报,2009,7(3):9-13.

赵贞.唐五代宋初敦煌的祆教崇拜.丝绸之路,2000(4):47-48.

郑炳林.唐五代敦煌粟特人与归义军政权.敦煌研究,1996(4):80-96.

郑岩.青州北齐画像石与入华粟特人美术——虞弘墓等考古新发现的启示//巫鸿.汉唐之间文化艺术的互动与交融.北京:文物出版社,2001:73-109.

郑岩.青州傅家北齐画像石与入华祆教美术//郑岩.魏晋南北朝壁画墓研究.北京:文物出版社,2002:236-284.

钟焓.安禄山等杂胡的内亚文化背景——兼论粟特人的"内亚化"问题.中国史研究,2005(1):67-84.

周建新. 哈萨克族拜火尚白习俗新解. 新疆大学学报(哲学社会科学版),1995,23(1):49-52,29.

周建新. 关于哈萨克民族信仰祆教的相关文献记载和遗迹. 西北民族学院学报(哲学社会科学版. 汉文),1995(3):64-71.

周菁葆. 西域祆教文明. 西北民族研究,1991(1):115-124,90.

周菁葆. 西域祆教艺术. 西域研究,2010(1):84-92.

周伟洲. 隋虞弘墓志释证//荣新江,李孝聪. 中外关系史:新史料和新问题. 北京:科学出版社,2004:247-257.

周运中. 唐宋江淮三夷教新证. 宗教学研究,2010(1):210-212.

朱昌颐. 琐罗亚斯德教//罗竹风. 宗教通史简编. 上海:华东师范大学出版社,1990:519-527.

〔美〕安尼塔·朱里安诺,朱迪斯·勒内. 根据新近的发现对美穗(Miho)石椁的再认识//周伟洲. 西北民族论丛(第1辑). 北京:中国社会科学出版社,2002.

作铭. 唐苏谅妻马氏墓志跋. 考古,1964(9):458-461;夏鼐. 夏鼐文集(下卷). 北京:社会科学文献出版社,2000:108-111.

二、日文书目(按作者姓氏笔划排列)

小川阳一. 敦煌における祆教庙の祭祀. 东方宗教,1967,27:23-34.

友松圆谛. 藤田博士の「萨宝に就いて」を读む. 史学,1929,4:307-310.

石田干之助. 支那に於けるザラトウ—シトラ教に就いて. 史学杂志,1927,34(4):80-90.

石田干之助. 神田学士の「祆教杂考」を读みて. 史学杂志,1928,39(6):547-577;祆教丛考——神田学士の「祆教杂考」を读みて//石田干之助. 东亚文化史丛考. 东京东洋文库,1973:221-246.

石田干之助. 祆教の支那初传の时期并にその初期弘通に就いて. 东方学,1951,1:46-53.

石田干之助. 火祆教と中国文化(对谈 石田干之助,松本清张). 中央公论,1976,54(6):278-294.

石田干之助.支那に於けるザラシスラト教に就いて——从来の知见に対する二三の补遗(下).日本学士院纪要,1972,30(1).

关尾史郎.「章和五(五三五)年取牛羊供祀帐」の正体(Ⅰ-Ⅵ).史信,1988—1992(2,3,10,16,24,27):1-3,1-3,1-4,1-4,2-4,1-4,1-4.

关尾史郎.「班示」という样式の高昌文书について.吐鲁番出土文物研究会会报,1990(44):6.

吉田丰.アヴェスターに於ける复合语の问题(日本大学における第二十八回[日本印度学佛教学会]学术大会纪要-1-).印度学佛教学研究,1977,26(1):134-135.

吉田丰.ソグド语杂录(Ⅱ).オリエント,1989,31(2):165-176.

吉田丰.ソグド语のNāfnāmak「国名表」の2・3の读みについて.オリエント,1993,36(1):151-153.

吉田丰.ソグド文字で表记された汉字音.东方学报,1993(66):180-271.

吉田丰.Sino-Iranica.西南アジア研究,1998(48):33-51.

吉田丰.米国问题再访.アジア言语论丛,2002(4):1-4.

吉田丰,森安孝夫.麹氏高昌国时代ソグド文女奴隶买卖文书.内陆アジア言语の研究,1988(4):1-50.

羽田亨.天と祆と祁连と.史林,1924,9(1):1-13.

羽田明.ソグド人の东方活动//岩波讲座・世界历史六・内陆アジア世界の形成.岩波书店,1971:409-434;中央アジア史研究.临川书店,1982:322-348.

池田温.8世纪中叶における敦煌のソグド人聚落//エーラシア文化研究(第一号).北海道大学文学部,1965:49-92.

池田温.沙州图经略考//东洋史论丛:榎博士还历纪念.山川出版社,1975:31-101.

姜伯勤.敦煌・吐鲁番とシルクロード上のソグド人(1)(2)

（3）．池田温，译．季刊东西交涉，1986，5（1－3）：30－39，26－36，28－33．

姜伯勤．介休の祆神楼と宋元明代山西の祆教．池田温，译．东洋学报（东洋文库和文纪要），1999，80（4）：423－450．

伊藤义教．ゾロアスター研究．东京：岩波书店，1979．

伊藤义教．ペルシア文化渡来考．东京：岩波书店，1980．

伊藤义教．名诠自性「ゾロアスター」—东方からのアプローチ—．オリエント，1986，29（1）：17－31．

伊藤义教．ゾロアスター教—その东传．东京书籍，1986（123）：2－5．

伊藤义教．ゾロアスター教の渡来．东アジアの古代文化，1987（51）：142－161．

伊藤义教．法隆寺传来の香木铭をめぐって．东アジアの古代文化，1988（54）：98－105．

那波利贞．祆庙祭祀小考．史窗，1956（10）：1－27．

青木和子．唐代长安の祆教寺院について（六朝隋唐の社会と文化）．龙谷大学佛教文化研究所纪要，1978（17）．

青木健．ゾロアスター教の兴亡：サーサーン朝ペルシアからムガル帝国へ．东京：刀水书房，2007．

香山阳坪．オスアリについて—中央アヅア・ゾロアスター教徒の藏骨器—．史学杂志，1963，72（9）：54－68．

神田喜一郎．祆教杂考．史学杂志，1928，39（4）：381－394．

神田喜一郎．祆教琐记．史林，1933，18（1）：15－26．

神田喜一郎．「敦煌二十咏」に就いて．史林，1939，24（4）：173－181．

神田喜一郎．素画に就いて．东洋史研究，1940，5（3）；神田喜一郎全集（第1卷）．京都同朋社，1986：85－88．

原田淑人．唐代小说杜子春传と祆教．东洋学报，1914，6（3）．

原田淑人．唐代小说杜子春传とゾロアスター教——东と西

（五）.圣心女子大学论丛,1964(22).

荒川正晴.北朝隋・唐代における「萨宝」の性格をめぐって.龙谷大学东洋史学研究会.东洋史苑,1998(50・51):164 – 186.

荣新江.ソグド人居住地の日常生活.Miho Museum 研究纪要.滋贺:财团法人秀明文化财团.2004,4:1 – 15.

荣新江.ソグド祆教美术の东传过程における转化——ソグドから中国へ.西林孝浩,译.美术研究,东京文化财研究所,2004,384:1 – 17.

柴谦太郎.支那史に於けるペルシア教.史学界,1903,5(3):36 – 45.

桑原骘藏.隋唐时代に支那に来往した西域人について//内藤博士还历祝贺支那学论丛,1926;桑原骘藏全集(第 2 卷).岩波书店,1968:270 – 360.

桑原骘藏.祆教に关する一史料.史学杂志,1928,39(7):72 – 73.

曽布川宽,吉田丰.ソグド人の美术と言语.临川书店,2011.

榎一雄.萨宝//アジア历史事典(四).平凡社,1960.

影山悦子.东トリキスタン出土のオッスアリ(ゾロアスター教徒の纳骨器)について.オリエント,1997,40(1):73 – 89.

藤田丰八.萨宝につきて.史学杂志,1925,36(3):195 – 215.

藤田丰八.东西交涉史の研究:西域篇及附篇.冈书院,1933.

三、俄文书目

Абаев В И. Скифский быт и реформа Зороастра. Archiv Orientální,Praha,1956,24,F.1.

Брагинский И С. Из истории таджикской иародной поэзии, Москва,1956.

Бхатна Н. Отражение экономической структуры древнего Ирана в Авеста:земледелие и скотоводство,Этнические проблемы истории центральной Азий в древности,Москва,1981.

Гаибов В А., Кошеленко Г А. Тоголок-21 и проблемы

· 欧 · 亚 · 历 · 史 · 文 · 化 · 文 · 库 ·

религиозной истории древней Маргианы. Москва, Вестник древней истории, 1, 1989.

Гафуров Б Г. История таджикского Народа. Москва, 1955.

Гафуров Б Г. История Узбекской ССР, Ташкент, 1955.

Гафуров Б Г. История Казахской ССР, Алма-Ата, 1957.

Грене Ф. Интерпретация декора оссуариев из Бия-Наймана и Мианкаля, Городская культура Бактрии-Тохаристана и Согда, Ташкент, 1987.

Грене Ф. Некоторые замечания о корнях зороастризма в Средней Азии, Париж, Вестник древней истории, 1, 1989.

Грене Ф. Знание Яштов Авесты в Согде и Бактрии по данным иконографии, Вестник древней истории. Москва, 1993, No. 4.

Гулямов Я Г. Археологические работы к западу от Бухарсого оазиса, Труды Институт ис-тории и антропологии АН УзССР, Ташкент, 1956.

Дандамаев М А. Некоторые замечания к обсуждаемой проблеме, Ленинград, Вестник древней истории, 2, 1989.

Дорошенко Е А. Зороастрийцы в Иране (Историкоэтнографический очерк). Москва, 1982.

Ершов С А. Некоторые итоги археологического изучения некрополя с оссуарными захоронениями в районе города Байрам-Апи (Раскопки 1954—1956 гг.), Труды института истории, археологии и этнографии Туркм, ССР, V, Ашхабад, 1959.

Ершов С А. Оссуарии из округи Саильтепа, Общественные науки в Узбекистане, Ташкент, 1989, No. 6.

Иванов Вяч. Вс. О соотношенин археологических, лингвистических и культурно-семиотических реконтрукций (На материале комплекса Тоголок-21). Москва, Вестник древней истории, 2, 1989.

Кабанов С К. Археологические работы 1984 года каршинском

оазисе, Труды Института истории и археологии АН УзССР, т. II. Ташкент. 1950.

Лившиц В А. Согдийские документы с горы Муг. Выпуск I. Москва, 1962.

Лившиц В А. Общество Авесты. Древнейшие государственные образования, История таджикского народа. Т. 1: С древнейших времен до V в. н. э., Под ред. Б. Г. Гафурова и Б. А. Литвинского. Москва, 1963.

Лившиц В А. Зороастрийский Календарь, Бикерман Э. Хронология Древнего мира. Ближний Восток и античность. Москва, 1975.

Лившиц В А. Стеблин-Каменский И. М., Иротозоро астризма. Ленинград, Вестник древней истории, 1989.

Лившиц В А. Авеста: Избранные гимны, Пер. с авестийского и коммент. И. М. Стеблин-Каменского, предисл. В. А. Лившица, Душанбе, 1990.

Лившиц В А. Общество Авесты. , История таджикского народа. Т. 1: Древнейшая и Древняя история, Под ред. акад. АН Республики Таджикистан Б. А. Литвинского и чл. -кор. АН Республики Таджикистан В. А. Ранов, Душанбе, 1998.

Литвинский Б А. Протоиранский храм в Маргиане. Москва, Вестник древней истории, 1989.

Массон М Е. Ахангеран. Археолого-топографический очерк, Ташкент, 1953.

Мейтарчиян М. Погребальные Обряды Зороастрийцев. Москва · спб, 2001.

Неразик Е Е. , Рапопорт Ю А. Куюк-кала в 1956. Материады Харезмской экспедиции, Вып. I, Москва, 1959.

Ньоли Г. Археология и проблема: новые перспективы, Рим, Вестник древней истории, 2, 1989.

Обельченко О В. Захоронения костей в хумах и оссуариях в восточной частн Бухарского оазиса, История материальной культуры Узбекистана, Вып. I, Ташкент, 1959.

Погодин А Л. Религия Зороастра, спб. , 1903.

Пугаченкова Г А. К проблеме возникновения шатровых мавзолеев Хорасана, Материалы Южно-Туркменистанской археологической комплексной экспедичин, Ашхабад, Вып. 1, 1949.

Пугаченкова Г А. Элементы согдийской архитектуры на средне-азиатских терракотах, Труды Института истории и археологии АНУзССР, Ташкент, 1950, Т. 2.

Пугаченкова Г А. Иштиханские древности (некоторые итоги исследований 1979 г.), Советская археология, Москва, 1983, No. 1.

Пугаченкова Г А. Мианкальские оссуарии, Из художественной сокровищницы Среднего Востока, Ташкент, 1987.

Пугаченкова Г А. Храм огня в Великом Согде, Из художественной сокровищницы Среднего Востока, Ташкент, 1987.

Пугаченкова Г А. Древности Мианкаля, Ташкент, 1989.

Пьянков И В. Тоголок-21 и пути его исторической интерпретации, Душанбе, Вестник древней истории, 1989.

Рапопорт Ю А. К вопросу о хорезмийских статуарных оссуариях, Краткие сообщения Института этнографии АН СССР, XXX, 1958.

Рапопорт Ю А. Из истории религии Древнего Хорезма (оссу-арии). Москва, 1971.

Рапопорт Ю А. Религия Древнего Хорезма: Научный доклад, представленный в качестве диссертации на соискание ученой степени доктора исторических наук. Москва, 1991.

Рапопорт Ю А. Религия Древнего Хорезма: Некоторые итоги исследований, Этнографическое обозрение. Москва, 1996, No. 6.

Сарианиди В И. Протозороастрийский храм в Маргиане и

проблема возникновения зороастризма. Москва, Вестник древней истории, 1989.

Сарианиди В И. Зороастрийская проблема и в светеновейшиха-рхеологических открытий. Москва, Вестник древней истории, 2, 1989.

Ставиский В Я. и др. Пянджикентскний некрополь, Материалы и исследования по археологии СССР. Москва, 37.

Ставиский Б Я. Кушанская Бактрия (Проблемы истории и культуры). Москва, 1977.

Струве В В. Восстание в Маргиане при Дарии I. Материалы ЮТАКЭ, вып. I, Ашхабад, 1949.

Толстов С П. Древний Хорезм. Москва, 1948.

Толстов С П. Работы Хорезмской археолого-этнографической экспедиции АН СССР в 1949—1953 гг., Труды Хорезмской археолого-этнографической жепедиции, II; его же, Итоги работ Хорезмской археолого-этнографической экспедиции АН СССР в 1953 г. Вестник древней истории, 1955, No. 3.

Филанович М И. К типологий раннесредневековых святилищ огня Согда и Чача, см. Городская культура Бактрии-Тохаристана и Согда. Ташкент, 1987.

Филанович М И. По поводу оссуарного обряда погребения в Ташкенте, Древняя и средневековая археология Средней Азии (к проблеме истории и культуры). Ташкент, 1990.

Шишкин В А. Варахша. Москва, 1963.

四、西文书目(I)

Albiruni. The Chronology of Ancient Nations. transl. into English by E Sachau, London, 1879, repr. 1969.

Along the Ancient Silk Routes. Central Asian Art from the West Berlin State Museum. New York: The Metropolitan Museum of Art, 1982.

Annuaire de l'Ecole Pratique des Hautes Etudes (EPHE), Section des sciences religieuses, Résumé des conférences et travaux, t. 108, année 1999 - 2000.

Asmussen J P. Xᵘāstvānīft, Studies in Manichaeism. Copenhagen, 1965.

Asmussen J P. Die Iranier in Zentralasien. Kultur- & religions-historische Bemerkungen. Acta Or. ,1963,27 (3/4):119 - 127.

Azarpay G. Sogdian Painting. Berkeley-Los Angeles-London, 1981.

Azarpay G. Nine inscribed Choresmian bowls. AA , 1969, 31: 185 - 203.

Azarpay G. Iranian divinities in Sogdian painting // Monumentum H. S. Nyberg I. Acta Iranica ,4, Leiden: E. J. Brill, 1975: 19 - 29.

Azarpay G. The Allegory of DĒN in Persian Art. AA, 1976, 38(1): 37 - 48.

Azarpay G. Nanā, the Sumero-Akkadian Goddess of Transoxiana. JAOS, 1976, 96(4):536 - 542.

Azarpay G. Some Iranian Iconographic Formulae in Sogdian Painting. IA, 1975(11):168 - 177.

Bailey H W. Iranian studies V. BSOAS, 1935, 8:117 - 142.

Bailey H W. Saka śśandrāmata // Festschrift für Wilhelm Eilers. Wiesbaden, 1967:136 - 143.

Bajpakov K M. & Grenet F. Nouvelles données sur la culture sogdienne dans les villes médiévales du Kazakhstan. St. Ir. ,1992,21:33 - 48, pls. II - IX.

Banerjee P. A Śiva icon from Piandjikent. AA, 1969, 31:73 - 80.

Bernard P. et Grenet F. eds. Histoire et cultes de l'Asie centrale préislamique. Paris: CNRS, 1991.

Bradford R. The Guyuan Sarcophagus: Motifs from All Asia, A Study in Progress. Toronto Studies in Central and Inner Asia , 2002, 5: 177 - 199.

Bussagli, M. La peinture de l'Asie Centrale. Geneve, 1963.

Carter, Martha L. Aspects of the Imagery of Verethragna. The Kushan Empire and Buddhist Central Asia // Proceedings of the Second European Conference of Iranian Studies. Rome, 1995 : 120 – 140.

Carter, Martha L. Oeso or Siva. BAI , 1995, 8 : 143 – 157.

Carter, Martha L. Notes on Two Chinese Stone Funerary Bed Bases with Zoroastrian Symbolism // Iran. Questions et Connaissances, Vol I , La Période Ancienne, Cahiers de Studia Iranica 25. Paris, 2002 : 263 – 287.

China Archaeology and Art Digest: Zoroastrianism in China, Vol. 4 No. 1 , Hong Kong, 2000.

Chen Sanping. From Azerbaijan to Dunhuang-A Zoroastrianism Note. CAJ, 2003, 47, (2) : 183 – 197.

Coyajee, Sir J C. Cults & Legends of Ancient Iran & China. Fort, Bombay : J. B. Karani's Sons, 1936.

Cribb J. Shiva images on Kushan and Kusano-Sasanian Coins. Studies in Silk Road Coins and Culture. SRAA Special Volume, 1997 : 11 – 66.

Dien A E. A Note on Hsien 祆 "Zoroastrianism". Oriens, 1957, 10 (1) : 284 – 288.

Dien A E. The Sa-Pao problem re-examined. JAOS, 1962, 82 : 335 – 346.

Drège J – P. et Grenet F. Un temple de l'Oxus près de Takht-i Sangin, d'après un témoignage chinois du VIIIe siècle. St. Ir. , 1987, 16 : 117 – 121.

Eberhard W. Notizen zum Manichäismus und Mazdaismus in China // China und seine westlichen Nachbarn. Darmstadt, 1978 : 29 – 36.

Eichhorn W. Materialien zum Auftreten iranischer Kulte in China. Die Welt des Orients, 1954 – 59, 14 : 531 – 541.

Fëdorov M N. A Sogdian incense-burner of the late VII-early VIII c. AD from Koshoi Korgon hillfort. IA, 2001, 36 : 361 – 381.

欧
·
亚
·
历
·
史
·
文
·
化
·
文
·
库
·

Fëdorov M N. Archaeological data for the history of Atbash. AMI , 2001,33:391 - 403.

Foltz, Richard C. Religions of the Silk Road: Overland Trade and Cultural Exchange from Antiquity to the Fifteenth Century. New York:St. Martin's Griffin,1999.

Forte A. The Sabao 萨宝 Question // The Silk Roads Nara International Symposium'97,1999,Record No. 4:80 - 106.

Forte A. Iranians in China - Buddhism, Zoroastrianism, and Bureaus of Commerce-, Cahiers d'Extreme - Asie,1999 - 2000,11:277 - 290.

Frumkin G. Archaeology in Soviet Central Asia (Handbuch der Orientalistik Ⅶ.3.1. ,ed. J. E. van Lohuizen-de Leeuw). Leiden,1970.

Frye R N. The history of Bukhara,Translated from a Persian Abridgment of the Arabic Original by Narshakhī. Cambridge,Massachusetts,1954.

Frye R N. Tarxūn ~ Türxün and Central Asian History. HJAS,1951, 14:105 - 129.

Frye R N. Notes on History of Transoxiana. HJAS, 1956, 19: 106 - 122.

Geiger W. Civilization of the Eastern Iranians in Ancient Times, Translated form the German by Darab Dastur Peshutan Sanjana. 2 vols. London,1885,1886.

Gershevitch I. An Avestan Recovery through Sogdian. EW,1984,34: 43 - 45.

Gershevitch I. Sogdians on a Frogplain // Mélanges linguistiques offerts à É. Benveniste. Société de Linguistique de Paris,1975:195 - 211.

Gharīb,Badr al-Zamān "Katībe-ī xatt-e pahlavī dar Čīn", Maĵalle-ye Dāneškade-ye adabīyāt-e Tehrān,no. 53,1966,14 (1):70 - 76.

Ito Gikyo. Explication du texte pehlevi de l' incription tombale bikingue en chinois et pehlevi déterrée à Sian. Bulletin of the Society for Western and Southern Asiatic Studies. Kyoto,1964,13:17 - 34.

Gnoli Gh. A Sassanian Iconography of the Dēn. BAI, Iranian Studies in Honor of A. D. Bivar, 1993, 7 : 79 – 85.

Grenet F. Les pratiques funéraires dans l'Asie centrale sédentaire de la conquête grecque à l'islamisation. Paris : Editions du CNRS, 1984.

Grenet F. Cultes et monuments religieux dans l'Asie centrale préislamique. Paris, 1987.

Grenet F. Notes sur le pantheon iranien des Kouchans. St. Ir. , 1984, 13 (2) : 253 – 261.

Grenet F. Les pratiques funéraires dans l'Asie centrale préislamique // Grand atlas de l'archéologie. Paris : Encyclopaedia iniversalis, 1985 : 236 – 237.

Grenet F. L'Art Zoroastrien en Sogdiane. Etudes d'iconographie funèraire. Mesopotamie Revista di Archeologia, Epigragia e Storia Orientale Antica a cura del Dipartomento di Scienze Antrópologiche Archeologiche e Storio, Territorialé dell Università di Torino X XI, 1986 : 97 – 131.

Grenet F. Remnants of Burial Practices in Ancient Iran. E. Ir. L. ; N. Y. , 1989, 4 : 5 – 6.

Grenet F. Trois nouveaux documents d'iconographie religieuse sogdienne. St. Ir. , 1993, 22 : 49 – 67.

Grenet F. The Second of Three Encounters between Zoroastrianism and Hinduism : Plastic Influences in Bactria and Sogdiana (2nd – 8th c. A. D.). Journal of the Asiatic Society of Bombay. James Darmesteter (1849 – 1894) Commemoration Volume, ed. by V. M. Kulkarni and Devangana Desai. Bombay, 1994 : 41 – 57.

Grenet F. Divinités sogdiennes // J. Giès and M. Cohen ed. Serinde : Terre de Bouddha. Paris, 1995 : 293 – 294.

Grenet F. Vaiśravana in Sogdiana. About the origins of Bishamon-ten. SRAA, 1995/96 (4) : 277 – 297.

Grenet F. Crise et sortie de crise en Bactriane-Sogdiane aux IV e- V e siècles: de l'héritage antique à 'adoption de modèles sassanides // dans La Persia e l'Asia centrale da Alessandro al X secolo, Atti dei Convegni Lincei 127. Rome, 1996: 367 – 390.

Grenet F. I, Étude de documents sogdiens; Ⅱ, Documents sur le zoroastrisme en Asie centrale // École pratique des hautes études, section des Sciences religieuses. Annuaire, 1998, t. 105.

Grenet F. Les ossuaries zoroastriens // P. Chuvin ed. Les arts de l'Asie centrale. Paris, 1999: 164 – 167.

Grenet F. Regional Interaction in Central Asia and Northwest India in the Kidarite and Hephthalite Periods: the Present State of the Evidence // N. Sims-Williams ed. Indo-Iranian Languages and Peoples. In Memorial Sir Harold Bailey (Proceeding of the British Academy 116). London, 2002: 203 – 224.

Grenet F. Mithra, dieu iranien: nouvelles données. Topoi, 2003, 11: 1 – 14.

Grenet F. L'Inde des astrologues sur une peinture sogdienne du VIIe siècle // C. Cereti, M. Maggi, E. Provasi eds. Religious themes and texts in pre-Islamic Iran and Central Asia. Studies in Honour of Professor Gherardo Gnoli on the Occasion of His 65th Birthday on 6th December 2002. Wiesbaden: Dr. Ludwig Reichelt Verlag, 2003: 123 – 129, pls. 2 – 3.

Grenet F, Marshak B. Le mythe de Nana dans l'art de la Sogdiane. ArtsA, 1998, 53: 5 – 18, 49.

Grenet F, P Riboud et Yang Junkai. Zoroastrian scenes on a newly discovered Sogdian tomb in Xi'an, Northern China. St. Ir., 2004, 33 (2): 273 – 284.

Grenet F, Sims-Williams N. The Historical Context of the Sogdian Ancient Letters // Transition Periods in Iranian History (St. Ir., cahier 5). Leuven, 1987: 101 – 122.

Grenet F, N Sims-Williams and E de la Vaissière. The Sogdian

Ancient Letter V. BAI, new series, 1998, 12:91 - 104.

Grenet F, de la Vaissière E. The last days of Penjikent. SRAA, 2002, 8:155 - 196.

Grenet F, Zhang Guangda. The Last Rufuge of the Sogdian Religion: Dunhuang in the Ninth and Tenth Centuries, BAI, new series, 10 (Studies in Honor of Vladimir A. Livshits), 1996, pp. 175 - 186.

Musée Guimet. Lit de pièrre, sommeil barbare; Présentation, après restauration et remontage, d'une banquette funéraire ayant appartenu à un aristocrate d'Asie centrale venu s'établir en Chine au VIe siècle. Paris, Musée Guimet, 13 avril-24 mai 2004.

Harmatta J. Sino-Iranica. Acta Antiqua Academiae Scientiarum Hungaricae. Budapest, 1971, 19:113 - 144.

Harmatta J. The Middle Persian-Chinese Bilingual Inscription from Hsian and the Chinese-Sasanian Relation. La Persian nel medioevo. Roma, 1971:363 - 376.

Harmatta J. Sogdian Sources for the History of Pre-Islamic Central Asia// Prolegomena to the Sources on the History of Pre-Islamic Central Asia. Budapest, 1979:153 - 165.

Henning W B. Sogdica. London, 1940.

Henning W B. W. B. Henning's Selected Papers. Leiden: E. J. Brill, 1977.

Henning W B. Zum soghdischen calendar. Orientalia, 1939:87 - 95.

Henning W B. The Murder of the Magi. JRAS, 1944:133 - 144.

Henning W B. Sogdian Tales. BSOAS, 1945, 11:465 - 487.

Henning W B. The Date of the Sogdian Ancient Letters. BSOAS, 1948, 12:601 - 615.

Henning W B. Mitteliranisch // Iranistik. Handbuch der Orientalistik. Leiden, Köln, 1958:20 - 130.

Henning W B. A Sogdian God. BSOAS, 1965, 28, (2):242 - 254.

Humbach H. Vayu, Śiva und der Spiritus Vivens im ostiranischen Synkretismus. Monumentum H. S. Nyberg I, Acta Iranica 4. 1975:397 – 408.

Humbach H. Die sogdischen Inschriftenfunde vom oberen Indus (Pakistan). Allg. u. Vergl. Archäol. Beiträge, 2:210 – 228.

Humbach H. and Wang Shiping. Die Pahlavi-chinesische bilangue von Xi' an // A green leaf: Papers in honour of Professor Jes P. Asmussen. Acta Iranica 28. 1988:73 – 82.

Ilyasov J. Ya. On a number of Central-Asian tamghas 1. SRAA, 2003, 9:131 – 157.

Jackson A V W. On Turfan Pahlavi Miyazdagtacih, as Designating a Manichaean Ceremonial Offering. JAOS, 1929, 49:34 – 39.

Jackson A V W. Traces of Biblical Influence in the Turfan Pahlavi Fragment M. 173. JAOS, 1936, 56:198 – 207.

Jettmar K. Iranian Motives and Symbols as Petroglyphs in the Indus Valley. Rivista degli studi orientali, 1986, 60. 1 – 4:149 – 163.

Jiang Boqin. The Zoroastrian Art of the Sogdians in China // CAAD: Zoroastrianism in China. Hong Kong, 2000, 4(1):35 – 71.

Jiang Boqin. An Iconological Survey of the Decorative Elements on the Zoroastrian Temple in Jiexiu, Shanxi // CAAD: Zoroastrianism in China. Hong Kong, 2000, 4 (1):85 – 101.

Juliano A L, Lerner J A. Cultural Crossroads: Central Asian and Chinese Entertainers on the Miho Funerary Couch. Orientations. 1997, 28 (9):72 – 78.

Juliano A L, Lerner J A. Eleven Panels and Two Gate Towers with Relief Carving from a Funerary Couch. in the catalogue of the Miho Museum collection.

Juliano A L, Lerner J A. The Miho Couch Revisited in Light of Recent discoveries. Orientations. 2001, 32 (8):54 – 61.

Juliano A L, Lerner J A. Stone Mortuary Furnishings of Northern China // Gisèle Croès ed. , Ritual Objects and Early Buddhist Art. Bruxelles: Gisèle Croès S. A ,2004:14 – 23.

Etsuko Kageyama. A Chinese way of depicting foreign delegates discerned in the painting of Afrasiab // Iran. Questions et Connaissances, Vol I , La Période Ancienne, Cahiers de Studia Iranica 25. Paris, 2002: 313 – 327.

Krašeninnikova N I. Deux ossuaires à décor moulé trouvés aux environs du village de Sivaz, district de Kitab, Sogdiane méridionale. StIr, 1993 ,22:53 – 54 ,61 ,fig. 6.

Lankarany F. – Th. Daēna im Avesta: Eine semantische Untersuchung. Reinbeck ,1985.

Lerner J A. Central Asian in Sixth – Century China: A Zoroastrian Funerary Rite. IA ,1995 ,30:179 – 190.

Leslie D D. Persian Temples in T' ang China. MS ,1981 – 1983 ,35: 275 – 303.

Lin Wushu. A Discussion about the Difference between the Heaven – God in the Qoco Kingdom and the High Deity of Zoroastrianism. ZS , 23 (l992/l993) , Herausgegeben von Walther Heissig und Michael Weiers. Wiesbaden: Otto Harrassowitz ,l993 :7 – 12.

Lin Wushu. A General Discussion of the Tang Policy Towards Three Persian Religions: Manichaeanism, Nestorianism and Zoroastrianism // CAAD: Zoroastrianism in China. Hong Kong ,2000 ,4(1) :103 – 116.

Liu Ts' un-yan. Traces of Zoroastrian and Manichaean Activities in Pre-T' ang China // Selected Papers from the Hall of Harmonious Wind. Leiden: E. J. Brill ,1976 :3 – 25.

Luo Feng. Sabao: Further Consideration of the Only Post for Foreigners in the Tang Dynasty Bureaucracy // CAAD: Zoroastrianism in China. Hong Kong ,2000 ,4 (1) :165 – 191.

MacKenzie D N. Some Gorānī Lyric Verse. BSOAS, 1965 , 28 (2) :

255 – 283.

MacKenzie D N. Buddhist Terminology in Sogdian: A Glossary. AM, N. S. ,1972,17:28 – 89.

MacKenzie D N. Khwarezmian in the Law Books// Paper presented at the Second European Seminar on Central Asian Studies. SOAS,7 – 10,April 1987.

MacKenzie D N. Khwarezmian and Avestan. EW,1988,38:81 – 92.

Maejima Sh. The Zoroastrian Kingdoms in Mazandaran and the T'ang Empire. Acta Asiatica,Tokyo,1981,41:29 – 46.

Marshak B I. Silberschätze des Orients. Leipzig,1986.

Marshak B I. Les fouilles de Pendjikent. Comptes rendus de l'Académie des Inscriptions et Belles-Lettres. 1990:286 – 313.

Marshak B I. Le programme iconographique des peintures de la 'salle des ambassadeurs' à Afrasiab (Samarkand) à. ArtsA, Pairs, 1994, 49: 5 – 20.

Marshak B I. On the Iconography of Ossuaries from Biya-Naiman. SRAA ,1995/96 ,4:299 – 321.

Marshak B I. New Discoveries in Pendjikent and a Problem of Comparative Study of Sasanian and Sogdian Art// La Persia e l'Asia Centrale da Alessandro al X Secolo. Roma 1996:425 – 438.

Marshak B I. La Thématique Sogdienne dans l'art de la Chine de la deuxième moitié du VIe siècle. Comptes Rendus de l'Académie des Inscriptions & Belles-Lettres,Comptes rendus des séances de l'année 2001 (janvier-mars). Paris,2001:227 – 264.

Marshak B I, Raspopova V I. Wall Paintings from a House with a Granary. Panjikent, 1st Quarter of the Eighth Century A. D.. SRAA, JISRS,Kamakura,Japan,1990,1:123 – 176.

Marshak B I, Raspopova. Cults communautaires et cultes privés en Sogdiane // Histoire et culte de l'Asie centrale préislamique. Sources écrites et documents archeologiques. eds. by P. Bernard et F. Grenet, Paris, 1991:187 - 196, pls. L X X Ⅲ - L X X Ⅷ.

Marshak B I, Raspopova. Worshippers from the Northern Shrine of Temple II, Panjikent. BAI, 1996, 8:187 - 207.

Miho Museum. Miho Museum, South Wing. Opening Exhibition. Kyoto, 1997.

Mode M. Sogdian Gods in Exile - Some iconographic evidence from Khotan in the light of recently excavated material from Sogdiana. SRAA, 1991/92, 2:179 - 214.

Mode M. Die Religion der Sogder im Spiegel ihrer Kunst // K. Jettmar and E. Kattner eds. , Die vorislamischen Religionen Mittelasiens (Religionen der Menschheit, 4, 3). Frankfurt: Kohlhammer, 2003:141 - 218.

Molé M. Daēnā, le pont Činvat et l'initiation dans le Mazdéisme. Revue de l'Histoire des Religions, 156 - 185.

Mukherjee B N. Nanā on Lion: A Study in Kushāna Numismatic Art. India · Calcutta: The Asiatic Society, 1969.

Naymark A. The Iconography of Sogdian Burial Urns (Ossuaries): Religious Criss-currents in Pre-Islamic Central Asia: Lecture held at Indiana University. October, 13. 1993. J. E. Fall ed. , Inner Asia Report Newsletter of the Department of Central Eurasian Studies. Indiana University and the Inner Asian and Uralic National Resource center, 1993, 12.

Pavchinskaia L V. Sogdian Ossuaries. BAI, new series (The Archaeology and Art of Central Asia. Studies from the Former Soviet Union), 1996, 8:209 - 226.

Pelliot P. Le Sa-pao. BEFEO, 1903, 3:665 - 671.

Provasi, Elio. Sogdian Farn // C. Cereti, M. Maggi, E. Provasi eds. , Religious themes and texts of pre-Islamic Iran and Central Asia. Studies in Honour of Professor Gherardo Gnoli on the Occasion of His 65th Birthday on 6th December 2002. Wiesbaden: Dr. Ludwig Reichelt Verlag, 2003:

305 – 322.

Pugachenkova G A. The From and Style of Sogdian Ossuaries. BAI, new series (The Archaeology and Art of Central Asia. Studies from the Former Soviet Union), 1996, 8:227 – 243.

Pulleyblank A G. A Sogdian Colony in Inner Mongolia. TP, 1952, 41: 317 – 356.

Riboud, Pénélope. Le cheval sans cavalier dans l'art funéraire sogdien en Chine: à la recherché des sources d'un thème composite. ArtsA, 2003, 58:148 – 161.

Rong Xinjiang. The Migrations and Settlements of the Sogdians in the Northern Dynasties, Sui and Tang // CAAD: Zoroastrianism in China. Hong Kong, 2000, 4, (1):117 – 163.

Rong Xinjiang. Research on Zoroastrianism in China 1923 – 2000 // CAAD: Zoroastrianism in China. Hong Kong, 2000, 4(1):7 – 13.

Rong Xinjiang. Persia and China: Cultural Interaction in Tang Period. Paper presented to "New Perspectives on the Tang: An International Conference", Princeton University, April 18 – 20, 2002.

Rong Xinjiang. The Illustrative Sequence on An Jia's Screen: A Depiction of the Daily Life of a Sabao. Orientations, February 2003:32 – 35 + figs. 1 – 7.

Scaglia G. Central Asians on a Northern Ch'i Gate Shrine. AA, 1958, 21:9 – 28.

Shafer E H. The Golden Peaches of Samarkand. Berkeley & Los Angels, 1963.

Shi Anchang. A Study on a Stone Carving from the Tomb of a Sogdian Aristocrat of the Northern Qi: A Preliminary Study of an Ossuary in the Collection of the Palace Museum // CAAD: Zoroastrianism in China. Hong Kong, 2000, 4(1):72 – 84.

Škoda V G. Le culte du feu dans les sanctuaries de Pendžikent // dans

Cultes et monuments religieux dans l'Asie centrale préislamique. éd. F. Grenet,Paris,1987:63 – 72,pl. ⅩⅩⅫ – ⅩⅩⅩⅨ.

Škoda V G. Ein Śiva-Heiligtum in Pendzikent. AMI, 1992, 25: 319 – 327.

Shokoohy M. Two Fire Temples Converted to Mosques in Central Iran // Papers in Honour of Professor Mary Boyce (Acta Iranica 25). Leiden, 1985:545 – 572.

Sims-Williams N. Sogdian and other Iranian Inscriptions of the Upper Indus: Ⅰ – Ⅱ (Corpus Inscriptionum Iranicarum, Ⅱ / Ⅲ /2). London, 1989 – 1992.

Sims-Williams N. The Sogdian Fragments of the British Library. Ⅱ J, 1976,18:46 – 48,75 – 82.

Sims-Williams N. The Sogdian inscriptions of the Upper Indus: A preliminary report // K. Jettmar ed. Antiquities of Northern Pakistan. Reports and Studies, 1: Rock inscriptions in the Indus Valley. Mainz, 1989: 131 – 137.

Sims-Williams N. Mithra the Baga // P. Bernard et F. Grenet eds. , Histoire et cultes de l'Asie centrale préislamique. Paris, CNRS, 1991: 177 – 186.

Sims-Williams N. The Sogdian Merchants in China and India // A. Cadonna e L. Lanciotti eds. ,Cina e Iran. Da Alessandro Magno alla Dinastia Tang. Firenze,Olschki,1996:45 – 67,with additional notes by Y. Yoshida,pp. 69 – 78.

Sims-Williams N. Further Notes on the Bactrian Inscription of Rabatak,with An Appendix on the Names of Kujula Kadphises and Taktu in Chinese // Proceedings of the Third European Conference of Iranian Studies,Cambridge,11th to 15th September 1995. Part 1. Old and Middle Iranian Studies. Wiesbaden:Dr. Ludwig Reichelt Verlag,79 – 92,pl. 9 – 12.

Sims-Williams N. From the Kushan-Shahs to the Arabs. New Bactrian documents dated in the era of the Tochi inscriptions // Michael Alram, Klimburg-Salter eds. , Coins, Art, and Chronology. Essays on the pre-Islamic History of the Indo-Iranian Borderlands (Österreichische Akademie der Wissenschaften, philo. -hist. Kl. Denkschriften, 280. Band; Veröffentlichungen der Numismatischen Kommission, Band 33). Wien: Verlag der Österreichischen Akademie der Wissenschaften, 1999: 245 – 258.

Sims-Williams N. Some Reflections on Zoroastrianism in Sogdiana and Bactria // D. Christian and C. Benjamin eds. , Realms of the Silk Roads: Ancient and Modern (Silk Road Studies, IV). Proceedings from the Third Conference of the Australasian Society for Inner Asian Studies. Macquarie University, September 18 – 20, 1998. Turnhout, Brepols, 1 – 12.

Sims-Williams N. Sogdian Ancient Letter II // A. L. Juliano & J. A. Lerner, eds. Monks and Merchants: Silk Road Treasures from Northwest China. New York: Harry N. Abrams with The Asia Society, 2001: 47 – 49.

Sims-Williams N. The Sogdian Ancient Letter II // M. G. Schmidt and W. Bisang eds. Philologica et Linguistica: Historia, Pluralitas, Universitas. Festschrift Für Helmut Humbach zum 80. Geburtstag am 4. Dezember 2001. Trier: Wissenschaftlicher Verlag, 2001: 267 – 280.

Sørensen H H. Typology and Iconography in the Esoteric Buddhist Art of Dunhuang. SRAA 1991 – 1992, 2: 315 – 316, fig. 20.

Sundermann W. Die Jungfrau der guten Taten // Recurrent Patterns in Iranian Religions. From Mazdaism to Sufism. Proceedings of the Round Table Held in Bamberg (30th September – 4th October 1991), Association pour l' avancement des Etudes Iraniennes (Studia Iranica, cahier 11). 1992: 159 – 173.

Sundermann W. & Thilo Th. Zur mittelpersisch-chinesischen Grabinschrift aus Xi' an. MIO 1966, 11 (3): 437 – 450.

Taddei M. Non-Buddhist deities in Gandharan art // Investigating Indian art. Berlin, 1987; 349 – 362.

Katsumi Tanabe. Nana on Lion-East and West in Sogdian Art. Orient, 1995, 30 – 31 ; 309 – 334.

Tremblay X. L'étymologie et le sens du théonyme Txs'yc. ArtsA, 1998, 53 ; 19 – 20.

de la Vaissière E. Histoire des marchands sogdiens. Paris; Collège de France, Institut des Hautes Etudes Chinoises, 2002 ; 2nd ed. , 2004. Sogdian Traders. A History. tr. by James Ward. Leiden-Boston; Brill, 2005.

de la Vaissière E. et Trombert, Éric Les Sogdiens en Chine. Paris; École française d'Extrême-Orient, 2005.

Verardi, Giovanni Homa and other Fire Rituals in Gandhâra. Instituto Universitario Orientale, Supplemento n. 79 agli ANNALI – vo. 54, 1994.

Waley A. Some references to Iranian temples in the Tun-huang region. Bulletin of the Institute of History and Philology, Academia Sinica, 1956, 28 (1) ; 123 – 128.

Weber D. Zur sogdischen Personennamengebung. IF, 1972, 77 (2 – 3) ; 192 – 208.

Weber D. Sogdische Miszellen. IF, 1975, LXXX ; 90 – 97.

Widengren G. La rencontre avec la daēnā, qui représente les actions de l'homme. Orientalia Romana (Iranian Studies), Rome, 1983, 5; 41 – 79.

Yoshida Y. On the Sogdian Infinitives. JAAS, 1979, 18; 187.

Yoshida Y. On the Sogdian Formula for Receiving the Eight Commandments. Orient, Report of the Society for Near Eastern Studies in Japan. Tokyo, 1984, 20; 157 – 172.

Yoshida Y. Review of N. Sims-Williams, Sogdian and other Iranian inscriptions of the Upper Indus I, London, 1989. II J, 1993, 36; 252 – 256.

Yoshida Y. Review of N. Sims-Williams, Sogdian and other Iranian inscriptions of the Upper Indus II. BSOAS, 1994, 57 (2) ; 391 – 392.

Yoshida Y. apud F. Grenet, Les marchands sogdiens dans les Mers du Sud. Cahiers d'Asie centrale. Tashkent and Aix-en Provence, 1996, 1 – 2.

Yoshida Y. On the Origin of the Sogdian Surname Zhaowu 昭武 and Related Problems. JA, 2003, 291 (1&2): 35 – 67.

Yule H. tran. and ed. The Wonders of the East. London, 1863.

Yamamoto Yumiko. The Zoroastrian Concept of Xafstra. MRDTB. Tokyo, 1985, 43: 1 – 17.

Zhang Guangda. Trois exemples d'influences mazdéennes dans la Chine des Tang// Études Chinoises, XⅢ. 1 – 2, Mélanges de Sinologie offerts à Monsieur Jacques Gernet. 1994: 203 – 219.

Zhang Guangda. Some Iranian religious evidence in Turfan Chinese texts// The Third Silk Road Conference at Yale University, Conference Proceedings, II, New Haven, 748 – 769.

Zhang Guangda. Une representation iconographique de la Daena et de la Daeva? Quelques pistes de reflexion sur les religions venues d'Asie centrale en Chine// La Serinde, terre d'echanges (XIVes Rencontres de l'Ecole du Louvre). Paris, 2000: 191 – 202.

Zhang Guangda. Iranian religious evidence in Turfan Chinese texts// CAAD: Zoroastrianism in China. Hong Kong, 2000, 4 (1): 193 – 206.

Zhang Guangda. Sogdian Settlements and Tang Material Culture. New Perspectives on the Tang: An International Conference, April 18 – 20, 2002, Princeton University.

五、西文书目(II)

Altheim, Ruth Stiehl F. Alexander the Great and the Avesta. EW, 1957, 8: 123 – 135.

Bailey H W. Zoroasrian problems in the ninth cenury books. Ratanbai Katrak Lectures. Oxford, 1943, repr. 1971.

Bailey H W. Iranian Studies Ⅲ. BSOS, 1934, 7: 275 – 298.

Bailey H W. Irano-Indica Ⅱ. BSOAS, 1949, 13(1): 121 – 139.

Bailey H W. Irano-Indica Ⅲ. BSOAS,1950,13 (1):389 – 409.

Bailey H W. Avesta and Saka. Ⅱ J. 1968 – 1969,11:289 – 292.

Bartholomae C. Zarathuštra: His Life and Doctrine. transl. by V. S. Sukthankar. IISHS,1925:1 – 15.

Benveniste E. The Persian Religion According to the Chief Greek Texts. Paris,1929.

Bertin G. Herodotus on the Magians. JRAS,1890:821 – 822.

Blue I F. The Zurvanite System. IISHS,1925:61 – 81.

Boyce M. A History of Zoroastrianism:I. Leiden 1975,3rd ed. 1996.

Boyce M. A Persian Stronghold of Zoroastrianism,based on the Ratanbai Katrak Lectures1975. Oxford,1977; University of America,1989.

Boyce M. Zoroastrians,their religious beliefs and practices. London, 1979,1984,2001.

Boyce M. A History of Zoroastrianism: Ⅱ. Leiden,1982.

Boyce M. ed. and transl. Textual Sources for the Study of Zoroastrianism. Manchester University Press,1984.

Boyce M. Zoroastrianism: Its Antiquity and Constant Vigour,Columbia Lectures on Iranian Studies 7. Costa Mesa,1992.

Boyce M. Some Reflections on Zurvanism. BSOAS, 1957, 19: 304 – 316.

Boyce M. The Parthian Gōsān and Iranian Minstrel Tradition. JRAS, 1957,1 – 2:10 – 45.

Boyce M. Ātaš-zōhr and Āb-zōhr. JRAS,1966:100 – 118.

Boyce M. The fire-temples of Kerman. Acta Or. J. P. Asmussen ed. Iranian Studies,Copenhagan,1966,30:51 – 72.

Boyce M. Bībī Shahrbānū and the Lady of Pārs. BSOAS,1967,30 (1):30 – 44.

Boyce M. On the sacred fires of the Zoroastrians. BSOAS,1968,31 (1):52 – 68.

Boyce M. The pious foundations of the Zoroastrians. BSOAS,1968,31
(2):270 - 289.

Boyce M. On Mithra's part in Zoroastrianism. BSOAS,1969,32(1):
10 - 34.

Boyce M. Zoroaster the priest. BSOAS,1970,33 (1):22 - 38.

Boyce M. On the calendar of Zoroastrian feasts. BSOAS, 1970, 33
(3):513 - 539.

Boyce M. Zoroastrianism // C J Bleeker & G Widengren eds. Historia
Religionum: Handbook for the History of Religions: Ⅱ. Leiden: E. J.
Brill,1971:211 - 236.

Boyce M. On the Zoroastrian temple cult of fire. JAOS,1975,95(3):
454 - 465.

Boyce M. On Mithra, lord of fire // Monumentum H. S. Nyberg:1, Acta
Iranica 4. Leiden: E. J. Brill,1975:69 - 76.

Boyce M. Varuna the Baga // Monumentum Georg Morgenstierne:1,
Acta Iranica 21. Leiden: E. J. Brill,1981:59 - 73.

Boyce M. On the Antiquity of Zoroastrian Apocalyptic. BSOAS,1984,
X L Ⅶ:57 - 75.

Boyce M. Some Further Reflections on Zurvanism // Papers in Honor
of Prefessor Ehsan Yarshater, Acta Iranica 30. Leiden: E. J. Brill,1990:
20 - 29.

Boyce M, Grenet,F. A History of Zoroastrianism: Ⅲ. Leiden: E. J.
Brill,1991.

Boyce M, Kotwal,F. M. Zoroastrian bāj and drōn: I - Ⅱ, BSOAS,
1971,34 (1):56 - 73; 1971,34,(2):298 - 313.

Boyd J W, Kotwal F M. Worship in a Zoroastrian Fire Temple. IIJ,
Dec. 1983,26(4):293 - 318.

Bremmer J N. The Birth of the Term "Magic". Zeitschrift für Papyrol-
ogie und Epigraphik,1999,126:1 - 12.

Burkert W. Die Griechen und der Orient. Von Homer bis zu den Magiern. München, 2003.

Callieri P. On the Diffusion of Mithra Images in Sasanian Iran. New Evidence from a Seal in the British Museum. EW, Dec. 1990, 40 (1 – 4): 79 – 98.

Cameron G. Zoroaster the Herdsman. IIJ, 1967 – 1968, 10: 261 – 281.

Cantera A. Studien zur Pahlavi – Übersetzung des Avesta. Wiesbaden: Harrassowitz Verlag, 2004.

Carnoy A. The Iranian Gods of Healing. JAOS, 1918, 38: 294 – 307.

Carter M L. Mithra on the Lotus, A Study of the imagery of the sun god in the Kushano-Sasanian era // Monumentum Georg Morgenstierne: 1, Acta Iranica 21. Leiden: E. J. Brill, 1981: 74 – 98.

Cereti C G. The Zand ī Wahman Yasn. A Zoroastrian Apocalypse. Roma: Istituto Italiano per il Medio ed Estremo Oriente, 1995.

Charpentier J. The Date of Zoroaster. BSOS, 1924, 3: 747 – 755.

Choksy J K. Purity and Pollution in Zoroastrianism. Austin: University of Texas Press, 1989.

Choksy J K. Conflict and Cooperation. Zoroastrian Subalterns and Muslim Elites in Medieval Iranian Society. New York, 1997.

Choksy J K. Evil, Good, and Gender. Facets of the Feminine in Zoroastrian Religious History, Toronto Studies in Religion 28. New York, 2002.

Choksy J K. Zoroastrians in Muslim Iran: Selected Problems of Coexistence and Interaction during the Early Medieval Period. Iranian Studies, The Journal of the Society for Iranian Studies. New York, 1987, 20 (1): 17 – 30.

Dani A H. Mithraism and Maitreya // Études Mithriaques, Actes du 2e Congrès International Téhéran, de 1er au 8 septembre 1975, Acta Iranica 17. Leiden: E. J. Brill, 1978: 91 – 98.

欧
·
亚
·
历
·
史
·
文
·
化
·
文
·
库
·

Darmesteter J. transl. The Zend-Avesta, Part Ⅰ, The Vendīdād ∥ F. Max Müller ed. Sacred Books of the East (SBE): Ⅳ. Oxford University Press, 1887; repr. Motilal Banarsidass, Delhi, 1965, 1969, 1974, 1980.

Darmesteter J. transl. The Zend-Avesta, Part Ⅱ, The Sīrōzahs, Yasts and Nyāyis ∥ F. Max Müller ed. SBE: X X Ⅲ. Oxford University Press, 1884; repr. Motilal Banarsidass, Delhi, 1965, 1969, 1975, 1981.

Darrow W R. Keeping the Waters Dry. The Semiotics of Fire and Water in the Zoroastrian Yasna. Journal of the American Academy of Religion, 1988, 56: 417 – 442.

Dewhurst B N. Miscellaneous Iranian Notes. IISHS, 1925: 171 – 174.

Dhabhar B N. The Persian Rivayats of Hormazyar Framarz and others, their version with introduction and notes. Bombay: K. R. Cama Oriental Institute, 1932.

Dhalla M N. Zoroastrian Civilization from the Earliest Times to the Downfall of the Last Zoroastrian Empire, 651 A. D. New York and London: Oxford University Press, 1922.

Duchesne-Guillemin J. The Western Response to Zoroaster, Ratanbai Katrak Lectures 1956. Oxford: Clarendon Press, 1958.

Duchesne-Guillemin J. Symbolik des Parsismus, Symbolik der Religionen 8. Stuttgart, 1962.

Duchesne-Guillemin J. La religion de l'Iran ancien. Paris, 1962, Eng. tr. By K. Jamasp Asa, Bombay, 1973.

Duchesne-Guillemin J. Yasna 45 and the Iranian Calendar. BSOAS, 1949 – 1951, 13: 635 – 640.

Duchesne-Guillemin J. Fire in Iran and in Greece. EW, 1962, 13: 198 – 206.

Duperron A H. Anquetil Zend-Avesta. Ouvrage de Zoroastre. Paris, 1771, repr. New York/London, 1984.

Firby. European Travellers and their Perceptions of Zoroastrians in the

17th and 18th Centuries. Verlag von Dietrich Reimer in Berlin, 1988.

Fluegel, Maurice, Baltimore. The Zend-Avesta and Eastern Religions. U. S. A, 1898.

Frye R N. The Heritage of Persia. London: Weidenfeld and Nicolson, First printed 1962, Second impression 1965, new ed. 1976.

Frye R N. The Golden Age of Persia. The Arabs in the East. London: Weidenfeld and Nicolson, 1975, repr. 1977.

Frye R N. The History of Ancient Iran. Munich 1983.

Geldner K F. ed. Avesta, The Sacred Books of the Parsis, 3 vols. Stuttgart, 1886 – 1896, repr. 1982.

Geldner K F. Die Zoroastrische Religion (Das Avestā). Tübingen, 1926.

Gershevitch I. The Avestan hymn to Mithra, text with English transl. and notes. Cambridge 1959, repr. 1967.

Ghirshman R. Iran from the Earliest Times to the Islamic Conquest, English version. London 1964.

Gnoli Gh. Zoroaster's Time and Homeland. A Study on the Origins of Mazdeism and Related Problems, Istituto Universitario Orientale. Seminario di Studi Asiatici, Series Minor 7. Naples, 1980.

Gnoli Gh. Zoroaster in History, Biennial Yarshater Lecture Series 2. New York, 2000.

Godard A. The Art of Iran. London, 1965.

Gould K H. Outside the discipline, inside the experience: women in zoroastrianism // Arvind Sharma ed. Religion and Women. State University of New York, 1994:139 – 182.

Hartman S S. Parsism, The Religion of Zoroaster. Leiden, 1980.

Haug, Martin. Essays on the Sacred Language, Writings, and Religion of the Parsis. London: Trübner & Co. , Ludgate Hill, 1884; repr. London: Routledge, 2000, 2002.

欧·亚·历·史·文·化·文·库·

Henning W B. Zoroaster: Politician or Witchdoctor? . Oxford,1951.

Henning W B. The Disintegration of the Avestic Studies. TPS,1942: 40 – 56.

Henning W B. A list of Middle-Persian and Parthian words. BSOAS, 1937,9:79 – 92.

Henning W B. The Great Inscription of Šāpūr I. BSOAS,1939,9: 823 – 849.

Herzfeld E. Archaeological History of Iran. The Schweich Lectures of the British Academy 1934. London,1935.

Herzfeld E. Iran in the Ancient East. Oxford,1941.

Herzfeld E. Zoroaster and his world,2 vols. Princeton: Princeton University Press,1947.

Hinnells J R. Zoroastrian and Parsi Studies. Selected Works of John R. Hinnells. Aldershot et al. : Ashgate Publishing Ltd. ,2000.

Hinnells J R. The Zoroastrian Diaspora. Religion and Migration. Oxford: Oxford University Press,2005.

Hinnells J R, Alan Williams. Parsis in India and the Diaspora. London and New York: Routledge,2007,

Hintze A. Der Zamyad Yasht. Edition, Uebersetzung, Kommentar. Wiesbaden:Reichert,1994.

Hintze A. LOHN im Indoiranischen: Eine semantische Studie des Rigveda und Avesta. Wiesbaden: Reichert,2000.

Hintze A. A Zoroastrian Liturgy: The Worship in Seven Chapters (Yasna 35 – 41). Wiesbaden: Harrassowitz (Iranica; Bd. 12),2007.

Hintze A. On the Literary Structure of the Older Avesta. BSOAS, 2002,65:31 – 51.

Hinz W. Altiranische Funde und Forschungen. Berlin,1969.

Hovannisian R G, Sabagh G. The Persian Presence in the Islamic World. Cambridge,1998.

HultgÅrd A. The Study of the Avesta and its Religion Around the Year 1900 and Today // S. Hjelde ed. , Man, Meaning, and Mystery. 100 Years of History of Religions in Norway. The Heritage of W. Brede Kristensen, Studies in the History of Religions 87. Leiden et al. ,2000:73 – 99.

Humbach H. in collaboration with Elfenbein J. and Skjærvø P O. The Gāthās of Zarathushtra and the the Other Old Avestan Texts: I – II. Indogermanische Bibliothek. Heidelberg,1991.

Humbach H. And Klaus Faiss. Zarathushtra and His Antagonists. Wiesbaden: Dr. Ludwig Reichert Verlag,2010.

Irani K D. Understanding Zarathushtra, A Philosophic Perspective // Papers in Honor of Professor Ehsan Yarshater, Acta Iranica 30. Leiden: E. J. Brill,1990:104 – 109.

Itō G. On Yasna 51:16. Orient,1987,23:1 – 21.

Jackson A V W. A Hymn of Zoroaster: Yasna 31, translated with comments. Stuttgart,1888.

Jackson A V W. Zoroaster, the Prophet of Ancient Iran. New York, 1899, repr. 1965.

Jackson A V W. Zoroastrian Studies: The Iranian Religion and Various Monographs. New York: Columbia University Press,1928.

Jackson A V W. The Location of the Farnbāg Fire, The Most Ancient of the Zoroastrian Fires. JAOS ,1921,41:81 – 106.

de Jong A. Traditions of the Magi. Zoroastrianism in Greek & Roman Literature, Religions in the Graeco – Roman World 133. Leiden et al. ,1997.

de Jong A. Purification in absentia. On the Development of Zoroastrian Ritual Practice // J. Assmann & G. G. Stroumsa eds. Transformations of the Inner Self in Ancient Religions, Studies in the History of Religions 83. Leiden et al. ,1999:301 – 329.

de Jong A. Animal Sacrifice in Ancient Zoroastrianism. A Ritual and its Interpretation // A. J. Baumgarten ed. Sacrifice in Religious Experience, Studies in the History of Religions 93. Leiden et al. , 2002: 127 - 148.

Kalenderian V H. An Allusion to Manichaeism and Zoroastrianism in the Armenian Writer Eznig of Goghp. IISHS,1925:185 - 187.

Karaka F D. History of the Parsis,2 vols. London,1884.

Kellens J. Essays on Zarathushtra and Zoroastrianism,transl. and ed. P. O. Skjærvø,Bibliotheca Iranica Zoroastrian Studies Series 1. Costa Mesa,2000.

Kellens J. Commentaire sur les premiers chapitres du Yasna. JA, 1996,284 (1):37 - 108.

Kellens J. Considérations sur l' histoire de l' Avesta. JA,1998,286 (2):451 - 519.

Kellens J. Zoroastre dans l' histoire ou dans le mythe? A propos du dernier livre de Gherardo Gnoli,JA,2001,289:171 - 184.

Kellens J,Pirart E. Les textes vieil-avestiques. vol. I ,Wiesbaden, 1988; II :1989; III :1991.

Kotwal F M. The Supplementary Texts to the Šāyest nē - šāyest. KØbenhavn: Kommissionœr. Munksgaard,1969.

Kotwal F M. Some observations on the history of the Parsi dar - i mihrs. BSOAS,1974,37 (3):664 - 669.

Kotwal F M. A Brief History of the Parsi Priesthood. IIJ,1990,33 (3):165 - 175.

Kotwal F M,Boyd J W. A Persian Offering. The Yasna: A Zoroastrian High Liturgy (St. Ir. ,Cahier 8). Paris,1991.

Kotwal F M,Hintze A. The Khorda Avesta and Yašt Codex E1. Facsimile edition. Wiesbaden: Harrassowitz(Iranica; Bd. 16) ,2008.

Kotwal F M,Kreyenbroek Ph G. The Hērbedestān and Nērangestān, Vol. I . Hērbedestān,17. 1 ,Studia Iranica,Cahier 10. Paris: Association is: Association Pour l'Avancement des Études Iraniennes, 1992; The Hērbedestān and Nērangestān, Vol. Ⅱ, Nērangestān, Fragard 1, Studia Iranica, Cahier 16. Paris: Association Pour l'Avancement des Études Iraniennes, 1995; Vol. Ⅲ, Nērangestān, Fragard 2, Studia Iranica, Cahier 30. Paris: Association Pour l'Avancement des Études Iraniennes, 2003; Vol. Ⅳ, Nērangestān, Fragard 3, Studia Iranica, Cahier 38. Paris: Association Pour l'Avancement des Études Iraniennes, 2009.

Kreyenbroek Ph G. Sraoša in the Zoroastrian Tradition. Leiden: E. J. Brill, 1985.

Kreyenbroek Ph G. Living Zoroastrianism. Urban Parsis Speak about their Religion. Richmond, 2001.

Kreyenbroek Ph G. The Zoroastrian Tradition from an Oralist's Point of View // K. R. Cama Oriental Institute. Second International Congress Proceedings, January 1996. Bombay, 1996: 221 – 237.

Kuiper F B J. Remarks on the Avestan Hymn to Mithra. IIJ, 1961 – 1962, 5: 36 – 60.

Kuiper F B J. Ahura Mazda "Lord Wisdom"? . IIJ, 1976, 18: 25 – 42.

MacKenzie D N. Zoroastrian Astrology in the Bundahišn. BSOAS, 1964, 27 (3): 511 – 529.

MacKenzie D N. Notes on the Transcription of Pahlavi. BSOAS, 1967, 30 (1): 17 – 29.

Mackichan D. The Religion of the Achaemenids, Translated from the German. IISHS, 1925: 31 – 59.

Macuch M. Das sasanidisches Rechtsbuch Mātakdān I Hazār Dātistān (Teil Ⅱ). Wiesbaden: Franz Steiner Verlag, 1981.

Macuch M. Rechtskasuistik und Gerichtspraxis zu Beginn des siebenten Jahrhunderts in Iran. Die Rechtssanmlung des Farrohmard i Wahrāmān. Wiesbaden, 1993.

Mehendale M A. Two Avestan Notes. IIJ,1961 – 1962,5:61 – 66.

Mills L H. transl. The Zend-Avesta, part Ⅲ, The Yasna, Visparad, Āfrīnagān,Gāhs and Miscellaneous Fragments,SBE ⅩⅩⅪ. Oxford University Press, 1887, repr. Motilal Banarsidass, Delhi, 1965, 1969, 1974,1981.

Modi J J. Marriage Customs among the Parsees,Their Cpmparison with similar Customs of other Nations,A Paper Read before the Anthropological Society of Bombay. Bombay,1900.

Modi J J. The Religious System of the Parsis,Second Edition. Bombay: Bombay Education Society's Press,1903.

Modi J J. The Religious Ceremonies and Customs of the Parsees. Bombay 1922,2nd 1937,reprint published by the Society for the Promotion of Zoroastrian Religious Knowledge & Education,Bombay,1995.

Molé M. Culte,mythe et cosmologie dans l'Iran ancien. Le problème zoroastrien et la tradition mazdéenne, Annales du Musée Guimet. Bibliothèque d' etudes 69. Paris,1963.

Molé M. La legende de Zoroastre selon les textes pehlevi,Travaux de l'Institut d'Etudes Iraniennes de l'Université de Paris 3. Paris,1993 (second edition).

Molé M. Une histoire du mazdéisme est-elle possible? Annales du Musée Guimet: Revue de l'histoire des Religions, Janiver-Mars 1962, CLⅪ(1):1 – 218.

Moulton J H. Early Zoroastrianism. London,1913.

Moulton J H. The Treasure of the Magi. A Study of Modern Zoroastrianism. Oxford,1917.

Moulton J H. The Teaching of Zarathushtra: Eight lectures and addresses delivered to Parsis in Bombay,Second Edition. Bombay,1917.

Moulton J H. Parseeism and Christianity. EW,1907,5:408 – 418.

Neusner J. A Zoroastrian Critique of Judaism. JAOS,1963,83 (3):

283 – 294.

Nigosian S A. The Zoroastrian Faith: Tradition and Modern Research. McGill-Queen's University Press,1993.

Nyberg H S. Texte zum mazdayasnischen Kalender. Uppsala,1931.

Nyberg H S. Die Religionen des Alten Iran,transl. from the Swedish into German by H. H. Schaeder. Leipzig et al. , 1938, repr. Osnabrück,1966.

Olson L. De avestiska gatha'erna. Inledande studie,Lund Studies in African and Asian Studies 9. Malmö,1994.

Panaino A. Tištrya,Part I ,The Avestan Hymn to Sirius. Roma: Istituto Italiano Per Il Medio Ed Estremo Oriente,1990.

Panaino A. Tištrya,Part II ,The Iranian Myth of the Star Sirius. Roma: Istituto Italiano Per Il Medio Ed Estremo Oriente,1995.

Panaino A. An Aspect of Sacrifice in the Avesta. EW,Rome,1986, 36:271 – 274.

Pettazzoni M R. Ahura Mazda,the Knowing Lord. IISHS,1925:149 – 161.

Pope A U. A Survey of Persian Art. 1st ed. ,6 vols,Oxford 1938,3rd ed. ,16 vols. ,Wiesbaden,1977.

Porada E. Ancient Iran,the Art of Pre-Islamic Times,Art of the World Series. London,1965.

Russell J R. Zoroastrianism in Armenia,Harvard Iranian Series,Vol. 5. Harvard University,1987.

Russell J R. Parsi Zoroastrian Garbās and Monājāts. JRAS,1989: 51 – 63.

Schippmann K. Die iranischen Feuerheiligtumer. Berlin-New York,1971.

Schlerath B. ed. Zarathustra,Wege der Forschung 159. Darmstadt,1970.

Schmidt H-P. Old and New Perspectives in the Study of the Gathas of Zarathustra. IIJ,1979,21:83 – 115.

欧·亚·历·史·文·化·文·库·

Scott D A. Zoroastrian Responses to Hinduism, Past to Present – The Interaction of Religion and Politics. Temenos, Studies in Comparative Religion, Helsinki, 1988, 24: 89 – 119.

Shaked S. From Zoroastrian Iran to Islam: Studies in Religious History and Intercultural Contacts. Variorum, 1995.

Shaked S. The Notions mēnōg and gētīg in the Pahlavi Texts and Their Relation to Eschatology. Acta Or. , 1971, 33: 59 – 107.

Shaki M. The Dēnkard Account of the History of the Zoroastrian scriptures. Archiv Orientālnī, 1981, 49: 114 – 125.

Stausberg Michael. Faszination Zarathushtra. Zoroaster und die Europäische Religionsgeschichte der Frühen Neuzeit, Religionsgeschichtliche Versuche und Vorarbeiten 42. Berlin/New York, 1998.

Stausberg Michael. Die Religion Zarathushtras. Geschichte-Gegenwart-Rituale: 1 – 2. Stuttgart, 2002.

Stausberg Michael. Die Religion Zarathushtras. Geschichte-Gegenwart-Rituale: 3, Stuttgart, 2004.

Stausberg Michael. ed. , Zoroastrian rituals in context. Leiden · Boston: Brill, 2004.

Stausberg Michael. Zarathustra och magins uppfinning. Chaos, 1997, 27: 105 – 111.

Stausberg Michael. Textrezeption und Sinnproduktion. Zur Bedeutung der Philologie für die zarathushtrische Religionsgeschichte. Mitteilungen für Anthropologie und Religionsgeschichte, 1998, 13: 333 – 343.

Taqizadeh S H. Old Iranian Calendars. London, 1938.

Taqizadeh S H. A New Contribution to the Materials concerning the Life of Zoroaster. BSOS, 1935 – 1937, 8 (4): 947 – 954.

Taqizadeh S H. Some Chronological Data relating to the Sasanian Period. BSOAS, 1937 – 1939, 9: 125 – 139.

Tavadia J C. Šāyest-nē-šāyest, A Pahlavi Text on Religious Customs.

Hamburg: Friederichsen, de Gruyter & CO m. b. H. ,1930.

Tolman H C. Ancient Persian Lexicon and the Texts of the Achaemenidan Inscriptions transliterated and translated. New York, Cincinnati, Chicago, 1908.

Tolman H C. Palace Ruins and Cyrus Relief Pasargadae. IISHS, 1925:175 – 184.

Unvala J M. Observations on the Religon of the Parthians, Bombay, 1925.

Unvala Manockji R. ed. Dārāb Hormazyār's Rivāyat, 2 vols. Bombay: British India Press, 1922.

von Wehr U. War Zarathustra ein prophet? Ein kurzer vergleich mit alttestamentlicher prophetie. ZDMG X XI , Deutscher Orientalistentag Vom 24. Bis 29. , März, 1980. Berlin, 1980:307 – 313.

West E W. transl. Pahlavi Texts, Part I , The Bundahis-Bahman Yast, and Shāyast Lā-Shāyast// F. Max Müller ed. , SBE, Vol. V . Oxford University Press, 1880; repr. Motilal Banarsidass, Delhi, 1965, 1970, 1977.

West E W. transl. Pahlavi Texts, Part II , The Dâdistān-i Dînîk and The Epistles of Mânûskîhar// F. Max Müller ed. SBE, Vol. X VIII. Oxford University Press, 1882; repr. Motilal Banarsidass, Delhi, 1965, 1970, 1977.

West E W. transl. Pahlavi Texts, Part III , Dînâ-î Maînög- î Khirad, Sikand-Gūmānîk Vigār, Sad Dar// F Max Müller ed. SBE, Vol. X XI V . Oxford University Press, 1885; repr. Motilal Banarsidass, Delhi, 1965.

West E W. transl. Pahlavi Texts, Part IV , Contents of the Nasks// F. Max Müller ed. SBE, Vol. X X X VII. Oxford University Press, 1882; repr. Motilal Banarsidass, Delhi, 1965, 1970, 1977.

West E W. transl. Pahlavi Texts, Part V , Marvels of Zoroastrianism// F. Max Müller ed. SBE, Vol. X L VII. Oxford University Press, 1897; repr.

Motilal Banarsidass, Delhi, 1965, 1969, 1977.

West E W. Notes on Zarathustra's Doctrine regarding the Soul. JRAS, 1899:605 - 611.

Widengren G. Stand und Aufgaben der Iranischen Religionsgeschichte. NVMEN: International Review for the History Religions, Leiden: E. J. Brill, 1954, 1:16 - 83; 2:47 - 134.

Wiessner G. Zur Auseinandersetzung zwischen christentum und zoroastrismus in Iran. ZDMG Supplementa I, X VII. 2, Deutscher Orientalistentag. 1969:411 - 417.

Williams A V. The Pahlavi Rivāyat Accompanying the Dādestān ī Dēnīg, Vol. I - II. Munksgaard · Copenhagen: Commissioner, 1990.

Williams A V. The Zoroastrian Myth of Migration from Iran and Settlement in the Indian Diaspora. Leiden · Boston: Brill, 2009.

Williams R G, Boyd J W. Ritual Art and Knowledge. Aesthetic Theory and Zoroastrian Ritual. Columbia, 1993.

Yamamoto Y. The Zoroastrian Temple Cult of Fire in Archaeology and Literature (I). Orient, Tokyo, 1979, 15: 19 - 53; (II), 1981, 17: 67 - 104.

Yarshater E. The Cambridge History of Iran, Vol. 3: I - II. Cambridge, 1983.

Yarshater E. Encyclopaedia Iranica. New York, 1982 - .

Zaehner R C. Zurvān, A Zoroastrian Dilemma. Oxford, 1955.

Zaehner R C. The Teachings of the Magi, a compendium of Zoroastrian beliefs, Ethical and Religious Classics of East and West. London: Sheldon Press, 1956, repr. 1975.

Zaehner R C. The Dawn and Twilight of Zoroastrianism. London: Weidenfeld and Nicolson, 1961, repr. 1975.

Zaehner R C. Zoroastrian Survivals in Iranian Folklore. Iran, Journal of the British Institute of Persian Studies, London, 1965, 3:87 - 96.

索　引

·欧·亚·历·史·文·化·文·库·

255

后　记

　　本书得以完稿,首先有赖余太山先生的推荐与督促,先生奖掖后学,指点迷津,若无先生的信任,本书恐无法在短时间内草成。书稿各章的撰写均得到业师蔡鸿生教授、林悟殊教授的指导,无论是文章整体思路、论点,抑或遣词造句,无不凝结着两位恩师的心血。倘若本书偶有所得的话,皆是两位恩师点拨之功。

　　荣新江先生、李锦绣先生、芮传明先生、马小鹤先生、葛承雍先生、张乃翥先生、罗丰先生、陈明先生、陈怀宇先生、朱玉麒先生、贾丛江先生、王素先生、赵和平先生、邓文宽先生、吴玉贵先生、李勤璞先生、沈睿文先生等或提供机会,或解答疑惑,或惠赐资料,他们的恩德,笔者皆铭记于心。

　　承李丛学弟建议,笔者有机会接触澳门和广州的巴斯商人史,并得以在学术讨论会上公开宣读学习心得。期间,德国慕尼黑大学的普塔克教授,以及东京大学荣休,现任教于中山大学的滨下武志教授均提出了宝贵意见和重要的文献线索。

　　文物出版社的刘婕博士、《中华文史论丛》的蒋维崧先生、胡文波先生,《西域研究》的陈霞老师等,都编辑过我已刊的部分文章,他们严谨认真的态度和博学审慎的专业素养,皆使我受益匪浅。

　　蒙暨南大学出国进修基金资助,并受 Prof. Almut Hintze 的热情邀请,笔者得以赴伦敦大学亚非学院(SOAS)进修,并参加教授主讲的Pahlavi 课程。承 Prof. Sims-Williams 慨允,笔者也有机会赴剑桥的 AI-IT(Ancient India and Iran Trust)参加教授主持的 Sogdian Club。限于学力,对于艰深的中古波斯文和粟特文,笔者未敢说得窥门径,却领略了古典伊朗学的深奥与魅力。在往返伦敦、剑桥的火车上,Dr. Leon Goldman 不厌其烦,与我讨论国际学界有关 Avesta 和 Zoroastrianism 的研究情况,使我在异乡求学之际也收获了珍贵的友谊。SOAS 图书馆、AIIT 的 Bailey 图书馆藏书颇丰,尤其是 Bailey 教授和 Mary Boyce 教授的专藏,使笔者大开眼界,少走了不少弯路。这里对 Ursula Sims – Williams 女士及图书馆的工作人员,一并表示诚挚的谢意。同在英伦的刘志良先生、沈一鸣老师、毕波学长以及台湾友人陈立樵先生、张允欣小姐,多所照拂,令人难忘。

在本书撰写过程中,笔者也得到了诸多友人的慷慨帮助。聂越峰博士、林满金博士利用归国探亲之便,不远万里,从美国、德国背回重要文献供我复制、参考。东京大学的青木健博士不厌其烦,惠寄资料;我每有小文草成,他都帮助修改,并提出宝贵意见。暨南大学艺术学院的陈志平教授利用访日之便,帮我购买日文书籍。出国进修期间,潮龙起教授、刘永连博士、郑利群博士分担了我的部分工作,使我得以顺利在异国求学。多年来,何方耀教授、刘文锁教授、姚崇新教授、林英教授、万毅博士,学友张万辉、游自勇、邓庆平、殷小平、曾玲玲、董少新、王媛媛、吕瑞峰、林秋贵、吴中明,同事张廷茂教授、陈广恩教授、徐林博士、张永春博士、黄绍英老师等也助我多多。暨南大学中文系的何志军博士帮助我解答有关乐府曲辞的疑问。仅以此书表达对以上诸位师友的感激之情。

本书的部分内容受"新疆通史"基础研究项目(XJTSB059)及 2010 年教育部人文社会科学青年项目(10YJCZH229)资助,谨致谢忱。

家人是我最大的支持与动力,愿将这本小书献给他们!

张小贵

2013 年 3 月于广州南湖

欧亚历史文化文库

已经出版

林悟殊著:《中古夷教华化丛考》　　　　　　　定价:66.00 元

赵俪生著:《弇兹集》　　　　　　　　　　　　定价:69.00 元

华喆著:《阴山鸣镝——匈奴在北方草原上的兴衰》　定价:48.00 元

杨军编著:《走向陌生的地方——内陆欧亚移民史话》　定价:38.00 元

贺菊莲著:《天山家宴——西域饮食文化纵横谈》　定价:64.00 元

陈鹏著:《路途漫漫丝貂情——明清东北亚丝绸之路研究》

　　　　　　　　　　　　　　　　　　　　　定价:62.00 元

王颋著:《内陆亚洲史地求索》　　　　　　　　定价:83.00 元

〔日〕堀敏一著,韩昇、刘建英编译:《隋唐帝国与东亚》　定价:38.00 元

〔印度〕艾哈默得·辛哈著,周翔翼译,徐百永校:《入藏四年》

　　　　　　　　　　　　　　　　　　　　　定价:35.00 元

〔意〕伯戴克著,张云译:《中部西藏与蒙古人

　　——元代西藏历史》(增订本)　　　　　　定价:38.00 元

陈高华著:《元朝史事新证》　　　　　　　　　定价:74.00 元

王永兴著:《唐代经营西北研究》　　　　　　　定价:94.00 元

王炳华著:《西域考古文存》　　　　　　　　　定价:108.00 元

李健才著:《东北亚史地论集》　　　　　　　　定价:73.00 元

孟凡人著:《新疆考古论集》　　　　　　　　　定价:98.00 元

周伟洲著:《藏史论考》　　　　　　　　　　　定价:55.00 元

刘文锁:《丝绸之路——内陆欧亚考古与历史》　定价:88.00 元

张博泉著:《甫白文存》　　　　　　　　　　　定价:62.00 元

孙玉良著:《史林遗痕》　　　　　　　　　　　定价:85.00 元

马健著:《匈奴葬仪的考古学探索》　　　　　　定价:76.00 元

〔俄〕柯兹洛夫著,王希隆、丁淑琴译:

　《蒙古、安多和死城哈喇浩特》(完整版)　　定价:82.00 元

乌云高娃著:《元朝与高丽关系研究》　　　　　　定价:67.00 元

杨军著:《夫余史研究》　　　　　　　　　　　　定价:40.00 元

梁俊艳著:《英国与中国西藏(1774—1904)》　　定价:88.00 元

〔乌兹别克斯坦〕艾哈迈多夫著,陈远光译:

　《16—18 世纪中亚历史地理文献》(修订版)　　定价:85.00 元

成一农著:《空间与形态——三至七世纪中国历史城市地理研究》

　　　　　　　　　　　　　　　　　　　　　　定价:76.00 元

杨铭著:《唐代吐蕃与西北民族关系史研究》　　　定价:86.00 元

殷小平著:《元代也里可温考述》　　　　　　　　定价:50.00 元

耿世民著:《西域文史论稿》　　　　　　　　　　定价:100.00 元

殷晴著:《丝绸之路经济史研究》　　　　定价:135.00 元(上、下册)

余大钧译:《北方民族史与蒙古史译文集》　定价:160.00 元(上、下册)

韩儒林著:《蒙元史与内陆亚洲史研究》　　　　　定价:58.00 元

〔美〕查尔斯·林霍尔姆著,张士东、杨军译:

　《伊斯兰中东——传统与变迁》　　　　　　　　定价:88.00 元

〔美〕J.G.马勒著,王欣译:《唐代塑像中的西域人》　定价:58.00 元

顾世宝:《蒙元时代的蒙古族文学家》　　　　　　定价:42.00 元

杨铭编:《国外敦煌学、藏学研究——翻译与评述》　定价:78.00 元

牛汝极等著:《新疆文化的现代化转向》　　　　　定价:76.00 元

周伟洲著:《西域史地论集》　　　　　　　　　　定价:82.00 元

周晶著:《纷扰的雪山——20 世纪前半叶西藏社会生活研究》

　　　　　　　　　　　　　　　　　　　　　　定价:75.00 元

蓝琪著:《16—19 世纪中亚各国与俄国关系论述》　定价:58.00 元

许序雅著:《唐朝与中亚九姓胡关系史研究》　　　定价:65.00 元

汪受宽著:《骊轩梦断——古罗马军团东归伪史辨识》　定价:96.00 元

刘雪飞著:《上古欧洲斯基泰文化巡礼》　　　　　定价:32.00 元

〔俄〕Т.Б.巴尔采娃著,张良仁、李明华译:

　《斯基泰时期的有色金属加工业——第聂伯河左岸森林草原带》

　　　　　　　　　　　　　　　　　　　　　　定价:44.00 元

叶德荣著:《汉晋胡汉佛教论稿》　　　　　　　　定价:60.00 元

王颋著:《内陆亚洲史地求索(续)》 定价:86.00 元

尚永琪著:

《胡僧东来——汉唐时期的佛经翻译家和传播人》 定价:52.00 元

桂宝丽著:《可萨突厥》 定价:30.00 元

篠原典生著:《西天伽蓝记》 定价:48.00 元

〔德〕施林洛甫著,刘震、孟瑜译:

《叙事和图画——欧洲和印度艺术中的情节展现》 定价:35.00 元

马小鹤著:《光明的使者——摩尼和摩尼教》 定价:120.00 元

李鸣飞著:《蒙元时期的宗教变迁》 定价:54.00 元

〔苏联〕伊·亚·兹拉特金著,马曼丽译:

《准噶尔汗国史》(修订版) 定价:86.00 元

〔苏联〕巴托尔德著,张丽译:《中亚历史——巴托尔德文集

第 2 卷第 1 册第 1 部分》 定价:200.00 元(上、下册)

〔俄〕格·尼·波塔宁著,〔苏联〕B.B.奥布鲁切夫编,吴吉康、吴立珺译:

《蒙古纪行》 定价:96.00 元

张文德著:《朝贡与入附——明代西域人来华研究》 定价:52.00 元

张小贵著:《祆教史考论与述评》 定价:55.00 元

敬请期待

许全胜著:《黑鞑事略汇校集注》

贾丛江著:《汉代西域汉人和汉文化》

王永兴著:《敦煌吐鲁番出土唐代军事文书考释》

薛宗正著:《汉唐西域史汇考》

李映洲著:《敦煌艺术论》

徐文堪编:《梅维恒内陆欧亚研究文选》

〔苏联〕K.A.阿奇舍夫、Г.A.库沙耶夫著,孙危译:

《伊犁河流域塞人和乌孙的古代文明》

徐文堪著:《古代内陆欧亚的语言和有关研究》

刘迎胜著:《小儿锦文字释读与研究》

李锦绣编:《20 世纪内陆欧亚历史文化研究论文选粹》

李锦绣、余太山编:《古代内陆欧亚史纲》

郑炳林著:《敦煌占卜文献叙录》

陈明著:《出土文献与早期佛经词汇研究》

李锦绣著:《裴矩〈西域图记〉辑考》

李艳玲著:《公元前 2 世纪至公元 7 世纪前期西域绿洲农业研究》

许全胜、刘震编:《内陆欧亚历史语言论集——徐文堪先生古稀纪念》

张小贵编:《三夷教论集——林悟殊先生古稀纪念》

李鸣飞著:《横跨欧亚——马可波罗的足迹》

杨林坤著:《西风万里交河道——明代西域丝路上的使者与商旅》

杜斗城著:《杜撰集》

林悟殊著:《华化摩尼教补说》

王媛媛著:《摩尼教艺术及其华化考述》

李花子著:《长白山踏查记》

芮传明著:《摩尼教东方文书校注与译释》

马小鹤著:《摩尼教东方文书研究》

段海蓉著:《萨都剌传》

〔德〕梅塔著,刘震译:《从弃绝到解脱》

郭物著:《欧亚游牧社会的重器——鍑》

王邦维著:《玄奘》

冯天亮著:《词从外来——唐代外来语研究》

芮传明著:《内陆欧亚中古风云录》

李锦绣著:《北阿富汗的巴克特里亚文献》

〔日〕荒川正晴著,冯培红译:《欧亚的交通贸易与唐帝国》

孙昊著:《辽代女真社会研究》

赵现海著:《明长城的兴起
　　——"长城社会史"视野下明中期榆林长城修筑研究》

华喆著:《帝国的背影——公元 14 世纪以后的蒙古》

杨建新著:《民族边疆论集》

〔美〕白卖克著,马娟译:《大蒙古国的畏吾儿人》

余太山著:《内陆欧亚史研究自选论集》

淘宝网邮购地址:http://lzup. taobao.com